U0580970

高技术虚拟企业运行模式研究

田世海 著

科 学 出 版 社

北 京

内 容 简 介

　　高技术虚拟企业创新型组织模式的出现，正在对高技术企业的管理思想和管理模式产生深刻的影响。本书在现有高技术虚拟企业研究成果的基础上，从组织演进协同创新的角度出发，根据高技术虚拟企业的特点，对网络环境下高技术虚拟企业的运行模式进行深入研究，给出高技术虚拟企业协同运行机理，分别阐述运行演进组织模式、运行资源调度模式、运行物流模式和信誉机制等内容。该研究不仅对我国高技术企业依据网络经济要求改变运行模式，促进高技术企业协同创新、合作发展提供理论指导和解决方案具有重要的实际意义，而且对整合局部核心优势，使我国高技术产业在整体规模和研发能力不足的形势下也能迅速而有效地进行技术创新和产品开发，对提高整体竞争能力具有借鉴意义。

　　本书可供企业管理人员、高校科研人员和研究生参考。

图书在版编目 (CIP) 数据

　　高技术虚拟企业运行模式研究/田世海著. —北京：科学出版社，2019.6

　　ISBN 978-7-03-061274-8

　　Ⅰ. ①高… Ⅱ. ①田… Ⅲ. ①高技术企业-虚拟公司-企业管理-研究 Ⅳ. ①F276.44

　　中国版本图书馆 CIP 数据核字 (2019) 第 096882 号

責任编辑：马　跃 /責任校对：杨聪敏
責任印制：张　伟 /封面设计：无极书装

科 学 出 版 社 出版
北京东黄城根北街 16 号
邮政编码：100717
http://www.sciencep.com

北京盛通商印快线网络科技有限公司 印刷
科学出版社发行　各地新华书店经销
*

2019 年 6 月第 一 版　　开本：720×1000　1/16
2019 年 6 月第一次印刷　　印张：12 3/4
字数：257 000
定价：102.00 元
(如有印装质量问题，我社负责调换)

前　　言

　　知识经济时代，任何一家企业都不可能单独拥有生产各种新产品的一切资源，合作竞争与战略联盟是高技术领域的主流战略。资源互补、风险共担的联盟形式在发达国家高技术产业发展的不同层面被广为应用。高技术企业具有设备投资更高、技术开发风险更大、市场发展不稳定性更高等特点，更需要通过有效的合作来分散投资风险和市场竞争压力。这就决定了高技术企业必须根据各自的核心能力，利用网络，组建跨地区、跨企业的动态联盟，通过有效的合作，来促进其高技术的发展和商业化，同时实现对市场的快速响应和对用户的优质服务，以达到"双赢"的目的。因此，高技术企业最适合采用联盟形式，组建高技术虚拟企业（high-tech virtual enterprise，HTVE）。

　　高技术虚拟企业创新型组织模式的出现，正在对高技术企业的管理思想和管理模式产生深刻的影响。目前关于高技术虚拟企业的研究，主要集中在虚拟科研组织、治理模式、利益分配、风险管理和知识供应链等不同侧面上，而对高技术虚拟企业整体协同运行的深入研究较少。由于高技术虚拟企业是在网络环境下运营的虚拟组织，与传统的企业内部运行过程存在很大的不同，突出表现在：运行过程中的相互依赖性、过程细节无法全面掌握；信息流的管理、不确定性因素增多等。特别是运行过程中演进组织模式制定、资源定价决策、物流模式选择等问题如何处理，成员企业运行过程中信誉如何保障等都是有待研究的问题。本书在完成国家自然科学基金项目"高技术虚拟企业管理模式研究"（编号：70373058）、黑龙江省自然科学基金项目"高技术虚拟企业信息系统平台研究"（编号：G200816）、黑龙江省自然科学基金项目"高新技术企业物流模式选择研究"（编号：G201203）和黑龙江省高等学校哲学社会科学创新团队建设计划（编号：TD201203）的基础上，基于现有高技术虚拟企业研究成果，从组织演进协同创新的角度出发，根据高技术虚拟企业的特点，对网络环境下高技术虚拟企业的运行模式进行深入研究，该项研究直接影响高技术虚拟企业对联盟风险的判断和联盟投入的决定，能对我国高技术企业依据网络经济要求改变运行模式，为高技术企业协同创新、合作发展提供理论指导和解决方案，对高技术虚拟企业运行模式理论的发展也具有重要意义。

　　全书共6章。第1章分析高技术虚拟企业运行模式提出的背景和国内外研究动态，指出高技术虚拟企业运行模式是提高高技术虚拟企业成员合作创新绩效和保证整体高技术虚拟企业顺利运行的关键；阐述深入研究高技术虚拟企业运行模式的重要意义。第 2 章深入研究高技术虚拟企业的协同运行过程，分别从内外两个层面详细阐述协同运行体系形成的动因；构建包括协同层次维、协同视图维和协同主体维的高技术虚拟企业三维立体协同运行体系结构；设计高技术虚拟企业协同运行总体框架。第 3 章从组织创新的角度，根据耗散结构理论，通过对高技术虚拟企业组织耗散结构形成过程及形成条件进行分析，构建高技术虚拟企业组织的负熵模型；给出组织结构运行演进的路径和阈值；阐述高技术虚拟企业组织从初级到高级运行演进的结果并不是唯一的，而是多种模式并存的。第 4 章建立适合高技术虚拟企业的两级分布式资源调度模式；研究高技术虚拟企业运行中资源定价决策过程；基于二层规划理论，从高技术虚拟企业复杂系统层次结构的角度，提出一种交互式资源定价模型和混合粒子群求解算法，并对不同的调度模型给出相应的资源调度策略。第 5 章基于系统优化思想设计一个高技术虚拟企业物流模式评价指标体系，根据物流场理论和云理论，综合运用云重心评价方法和层次分析法，构建物流模式选择评估云模型；通过计算加权偏离度，利用定性评测云发生器，实现对物流模式的选择；设计物流中心仿真模型；利用 Flexsim 软件进行可视化仿真，结合面向对象赋时 Petri 网（OOTPN）解决系统出现的货物排队等待现象，确定出库口和入库口的数量，设定最合理的工作方式，并给出相应的实施保障措施。第 6 章在系统分析高技术虚拟企业成员合作过程中建立信任关系的基础上，构建高技术虚拟企业信誉机制，阐述高技术虚拟企业信誉机制构建过程；根据贝叶斯经典理论，建立高技术虚拟企业信誉评估模型。综合 Reason 模型、软硬件环境生命件（software hardware environment liveware，SHEL）模型和事件-条件-动作（event condition action，ECA）模型构建出信誉机制安全防范 R-S-ECA 模型，进而提出信誉机制安全防范措施。这些研究将为高技术虚拟企业顺利运行提供科学的参考依据。

　　本书的完成是众多学者共同努力的结果。田世海负责全书体系设计、统稿和校对，并负责第 1~4 章和第 6 章的撰写，陈莹莹、张晓萌和刘笑静负责第 5 章的撰写，高长元负责"高新技术产业联盟管理丛书"的一部分。同时，本书的出版得到了科学出版社和诸多专家的支持和帮助，在此向他们表示衷心的感谢，也向参考文献的作者表示衷心的感谢。由于作者水平有限，书中疏漏与不足之处在所难免，恳请广大读者批评指正。

田世海

2018 年 1 月

目　　录

第1章 绪 论

1.1 高技术虚拟企业运行模式研究背景

随着全球化竞争的日益加剧，作为未来知识经济时代的产业发展方向和经济增长重要源泉的高技术企业已成为各国经济竞争的核心，其发展受到各国政府的高度重视。尤其是进入 20 世纪 90 年代后，美国、日本、欧洲各国都进一步加快了高技术企业的发展和产业化的步伐，积极调整经济结构，加快升级步伐，继续保持在高技术领域的领先地位。世界高技术产业进入迅猛发展的阶段，众多发展中国家也在积极努力，采取各种有效措施来鼓励和促进本国高技术企业的发展，以缩小与发达国家的差距，提高国际竞争力，加快本国经济的发展。

在我国，目前高技术产业已发展成为战略性的支柱产业。经济效益提高明显，产业结构调整加快，总体呈现向创新效益型和自主发展型转变的良好势头。2000～2007 年，我国高技术企业发展迅猛，生产规模持续扩大，主要经济指标增幅明显，总产值从 10 411.47 亿元增至 50 461.17 亿元，产业增加值由 2758.75 亿元增至 11 620.66 亿元，产业销售收入由 10 033.72 亿元上升至 49 714.10 亿元，而产业利润由 673.46 亿元上升为 2395.76 亿元，除了产业利润，基本上都翻了两番以上。同时，高技术产品进出口保持高速增长势头，有力推动了国内外贸结构的优化。2007 年高技术产品进出口贸易额占全部商品进出口贸易总额的29.2%，高技术产品的贸易顺差持续增长，2007 年达到 608 亿美元，占全部商品外贸顺差的 23.2%，显然，高技术产品已经成为外贸出口商品的重要组成部分[1]。即使 2008 年，面对全球金融危机，我国高技术产业总体也保持较快增长。全年高技术制造业实现总产值 58 322.03 亿元，同比增长 14.1%。高技术产品出口 4156 亿美元，同比增长 13.1%，实现顺差 764 亿美元，同比增长92.6%[2]。可见，高技术产业持续、快速、健康发展，对拉动我国国民经济的增长和产业结构的优化起着重要的作用。

随着我国产业结构调整速度的加快，高技术产业发展过程中一些深层矛盾和问题也逐渐显现。2009 年 1～2 月，我国高技术产品出现自我国入世以来出口增速的新低（-24.6%），高技术制造业总产值降低 3.21%。尽管 2 月高技术产品出口环比增速有所回升（2.1%），但由于世界电子信息产品制造业正处于调整周期，加之全球金融危机的影响，无论是通信设备制造行业还是计算机行业增长均出现较明显下滑。然而，医药行业、医疗设备行业、航空航天产业等由于具有相对较强的自主创新能力，受金融危机影响较小，继续保持较高增速。

知识经济时代，任何一家企业都不可能单独拥有生产各种新产品的一切资源。在我国，高技术企业的经营往往涉及多个价值链环节，过于广泛的业务分散了高技术企业的管理和创新资源，不利于企业核心能力的形成和发展。

目前，合作竞争与战略联盟是高技术领域的主流战略。资源互补、风险共担的联盟形式在发达国家高技术产业发展的不同层面被广为应用[3]。所以，动态联盟被认为是 21 世纪企业的主要组织模式，尤其是以虚拟企业为主要形式的动态联盟成为各企业的最佳选择，它是企业协调发展的组织基础。动态联盟自从开始被应用以来，便发挥出其独特的优势，产生了巨大的经济效益，特别是在基于网络的环境下，以信息技术为支撑，以市场机遇为诱因，以快速响应为目标，能够结成一种分布式的、开放式的、动态灵活的组织结构，将有利于实现对市场的快速响应和对用户的优质服务[4-8]。高技术企业具有设备投资更高、技术开发风险更大、市场发展不稳定性更高等特点，更需要通过有效的合作来分散投资风险和市场竞争压力。这就决定了高技术企业必须根据各自的核心能力，利用网络，组建跨地区、跨企业的动态联盟，通过有效的合作，来促进其高技术的发展和商业化，同时实现对市场的快速响应和对用户的优质服务，以达到"双赢"的目的。因此，高技术企业最适合采用虚拟企业(virtual enterprise，VE)形式，组建高技术虚拟企业。

制定合理、高效的协同运行模式是进行任何形式的合作都必须考虑的重要问题，特别是在高技术虚拟企业背景下尤为重要。虽然关于运行成功或失败的界定比较模糊，但在高技术领域中高达 50%～60%的动态联盟会以失败告终，而且每年投放市场的新产品只有约 50%会取得成功[9,10]。可见，通过合作虽然能降低单个高技术企业的经营风险，但合作失败的风险依然很高。所以，制定合理的运行模式对提高合作创新绩效和保证高技术虚拟企业的顺利运行都起着至关重要的作用。

高技术虚拟企业创新型组织模式的出现，正在对高技术企业的管理思想和管理模式产生深刻的影响。目前关于高技术虚拟企业的研究，主要集中在虚拟科研组织[11]、治理模式[12,13]、利益分配[14]、风险管理[15,16]、知识供应链[17,18]、资金供应链[19,20]和信息系统分析设计[21]等不同侧面上，而对高技术虚拟企业整体协同运行的深入研究较少。

由于高技术虚拟企业是在网络环境下运营的虚拟组织，与传统的企业内部运行过程存在很大的不同，突出表现在：运行过程中的相互依赖性、过程细节无法全面掌握；信息流的管理、不确定性因素增多；资源的共享、任务的协调、供求分配、成员企业及角色的分配、责任与利益的分配中所承担的风险增大、层次增多、控制难度增大，并且上下游企业关系复杂，成员企业无法完全了解也无法完全控制业务过程上各个企业的内部业务流程。

运行模式能够描述运行环境中不断出现的冲突问题，并提供该问题的核心解决方案。由于各成员企业的知识不完备，目标和资源不相同，其运行模式是解决一种非完全信息条件下多目标多阶段问题的方法论。高技术虚拟企业的运行过程涉及客户、供应商、交易市场、销售商、生产商和服务提供者等多个主体，协同运行情况的描述是高技术虚拟企业的关键信息，直接影响高技术虚拟企业对联盟风险的判断和联盟投入的决定。

因此，高技术虚拟企业协同运行构成要素及相互作用关系、协同演进组织模式、交互式资源定价模型、物流模式以及信誉机制等都是有待研究的新问题。

在现有高技术虚拟企业、供应链管理等研究成果的基础上，从组织演进协同创新的角度出发，根据高技术虚拟企业的特点，对网络环境下高技术虚拟企业的运行模式进行深入研究，不仅对我国高技术企业依据网络经济要求改变运行模式，促进高技术企业协同创新、合作发展提供理论指导和解决方案具有重要的实际意义，而且对整合局部核心优势，使我国高技术产业在整体规模和研发能力不足的形势下也能迅速而有效地进行技术创新和产品开发，提高整体竞争能力具有借鉴意义。此外，由于高技术虚拟企业的理论和方法还不很成熟，很多技术问题还有待解决，特别是基于网络环境方面的理论和技术问题。从这个意义上，本书对高技术虚拟企业的理论与实践的研究也具有重要参考价值。

1.2 高技术虚拟企业运行模式研究动态

在网络环境下，高技术虚拟企业的运行需要多种先进技术和管理机制来协调。虚拟企业作为 21 世纪高技术企业的主要组织模式[22]，是高技术企业信息化的组织基础。

1.2.1 国外研究动态

目前，国外对高技术虚拟企业的研究主要集中在产品模型标准、结构分析、组建过程、网络工程、使能技术和管理方法等方面。典型的如国际标准化组织（International Standardization Organization）的 ISO 10303-238[23]、ISO 13584-32[24]、ISO 15531-44[25]，以及基于这些标准的一些扩展工作等，这些标准从不同方面提供了产品模型的标准表示方法，对网络环境中的制造资源建模具有指导和规范作用。

1. 网络工程方面的研究

关于网络工程方面的研究，知名的有法国国家科学研究中心提出的WONDA(write once，deliver anywhere)工程[26]、基于公共对象请求的代理体系结构(common object request broker architecture，CORBA)，在虚拟企业中采用分布式结构对流程进行建模，使用语义更加丰富的组件定义语言为商业对象建模。美国国防部高级研究计划局(Advanced Research Projects Agency，ARPA)提供资助，TradeWave公司开发的一个先进的通信基础框架[27]，允许各种工业应用在网络内透明地相互连接，并提供各种增值服务，包括目录服务、安全性服务和电子汇款服务等。目录服务帮助用户在电子市场或企业内部寻找信息、服务和人员；安全性服务通过用户权限为网络安全提供保障。通过这些服务，用户能够快速地确定所需要的信息、安全地进行各种业务以及方便地处理财务事务。欧洲联盟(欧盟)在欧洲信息技术研究发展战略计划(European Strategic Programme for Research and Development in Information Technology，ESPRIT)框架下，主要面向虚拟企业的基础结构开展了一些研究，如支持中小企业物流网络决策过程的仿真工具LogSME(logistics network made up by small medium enterprises)、应用组件工具和分布式体系结构的虚拟企业(virtual enterprises using groupware tools and distributed architectures，VEGA)、规划中小企业网(planning small-medium enterprise networks，PLENT)等[28]。

2. 使能技术方面的研究

美国能源部(United States Department of Energy，DOE)提出了敏捷制造的使能技术(technologies enabling agile manufacturing，TEAM)，TEAM的重点研究领域包括产品设计和企业并行工程、虚拟制造、制造计划与控制、智能闭环工艺过程控制以及企业集成等五个方面，TEAM项目组还提出了由概念优化、设计优化及生产三部分组成的实施系统模型。TEAM集成产品的设计和制造，建立了一个"产品实现过程模型"。ARPA资助的敏捷制造系统基础设施(agile infrastructure for manufacturing system，AIMS)利用国际互联网支持和管理敏捷企业的供应链。AIMS包括供应商信息、资源和伙伴选择、合同与协议服务、虚拟企业运作支持和工作小组合作支持等[29]。Foster等[30]还提出了用网格技术为虚拟组织建立一个可扩展的、开放的网格框架。

3. 结构分析、过程建模及管理方面的研究

虚拟企业信息系统平台体系结构有基于面向对象技术的体系结构、分布式工作流体系结构、客户端/服务器(client/server，C/S)体系结构[31]以及基于分布式对象技术的虚拟企业信息系统体系结构[32]。Hu 和 Grefen [33]提出了协调工作流管理框架，用于工作流执行过程中进行资源和服务匹配，动态选择任务的执行者，实现跨企业工作流中任务执行的柔性。Grefen 等[34]将虚拟企业看成包含服务提供和服务消费的、面向服务的架构，研究了动态虚拟企业中的跨组织工作流管理问题，但还未系统地探讨高技术虚拟企业背景下虚拟企业的协同运行模式及相应支持系统的体系结构。

1.2.2 国内研究动态

我国学者对高技术虚拟企业的建立及其集成环境、管理模式、伙伴选择、利益分配、信息平台等方面进行了一系列的探索，目前理论界已经提出不少探索性解决方案。

1. 集成环境方面的研究

黄慧君和丁克胜[35]给出了基于 Web Services 的多 Agent 虚拟企业信息系统的集成框架及其各部分的主要实现方法。余望枝和邓武[36]通过对面向服务的软件分析与开发特点的研究，设计了一个具有很强的互操作性、重用性和灵活性的虚拟企业信息集成系统框架。陈希等[37]设计了基于 CORBA 的虚拟企业生产计划控制的基本体系结构 。王非等[38]提出了应用组件技术构建虚拟企业环境的体系结构和基本对象，使虚拟企业环境具备了开放性和扩展性。

2. 管理模式方面的研究

翟丽丽[39]针对高技术虚拟企业中的高技术领域，从企业核心能力理论出发，提出了以知识供应链为核心、资金供应链为保障的高技术虚拟企业合作伙伴选择模式、组织与协调模式、知识管理模式、资金管理模式、风险管理模式、联盟终止模式。由于模式的变革意味着虚拟企业的领导权、参与企业的行为及地位发生相应的改变，本书设计了模式综合选择方案和相应的机制来规避可能产生的模式转换风险。同时根据高技术虚拟企业的特点，通过分析高技术虚拟企业产生的内部动因和外部动因，提出了我国高技术虚拟企业的各类虚拟组织管理模式，包括对各种供应链的组织管理模式和多供应链网络结构模型等方面的研究。

3. 伙伴选择方面的研究

黄彬等[40]在模糊完工时间和模糊交货期的条件下构建了以极大化最小客户满意度、极大化平均客户满意度和极小化完工成本为指标的多目标优化模型，提出了采用最小隶属度偏差法将多目标问题转换为多个单目标优化问题，并引入模糊数处理方法，深入研究了虚拟企业伙伴选择问题。邓朝华[41]主张注重伙伴关系导向的选择原则，强调在满足实现市场机遇资源要求的前提下，从企业战略和文化、竞争观念、相互信任、合作态度等一系列的软指标出发选择合作伙伴。在选择过程中注重多阶段性，强调合作伙伴的选择，伙伴的个体和伙伴组合的整体并重。

4. 利益分配方面的研究

陈剑和陈剑锋[42]以两个伙伴企业组成的虚拟企业为研究对象，在收益共享合同的基础上建立了一个理论框架来讨论控制权的分配问题。何伟强和张金隆[43]通过运用灰色系统理论中灰朦胧集的概念，指出虚拟企业的运行过程实质上是灰朦胧集胚胎态→发育态→成熟态→实证态的顺序演化过程，为虚拟企业这种难以用确定性数学模型描述的组织形态的理论分析提供了一条新的途径。刘松[44]针对高技术虚拟企业运营的高风险性，根据委托代理理论建立了利益分配模型，用以分析总成本和风险这两类因素对利益分配的影响，总结了利益分配的一般原则，并根据所得到的结论给出了各成员企业利益分配比例的计算公式。将利益分配比例计算公式与可拓学联系起来，建立了可拓分析模型。这是一种动态模型，为了防止大额投资出现套牢的情况，各成员企业可以在各阶段要求对可供分配的利益进行分配。这种方法要求把虚拟企业的运营过程分为多个阶段，根据每一个阶段各成员企业的实际成本投入和风险承受状况来生成利益分配方案，或者是在某阶段没有可供分配利益的情况下，重新协商分摊成员的成本投入和风险的承担状态来缓解矛盾。基于可拓理论研究了利益分配冲突的定量评价方法，建立了可根据成员企业在不同阶段所承担的成本和风险状况动态调整的可拓利益分配机制。

5. 信息平台方面的研究

田世海[45]剖析了高技术虚拟企业信息系统平台(high-tech virtual enterprise information system platform，HTVE-ISP)的基本概念和含义，认为应使高技术虚拟企业在信息系统平台上实现各种信息管理、数据共享、及时交流、办公自动化和业务处理的完整统一，以达到信息化、实现敏捷反应、提高工作效率和竞争力的理想目的。HTVE-ISP 应能提供的服务有基础信息的服务、支持信息的服务和联盟增值的服务。HTVE-ISP 的含义是为具有不同产权的高技术企业，提供按所商定的、统一的约定和协议，结成动态的、网络化的虚拟组织，来应对快速变化的市场需求，把市场机遇转变为现实盈利而进行商业行为的一个共同的应用软件系统集成环境。HTVE-ISP 支持高技术虚拟企业运作，具有快速可重构、敏捷良好运行、动态自适应等能力，能对信息需求及其需求变化做出快速反应，是一切虚拟活动的调度中心和神经中枢，是高技术虚拟企业得以实现的关键。同时，田世海和高长元[46]针对我国高技术企业的现状，依据资源优化理论，采用结构化系统分析和面向服务的架构方法，运用 Web Services 技术，提出了高技术虚拟企业信息平台的设计方案，并对平台流程图、平台总体架构进行了详细的分析和设计，为我国高技术虚拟企业的成功组建和运行提供了基本保证。

1.2.3 国内外研究评述

纵观国内外与高技术虚拟企业相关的研究状况，对高技术虚拟企业的研究还处于起步阶段，大多以概念性、描述性、框架性的定性研究为主，关于高技术虚拟企业的运行模式仍有许多问题没有解决，例如：成员企业如何提高组织的柔性和伸缩性，把握多种模式并存的协同演进规律；如何提高协作可靠性，增强其持续的竞争力和创新力；如何协调成员企业之间资源定价决策，提高市场机遇反应的敏捷性；如何保证各成员企业之间开展良好的合作；如何提供及时且有效的服务支撑体系。这些都有待解决。因此，对高技术虚拟企业运行模式进行专门体系化的研究，对提升我国高技术虚拟企业竞争力具有极其重要的实际意义，对促进高技术产业集群的形成也具有极其重要的价值。

1.3 本 章 小 结

高技术虚拟企业运行模式是提高高技术虚拟企业成员合作创新绩效和保证其整体顺利运行的关键。本章分析了高技术虚拟企业运行模式提出的背景和国内外研究动态，并指出了深入研究高技术虚拟企业运行模式的重要意义。

第 2 章　高技术虚拟企业运行机理

2.1　高技术虚拟企业基本类型和生命周期

2.1.1　高技术虚拟企业基本类型

高技术虚拟企业除具有虚拟企业的一般特性外，还具有自身的特点，因此其分类也有不同。

1. 按任务划分

按任务，高技术虚拟企业可以分为研发型高技术虚拟企业、生产型高技术虚拟企业和服务型高技术虚拟企业。

(1) 研发型高技术虚拟企业：研发型高技术虚拟企业大多控制着某一产品领域的高尖端技术，这时的虚拟企业为虚拟科研组织。

(2) 生产型高技术虚拟企业：生产型高技术虚拟企业大多具有专项的生产设备或精良的生产技术，属于制造业虚拟企业的一个特例。

(3) 服务型高技术虚拟企业：服务型高技术虚拟企业是指多个企业为了避免技术资源外流、降低成本或提高某一方面的能力，共同提供某项专业化的服务。

在现实中，高技术虚拟企业往往是上述几种类型的组合。

2. 按组织拓扑结构形式划分

按组织拓扑结构形式，高技术虚拟企业可以分为盟主式高技术虚拟企业、联盟式高技术虚拟企业和联邦式高技术虚拟企业。

(1) 盟主式高技术虚拟企业：盟主式高技术虚拟企业是指由处于核心地位的大企业扩展起来的虚拟企业，处于核心地位的企业即盟主企业，充当高技术虚拟企业的协调者和管理者。

(2) 联盟式高技术虚拟企业：联盟式高技术虚拟企业是指所有的参与者在平等的基础上相互合作，参与者在保持独立的同时，为高技术虚拟企业贡献自己的核心能力。

(3) 联邦式高技术虚拟企业：联邦式高技术虚拟企业是指各成员企业地位平

等并有高度的自主权，在共同参与的模式下组成一个协调委员会，进行协调机制的制定和执行，该模式比较适合某一高技术产品的联合开发。

3. 按动态网络组织结构划分

按动态网络组织结构，高技术虚拟企业可以分为资金链型高技术虚拟企业、知识链型高技术虚拟企业、供应链型高技术虚拟企业和网络综合型高技术虚拟企业。

(1)资金链型高技术虚拟企业：资金链型高技术虚拟企业是有市场机遇或发起者在完成市场任务时，以资金筹集、使用及分配为主线的运作过程，最终实现资金增值的功能链。

(2)知识链型高技术虚拟企业：知识链型高技术虚拟企业是发起者在进行任务分解时，为弥补知识缺口，寻找高知识含量的合作伙伴，将知识供应者、创新者、使用者连接起来，以实现知识经济化与整体优化的目标。

(3)供应链型高技术虚拟企业：供应链型高技术虚拟企业是由原材料的供应商、生产商、销售商、客户所组成的以物流为核心的高技术虚拟企业。

(4)网络综合型高技术虚拟企业：网络综合型高技术虚拟企业是为了完成复杂的市场任务，将多重供应链组合在一起而形成的网络结构的高技术虚拟企业。

2.1.2　高技术虚拟企业生命周期

高技术虚拟企业也具有传统虚拟企业的生命周期，从酝酿期、组建期、运行期直至解散期四个阶段，只是对于不同的合作项目，每个阶段的具体管理活动有所区别。酝酿期的主要任务是对目标与机会进行识别，对于高技术虚拟企业，就是核心高技术企业的机遇识别。组建期的主要任务是对掌握核心竞争能力的合作伙伴寻找、虚拟企业的联盟目标确定、联盟协议签订等。运行期的主要任务是根据虚拟企业的不同目标，进行合作伙伴的知识分工，合作伙伴实施各自的企业活动。解散期的主要任务是对高技术虚拟企业的解散目标的识别、资产的清算及解体等。高技术虚拟企业是一种典型的知识密集型组织，不断进行管理创新是高技术虚拟企业的基本特征，而高技术虚拟企业的知识创新主要以技术创新为主。因此，高技术虚拟企业生命周期各个阶段的主要任务也是围绕高技术创新展开的。

(1)酝酿期。高技术虚拟企业的酝酿期是对主导高技术企业的识别，确定主导企业核心能力的弥补方式。

(2)组建期。高技术虚拟企业以发起者高技术企业为盟主(或发起者高技术企业处于主导地位的核心层)，但这种盟主又不具备传统盟主式虚拟企业中盟主的绝对控制权，而存在以主导企业为核心的一个控制层。在该阶段，基于主导高技术企业的能力缺口，进行合作伙伴选择，然后确定高技术虚拟企业的运行目标和组织结构，签订高技术虚拟企业运行协议，构建高技术虚拟企业运行所需的沟通和协调的信息平台。和传统虚拟企业合作伙伴选择不同的是，主导企业选择合作伙伴主要遵从的是比较优势原则。已有研究证明，核心能力具有稀缺性和难以模仿性，当高技术虚拟企业寻找构建其合作伙伴时，难以在短时间内找到全部具有核心能力的合作伙伴，因此伙伴选择原则之一的"核心能力原则"，必须将其外延扩大，选择具有一定竞争优势的(相对于其他竞争对手)组织。

(3)运行期。运行期要完成的任务包括高技术虚拟企业利益分配机制建立、信任关系管理、任务协调、运行控制与反馈。对于高技术虚拟企业，以知识产品为主的利益分配遵循公平互惠、风险利益匹配等原则。

(4)解散期。基于知识缺口弥补构建的高技术虚拟企业，解散期的主要管理任务有项目终止识别、利益分配、综合绩效评价等。项目终止识别是通过对知识缺口的再评估来实现的。

高技术虚拟企业的生命周期如图 2-1 所示。

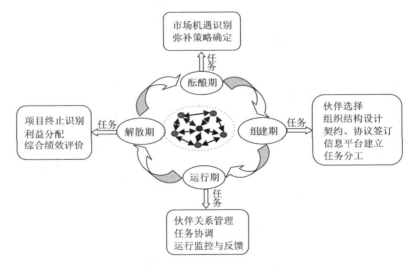

图 2-1　高技术虚拟企业的生命周期

2.2　高技术虚拟企业运行过程分析

高技术虚拟企业的运行过程基于高技术虚拟企业生命周期的视角，保障高技术虚拟企业从运行开始时组织模式的选择到最终物流配送至用户的整个过程，高效、有序地运行，实现各成员企业之间相互协调，达到协同效应的核心解决方案，主要包括运行演进组织模式、交互式资源定价决策、协同运行资源调度、物流模式选择和信誉机制等方面的内容。

高技术虚拟企业除了具有高技术企业高投入、高风险、高智力、高附加值、高效益和虚拟企业动态性、分布性、可重构性、敏捷性等基本特点外，还具有与一般虚拟企业不同的特点，因此其运行过程的相互依赖性更加突出，过程细节无法全面掌握，业务层次增多，不确定性因素增多，成员企业间的竞争合作关系复杂，无法完全了解也无法完全控制运行过程中各成员企业的所有业务流程。而现行的一般虚拟企业运行过程模型主要侧重于强调过程细节的盟主式，并没有形成体系，缺乏统一的分析依据及柔性。

横跨自然科学和社会科学的协同理论自从 20 世纪 80 年代由德国科学家 Haken[47]教授提出以来，广泛应用于物理、化学、军事学、医学、生物学、经济学和管理学等学科领域，它与法国著名数学家托姆的突变理论和比利时学者普利高津的耗散结构理论一起被誉为 20 世纪的前沿理论。

高技术虚拟企业的协同(collaboration)反映的是各成员企业为了实现一个共同的总体协同效益目标，相互配合、相互支持的协作过程。高技术虚拟企业通过协同运行以完成任何单一成员企业不能完成或虽能完成但不经济的任务，从而实现总体效益优于各个单独效益之和的协同效应。高技术虚拟企业协同运行过程中，既有竞争，也有合作。强调竞争，是为了确保参与协同运行的各成员企业资源的优化配置和运行效率；强调合作，是因为参与协同运行的各成员企业所承担的任务之间存在着各种物理上和逻辑上的相互依赖，最终任务的实现需要各成员企业的互相配合。然而，由于各成员企业在实现各自承担的所分配任务的过程中，存在时间、资源、目标、文化等各方面的约束或冲突，相互之间需要进行及时的沟通交流和信息反馈，使得各自的任务执行和谐一致、配合得当。所以，高技术虚拟企业协同运行的过程，也是化解冲突的过程，主要表现在各成员企业之间竞争中的合作。协同合作能够提高高技术虚拟企业的绩效和增强高技术虚拟企业的竞争力，这已是一个共识，其业务流程如图 2-2 所示。

高技术虚拟企业一般以一个具体的高技术产品合作项目为背景，业务流程以高技术产品的研发和生产为主线，其运行过程主要从所选定的组织结构开始，到最终高技术产品的物流配送等各个环节，每个环节可由一个成员企业单独完成或几个成员企业组成一个临时团队共同完成。

无论哪种方式，都需要高技术虚拟企业相互之间对具体任务和业务计划的协同，通过信息协同，加强及时沟通，协调各方矛盾，防止各成员企业失信而导致各种冲突的发生，保证高技术虚拟企业能够顺利运行，完成既定的目标，同时通过各成员企业之间的交互、知识的传播以弥补相关的缺口，提高高技术虚拟企业整体核心竞争能力。

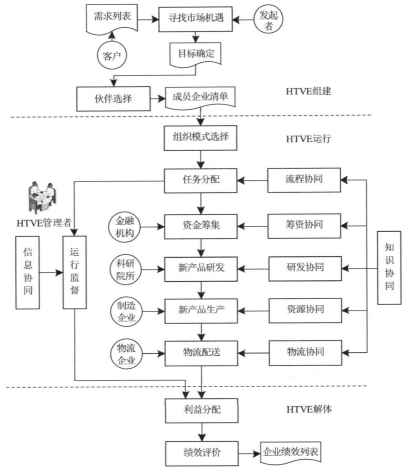

图 2-2 高技术虚拟企业业务流程图

2.3 高技术虚拟企业运行体系结构

2.3.1 协同运行体系结构形成过程

体系结构一词来源于建筑领域[48]，反映了系统的各个组成部分及其相互关系，体现了系统中各要素的相互作用和层次结构，描述了其间的信息传递、实现的相互依赖关系。从不同的应用角度，体系结构可分为系统体系结构、软件体系结构、网络体系结构、企业体系结构(enterprise architecture，EA)、计算机体系结构等。目前，企业体系结构已成为国内外学术和技术领域兴起的一个研究热点。企业体系结构最早来源于 Zachman[49]的论文《信息系统结构框架》。随后，Zachman 将他的"信息系统结构框架"重新命名为"企业体系结构框架"。

企业体系结构表现为一整套相互关联的模型，描述企业的结构和功能，主要用于系统化的信息技术(information technology，IT)规划和架构，以及改进的决策过程。在此基础上，微软公司提出了企业体系结构中相互关联、相互作用和相互依赖的四个重要且常用的基本视角：业务视角、应用视角、信息视角和技术视角[50]。对实现组织目标，分别从业务的运作方式、连接不同技能和技术的应用程序、业务流程以及运作过程中的信息处理及其所需的基础设施和系统组件的逻辑化进行描述，提供企业的结构图，是业务和技术变化的规划工具。

Schekkerman 和 Mahsa 等[51,52]提出了成熟度模型，使用扩展型企业(extended enterprise)的概念描述企业处于相互竞争和协作的经济环境中，不仅包括传统意义上的企业成员(员工、经理、主管人员)，还包括商业合作伙伴、供应商和客户等。从企业业务和技术的融合度、企业的参与度、体系结构规划的开发和战略治理、企业规划管理、企业预算和采购策略等方面来评测体系结构。

在特定国家和地区的制度和文化网络中，企业体系结构已成为系统使用人员需求的体现，是系统设计和实现人员对系统进行设计和实现的依据，是维护人员熟悉系统的切入点[53]，并以其独特方式使企业在其所在行业或领域中更具竞争力，进而推动整个行业或领域的发展。

因此，建立一个良好的高技术虚拟企业协同运行方式是非常必要的，这就要求高技术虚拟企业的协同运行模式在体系结构层次上支持不同程度可控制的过程柔性，明确协同运行体系结构形成的过程，理解协同运行体系结构产生的动因，制定相应的设计原则，在协同运行过程流程的基础上，建立一个三维立体的协同运行体系结构，协调、同步各成员企业，顺利地完成协议中所规定的任务，才能使高技术虚拟企业具有快速可重构、敏捷良好运行、动态自适应等能力，实现组建高技术虚拟企业的竞争优势。

高技术虚拟企业协同运行体系结构是协同运行中的协同行为相互作用、相互影响逐步形成的。高技术虚拟企业协同运行体系结构的形成源于协同驱动力的存在，包括外部驱动力与内部驱动力，协同驱动力能够激发各成员企业间产生协同运行的动机或意愿，在协同动机或意愿的驱使下，产生实现协同运行与发展的行为，进而形成具有柔性的高技术虚拟企业协同运行体系结构，其形成过程如图 2-3 所示。

可见，高技术虚拟企业的类型不同，会形成以流程、研发、信息、资源、知

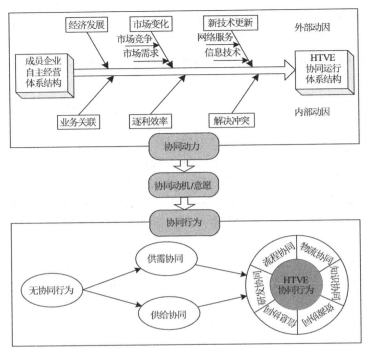

图 2-3　高技术虚拟企业协同运行体系结构形成过程

识、筹资和物流等不同的协同行为，以满足高技术虚拟企业与市场需求的供需协同以及高技术虚拟企业与各成员企业及各成员企业之间的供给协同。无论高技术虚拟企业的何种协同行为，都是其内外驱动力共同作用的结果。外部驱动力主要源于高技术领域的市场变化、经济发展、新技术更新及组织创新等因素，称为外部动因；内部驱动力主要源于各成员企业之间的内在关联性以及各成员企业对效率、效益的高标准等因素，称为内部动因。外部动因与高技术虚拟企业外部社会环境的发展紧密相关，表现为一种外在的、客观的、推动式的驱动特性，内部动因与高技术虚拟企业自身的生存与发展需求相关，表现为一种内在的、主观的、拉动式的驱动特性。

　　高技术虚拟企业协同运行不仅仅是由于外部动因的驱使和专业化分工导致的各成员企业间的业务关联，更主要的是由于各成员企业对协同行为产生的更多协同利益的追求。这种协同效应激发了各成员企业的协作意愿，既是各成员企业协同行为的本质因素，也是各成员企业追求协同的目标。

　　随着信息技术及网络服务的快速发展，高技术虚拟企业协同运行配置的标准化得以实现，是高技术虚拟企业协同运行体系结构形成的一个十分重要的因素。

2.3.2　协同运行体系结构形成动因

1. 外部动因

1) 经济发展全球化

经济发展全球化使世界经济步入了飞跃性的发展轨道，一个典型特征就是经济的虚拟化，虚拟化的经济发展模式将所有社会经济活动通过网络都纳入虚拟的动态运行环境，使得企业之间的经济联系变得更为复杂而紧密。为了适应经济全球化发展的趋势，进一步提升自身的核心竞争力，越来越多的企业采取了"专、精、深"的发展思路，在努力增强自身核心竞争力的同时，将非核心的业务外包，致使各类经济活动的专业化分工越来越明显，推动着其管理模式向系统化、网络化、虚拟化方向发展。由于各国企业都开始在全球范围内寻求资源，寻找合作伙伴，构建其研发、采购、融资、生产和销售网络，这必将带来相应产业业务活动的全球化与网络化，尤其是人才、资本、技术、知识高度密集的高技术产业。

根据科学技术部《中国高技术产业数据2011》，在国家政策的大力扶持以及正确指引下，我国高技术产业规模不断扩大，取得了举世瞩目的成就。2009年，高技术产业生产总值年均增长15%，达到60 430亿元，高技术产业研究与开发(research and development，R&D)经费支出892亿元，占总产值的1.48%，高技术产业新产品销售收入占企业主营业务收入的23.1%，高技术产业专利申请总量71 337项，高技术产业总产值占制造业总产值的比重为12.6%；2010年高技术产品进出口总额达到9050亿元，其中出口额4923.8亿元，同比增长30.64%，居全球第2位。可见，我国高技术产业作为集中体现高层次技术发展的前沿，已成为推动产业结构升级、带动经济新一轮增长以及提升国家整体创新水平的重要战略性产业。

高技术企业作为高技术产业的一员，越来越注重自身核心价值链管理，纷纷将自身高技术产品中的非核心部分通过各种方式"外包"出去，在集中精力进一步提高自身核心能力的同时，促使提供外包服务的企业提升服务质量。高技术企业之间合作发展趋势的逐渐形成，以具体项目为主，能够整合资源，将高技术成果借助合作伙伴能力实现产业化，并通过市场化运作转换成经济效益的高技术虚拟企业。高技术虚拟企业的出现对其协同运行体系结构的形成非常重要。因此，高技术虚拟企业作为一种新型的企业组织模式，是高技术企业从自主经营向协同运行的必然转变，是促进高技术虚拟企业协同运行体系结构逐步完善和发展的有效原动力和核心力量。

2) 市场变化多样化

经济发展全球化，使得个性市场需求不断变化、市场竞争愈演愈烈。我国高技术产品市场已具规模，充满着巨大商机，但同样也充满着激烈的竞争与挑战。我国高技术企业发展迅速，2000年我国仅有高技术企业9758家，而到2009年底，我国在册高技术企业已达27 218家，其中，内资企业17 922家，从业人员4 067 372人；港澳台投资企业3809家，从业人员平均2 136 353人；随着国外资金不断涌入国内市场，2009年底外商投资高技术企业5487家，从业人员平均3 371 703人。此外，我国的国家级高技术产业开发区从2003年的32 857个猛增到2010年的51 764个[54]。

由于高技术企业及国家级高技术产业开发区数量的增加，生存空间和发展压力剧增，进一步强化了高技术企业增强核心竞争力的意识，不仅要适应市场变化的需求，还要创造新的市场需求，强烈激发了高技术企业在全球范围内寻求合作的行为。高技术企业大多是新兴的中小企业，资金不足、资源有限以及知识缺口加剧了技术创新的风险和难度，其核心能力往往只能集中在研发、生产、营销和售后服务等的某一个方面，即具有一定研发能力的高技术企业往往不具有很强的生产、营销或售后服务能力。任何高技术企业都无法长期拥有生产高技术产品的全部资源，以自给自足的方式独立完成所有的项目。一个高技术企业可能同时成为一个或多个高技术虚拟企业的成员，因此高技术虚拟企业之间的竞争也日益加剧。高技术虚拟企业随着市场机遇的出现而组建，随着市场机遇的消失而解体，其高技术的创新与应用贯穿于高技术产品的开发、生产和使用全过程。高技术虚拟企业能够从更广的层面进行服务的集成，从更高的角度创造经济价值。随着经济发展全球化的深入，高技术虚拟企业涉及的业务范围越来越广，协同合作的业务内容越来越复杂，从而更加有力地促进了高技术虚拟企业柔性协同运行体系结构的发展。

3) 新技术更新频繁化

已处于高度竞争状态下的高技术虚拟企业，其主打产品虽然具有一定的竞争力，但并不具有超过国内外相同高技术领域中同行业企业明显的核心竞争力，而处于绝对高枕无忧的地位，同时要面对各种技术创新和新技术过于频繁更新的现状，特别是电子信息、航空航天、光机电一体化、生物医药与医疗器械、新材料、新能源与高效节能、环境保护、地球空间与海洋、核应用、现代农业等技术的迅猛发展，使得高技术产品的升级换代非常迅速。由于市场竞争太激烈，新技术更新频率太高，今天还因技术领先而组建的高技术虚拟企业，瞬间可能因技术的过时而被淘汰，因此高技术虚拟企业需要加大研发投入力度，应用新技术，加快技术创新。

各成员企业之间的技术创新过程需要运用新的协同技术[55]，主要包括多智能体技术、工作流管理技术、数据库技术、网络技术、Web 服务技术、面向服务的体系结构(service-oriented architecture，SOA)、通信技术、云计算技术[56]以及各种信息系统平台提供的网络服务和应用软件技术等，通过标准化的信息采集、存储与传输，更加快速、灵活、有效地进行平台构建、智能处理和信息安全等协同行为，实现低成本跨地区、跨企业、跨部门的信息实时共享，以使各成员企业能够跨越组织的边界、地域和时空的限制有效运行。

随着新技术更新越来越频繁，创新过程涉及的范围不断扩大，影响因素也逐渐增多，创新过程也变得越来越复杂。这就要求高技术虚拟企业在创新过程中建立一个具有高度适应性的、有利于创新的协同运行体系结构，以使组织管理更具柔性，为新技术的应用和成员企业之间的合作与沟通提供良好的技术手段和支撑环境。

2. 内部动因

1) 成员企业之间的内在业务关联性

成员企业之间的内在业务关联源于组建高技术虚拟企业时所确定的任务分配和联盟规则（契约或合同）。根据联盟规则，各成员企业执行所分配的融资、研发、生产、营销和售后服务等业务活动，通过服务资源共享创造竞争优势，一起实现组建高技术虚拟企业的目标。高技术虚拟企业的协同运行依赖于供需双方根据各自核心能力实现价值链的衔接。从使用服务资源的企业角度分析，无论是科研院所、金融机构，还是生产企业，所执行的业务活动本身就是该成员企业核心能力的体现，是其内部价值链的组成部分，当高技术虚拟企业协同运行体系结构日渐成熟时，会加速实现成员企业自身内部价值链的分解与向外延伸，这是导致各成员企业之间实现协同运行的本质原因。

从提供服务资源的成员企业角度分析，一方面，由于高技术产品本身具有很强的系统性与关联性，任何一个业务环节的运行都不能脱离其他环节的支持和辅助而单独存在，所以成员企业之间并不是处在"你死我活"的残酷竞争生存境地，而存在更大的共生合作发展空间。另一方面，成员企业之间也存在采购、销售等关联，随着合作项目规模的扩大和功能要求的提高，成员企业自身不能单独完成所分配的业务活动时，也需要从其他成员企业中进行"采购"，其他成员企业则将多余的服务能力进行"销售"，或者从各成员企业中抽取相关人力资源组成临时团队共同完成。因此，良好的协同运行体系结构可以实现技术资源优势互补、信息资源实时共享以及人力资源优势互补，既能发挥各成员企业自身优势，又能突破自身能力的局限，扩大业务范围，提高协同运行效果。

2) 高技术虚拟企业逐利效率的行为

高技术虚拟企业的出现本质上是各成员企业为了追逐利润更大化而采取的一种方式。高技术虚拟企业的逐利行为不仅在于盈利多少，更要看盈利速度。随着经济发展全球化、个性市场需求不断变化和新技术更新频繁化，组成高技术虚拟企业的各成员企业会不断遇到资源短缺、物价上涨、成本上升、知识缺口等问题。因此，高技术虚拟企业孜孜不怠地追求着各种改革创新的方式、方法与技术，进行资源、技术、资金、知识等缺口的弥补。从各成员企业的任务分工开始，通过合理的资源调度，以优化高技术产品的业务流程为依据，对其价值链进行分解与重新整合，并应用一系列管理技术手段，协同为高技术虚拟企业带来实质性的利益增长。所以，只有当高技术虚拟企业协同运行体系结构逐渐完善时，才能充分发挥各成员企业的协同效应，实现利润或利益的增值。

3) 高技术虚拟企业解决冲突的必然选择

组成高技术虚拟企业的各成员企业来源不同，可以是独立企业、科研院所、高等院校、金融机构、供应商、转包商、合作商、风险投资公司等组织，甚至是个人，来从事具体的筹资、研发、供应、生产、销售和物流等业务活动，而且主要业务活动多集中在上游技术创新领域，产品研发具有超前性。所以，各成员企业之间不可避免地会有认知文化的差异、参与动机的不同、信誉等级的差别、知识产权的保护等，引起各种冲突。高技术虚拟企业既不可能花费更多的人力、物力和时间去探究如何协调冲突，也不可能因为冲突可能导致成员企业变更、项目改变或任务调整等问题的出现，而轻易改变对信息传递方式、高技术产品性能和相关沟通平台架构等基本标准的要求。因此，对时间效率、产品性能和技术标准要求更敏感的高技术虚拟企业而言，解决冲突最好的方式，不是在冲突发生后，深入探讨冲突形成的原因、类型、机理等问题，再选择合适的方式和应对策略进行协调，而是应在各成员企业组建高技术虚拟企业时就构建一个柔性的协同运行体系结构，使得各成员企业能够处在一个相对稳定的、共识的环境中，以便高技术虚拟企业的运行更加高效、顺畅，避免大部分不必要的冲突发生。

2.3.3　协同运行体系结构设计原则

高技术虚拟企业协同运行体系结构的设计是为了保证联盟能够更加顺畅、有效率地运行，避免冲突对高技术虚拟企业的负面影响，所以其协同运行体系结构需要根据高技术虚拟企业的特点和具体合作项目的实际情况，按照相应的原则进行构建。

1. 系统性原则

高技术虚拟企业是由若干个跨地区、跨企业、跨部门的成员企业，为了完成基于市场机遇的既定目标，提高整体综合竞争力，实现协同效应而组成的。因此，为了建立科学、高效的高技术虚拟企业协同运行体系结构，应遵循系统整体的思想，通过目标分解，从总体上合理设计各成员企业的相互作用和层次结构，详细描述其间的信息传递和具体实现的相互依赖关系，以保证各成员企业的子目标与高技术虚拟企业的总体目标始终保持密切相关，协调一致。

2. 通用性原则

由于高技术虚拟企业是临时性的动态联盟，实现联盟的目的后，高技术虚拟企业将会自行解散。由于同行业的技术、规则、标准或协议等具有趋同性，如果每次针对某一特定项目组建的高技术虚拟企业，都要从头开始进行特定的设计，将会付出很大的成本、浪费大量的时间，无法抓住转瞬即逝的市场机遇，不能满足高技术虚拟企业的敏捷性。因此，设计的高技术虚拟企业协同运行体系结构应普遍适用，便于使用，以便为以后高技术虚拟企业的顺利运行打下良好的基础。

3. 互动性原则

在公平合作、相互信任的基础上，各成员企业根据自己的核心能力在高技术虚拟企业中扮演着不同的角色，承担着不同的任务。无论是各成员企业之间，还是其所承担的各业务活动之间，都存在着相互影响、相互制约、相互促进、相互依赖、相互变革的相互作用。部分成员企业的核心能力能够激发或补充其他成员企业潜能的发挥。一个能够使各成员企业密切配合的协同运行体系结构，可以为高技术虚拟企业的正常运行创造良好的环境。强调各成员企业之间及时有效地相互沟通和实时快速的信息传递，从高技术虚拟企业的总体目标出发，将各成员企业的核心能力协同起来使它们相互激发，促进各成员企业的知识传播和知识共享，实现其知识漏洞的弥补，进而促使高技术虚拟企业整体核心能力的提升。

4. 高效性原则

设计高技术虚拟企业协同运行体系结构的目的就是尽量避免或减少各成员企业之间的冲突，提高各成员企业在协同运行过程中的工作效能，使得整个高技术虚拟企业的运行效率倍增。高效性表现为各成员企业高技术虚拟整体效率的贡献和各成员企业协同耦合产生核心能力最大化两种形式。前者指各成员企业核心能力的特殊性对整个高技术虚拟企业的运行起着举足轻重的作用，后者指高技术虚拟企业整体核心能力是由各成员企业核心能力耦合而成的，这种耦合促使联盟组织形式扁平、协同递阶层次减少、中间冗余环节减少，面对各成员企业出现的问题能够做出快速敏捷的反应，增强其整体时效性与核心能力。

5. 柔性化原则

针对目前不同类型的高技术虚拟企业中多种组织模式与合作方式并存的现状，要求所设计高技术虚拟企业协同运行体系结构应在保持相对稳定、通用的基础上，能够根据市场机遇和个性化需求的变化，允许通过灵活运用各种协同手段，及时做出局部调整，保证高技术虚拟企业高效顺利运行。这不仅可以减少因某些摩擦而产生的冲突直接给高技术虚拟企业运行带来负面影响，而且可以将许多潜在的冲突扼杀在摇篮里，以进一步增强高技术虚拟企业的凝聚力，激发各成员企业的内在潜能，促进合作创新积极性，成为高技术虚拟企业打造显著竞争优势的有效关键途径之一。

2.3.4　三维立体协同运行体系结构建立

根据以上对高技术虚拟企业协同运行体系结构形成过程、形成动因及设计原则的分析，采用集成化的企业建模方法，明确各成员企业不仅要充分了解其在高技术虚拟企业中所扮演的角色、所承担的责任，以发挥自己的核心能力、体现自身的优势、实现自我价值，而且要与其他成员企业协同合作，产生协同效应，保证高技术虚拟企业总体目标和各成员企业子目标的实现，其相互之间的关系和层次结构可用一个三维立体协同运行体系结构描述[57]，包括协同层次维、协同视图维和协同主体维，其具体结构如图 2-4 所示。

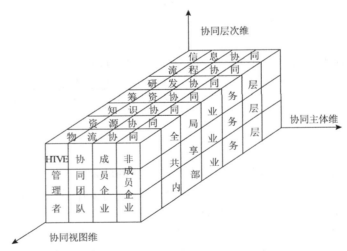

图 2-4　高技术虚拟企业三维立体协同运行体系结构

1. 协同层次维

引入协同层次维的目的是明确划分高技术虚拟企业中各成员企业的业务范围，确定协同的主体，既要反映出各成员企业的独立性，又要体现出高技术虚拟企业的整体性。协同层次维分为三个层面，即内部业务层、共享业务层和全局业务层，其结构如图 2-5 所示。

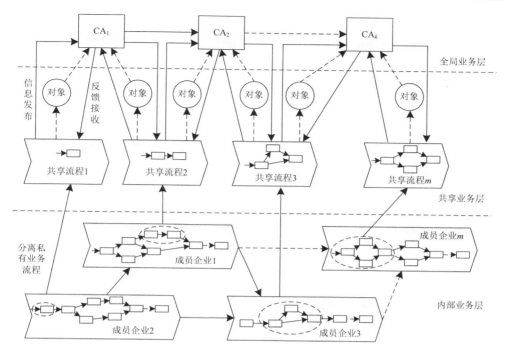

图 2-5   协同层次维结构图

1) 内部业务层

内部业务层是各成员企业内部的私有业务流程,即各成员企业以自治的方式将自身现有资源有效地组合与利用,完成对高技术虚拟企业快速响应的一个业务过程。成员企业独自管理自己的私有业务流程,并及时向其他成员企业发布与私有业务流程有关的研发、生产或服务等部分信息。

2) 共享业务层

共享业务层是各成员企业将私有业务流程中可以共享部分的流程抽象,即将可以共享的部分流程从成员企业私有业务流程中分离出来,通过共享流程,发布任务执行完成信息(如研发完成、筹资完成、产品制造完成、装配完成、订单制定完成等消息)、结果信息(设计方案、筹资方案、分配计划、发货单、订单、异常数据等)和接收其他成员企业的研发、生产、服务或反馈信息,成员企业可以实时了解其他合作伙伴任务执行情况、高技术虚拟企业的进程以及合作效果,既可以有效防止内部业务流程被直接访问,又能保证自己私有业务流程按时完成。

3) 全局业务层

全局业务层的存在是为了让高技术虚拟企业的管理者有效协调和优化整个高技术虚拟企业的业务流程。高技术虚拟企业的管理者依据联盟协议,协同各成员企业在共享业务流程之间以对象的形式进行交互，形成若干跨企业的协同活动（coordination activity，CA），这些协同活动的集合构成全局业务流程。全局业务流程关注的是必须发生的活动顺序、时间、结果和执行者以及如何能够保证让各个成员企业间的私有业务流程进行协调以达到最优，而不是这些活动在各个成员企业内部私有业务流程中如何被完成的特定细节。通过协同跨企业的交互，修正或补充联盟协议（动态合同或契约）的具体款项（质量、期限、数量、成果等），从而确保高技术虚拟企业得以顺利运行，实现组建高技术虚拟企业的目标。

各层业务流程的协同是非完全自动的，各成员企业的反应也不确定。由协同层次维结构图可知，全局业务层的全局业务流程、共享业务层的共享业务流程和成员企业内部业务层的私有业务流程是相互影响、相互制约的。各成员企业通过在共享业务流程的交互及时将反馈对象的信息作为输入参数传送给内部私有业务流程。对象是可以共享的流程、人力、服务、角色或资源等实体。对象的信息可作为激活各成员企业内部私有业务流程的外部条件，成员企业根据内外条件情况，启动后续内部私有业务流程，并将具体执行结果（包括中间结果）的信息随着共享流程的分离，传递给共享业务流程。同时，各共享流程发布的对象，在全局业务层的关系匹配和函数验证是高技术虚拟企业的管理者有效协调和优化整体运行的关键。当全局业务流程的某一业务活动受阻时，其后的所有活动都会受到影响；当共享业务流程的某一活动受阻时，也会直接影响成员企业内部私有业务流程的执行。同样，当企业内部私有业务流程的某一活动受阻时，直接影响共享业务流程的执行，从而间接影响全局业务流程的运行。因此，成员企业内部私有业务流程中所出现的异常可以及时通过共享业务流程反映到全局业务流程中，便于高技术虚拟企业的管理者和各成员企业及时进行协同。此外，高技术虚拟企业协同运行过程的层次结构既有利于实现业务流程重组，又可以提高整个高技术虚拟企业业务流程的并行性。

2. 协同视图维

对高技术虚拟企业来说，协同视图维是高技术虚拟企业协同运行过程中应重点关注的、需要协同的主要集中视点。一个视图从一个特定的角度来查看协同运行体系结构中的协同行为。在集中的视点方向上观察高技术虚拟企业的运行过程，可以使成员企业只关心其感兴趣的某些特定协同行为和他们所负责的特定任务，不同的视图赋予不同的权限。只允许具有权限的成员企业查看、监督或修正某一具体视图中所涉及的业务活动，而不是高技术虚拟企业运行过程中所有的业务活动，这既为各成员企业防止知识外溢提供了一种安全保护，又为避免各成员企业之间发生不必要的冲突给出了一种必要措施。根据高技术虚拟企业的具体业务流程，协同视图维的组成主要由流程协同、筹资协同、研发协同、信息协同、资源协同、知识协同和物流协同七个部分，目前，高技术虚拟企业协同运行体系结构中筹资协同、研发协同、信息协同、物流协同和知识协同的研究较完善，对于没有完善的资源协同中的资源定价决策问题和为使流程协同顺利进行的信誉机制将是本书后续章节研究的重点，其相互间的关系如图 2-6 所示。

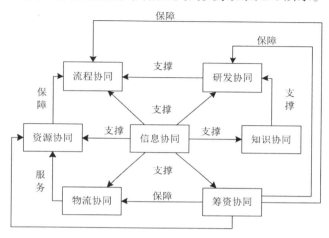

图 2-6　协同视图维关系图

信息协同是其他协同过程的基础；筹资协同为研发协同、物流协同、资源协同和流程协同提供资金保障；研发协同创新性地运用知识协同得到的相关理论、方法和技术，进行高技术产品的研制；资源协同在物流协同及时、安全的服务下，整合优化资源，以保证高技术虚拟企业流程协同可以顺利进行。

1) 信息协同

信息协同是高技术虚拟企业成功运行的关键因素之一。高技术虚拟企业的成员企业是分布在不同地域的实体企业，各成员企业之间存在既竞争又合作、既独立又融合的关系，以保证高技术虚拟企业的整体运行达到最佳状态。这种竞争合作、独立融合建立在各成员企业之间及时沟通和信息共享的基础上，否则，由于距离的限制、异构系统和异构平台的存在以及信息表现形式的动态变化，各成员企业会彼此孤立，无法实现合作与融合，直接影响高技术虚拟企业整体协同运行效果。

通过云计算、多智能体、数据库技术、工作流技术、Web 服务和面向服务的架构(SOA)等现代协同技术，构建公共信息中心，营造良好的信息协同环境，一方面能够真实反映高技术虚拟企业的实际运行状况，有利于提高信息获取的时效性和准确性，实现高质量的信息传递和信息共享，扩充决策信息数量和质量，以便高技术虚拟企业在运行过程中能够对环境状态和问题形式做出更为快速、准确的评估和判断，从而采取更佳的行动；另一方面有助于实现资源的有效配置[58]，优化整个运行过程，达到整体协同运行的目的，提高高技术虚拟企业整体绩效。此外，还能够有效预见运行过程中各成员企业可能出现的失信行为，防止失信事故的发生，促进高技术虚拟企业顺利、高效地运行。

2) 流程协同

高技术虚拟企业的特点强调各成员企业之间必须实现更加松散和动态的耦合，以便通过跨越多个成员企业的流程来完成其组建的目标。成员企业之间内在业务关联性需要其运行中间结果的共享及相应流程的协调，从而保护各成员企业内部业务活动的私有性。更加关注业务流程而非底层基础结构的 SOA 和未来主打的 Web 服务技术，为实现跨企业的业务流程协同提供了基本技术保障[59]。在流程协同技术统一的 SOA 下，高技术虚拟企业的管理者依据预先制定的联盟协议，利用只与共享业务层有关的信息，监督和评估高技术虚拟企业的运行情况，协同各成员企业，以使各个合作环节的业务对接更加紧密，流程执行更加通畅，资源利用更加有效；或者响应和解决初始预定流程与实际流程执行之间的差异，及时按需调整或修正跨企业的流程，以便更快速地响应市场的需求，更好地面对机遇与挑战。

流程协同中的决策涉及相关的事件、活动、协同流程的参与者和时间安排，其相互之间的关系可用联盟协议模型来描述，具体模型结构可采用实体-关系(E-R)图来描述，如图 2-7 所示。

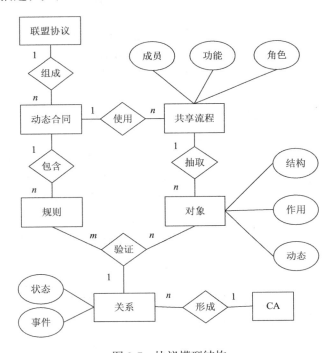

图 2-7　协议模型结构

联盟协议是预定义业务流程中任务的集合，约定了各成员企业的权利和义务，对各成员企业的行为具有一定的约束作用，是高技术虚拟企业协同运行成功的基本保障。联盟协议描述了高技术虚拟企业业务流程的整体情况，规定了一些关键的、必需的检测和控制点以及其他一些约定，这些检测和控制点是高技术虚拟企业协同运行的重要组成部分。

本书用小写字母表示描述文件、数据、子流程、人力、服务、角色、活动或资源等的对象，如 x 、 y 等；用大写字母表示共享流程，如 P 、 Q 等；用 $O(P)$ 表示流程 P 提交的协同对象集合；用 $x\,R\,y$ 表示对象 x 与 y 之间的关系，如果

$$\forall x \in O(P),\ y \in O(Q) \Rightarrow x\,R\,y \tag{2-1}$$

则称共享流程 P 、 Q 为协同的流程。

每个关系需要通过一个或多个验证函数 satify(·) 判断其是否符合规则。如果函数不满足，则协调处理使对象之间的关系满足验证函数

$$\forall x, y(x\,R\,y) \Rightarrow \exists \mathrm{satify}(x\,R\,y)\big|\mathrm{satify}(x\,R\,y) \in \{\mathrm{True, False}\} \tag{2-2}$$

验证后的对象驻留在全局业务层，以便执行跨企业的协同活动。因为对象也可以是业务流程，所以

$$\forall P, Q(P\,R\,Q) \Rightarrow \exists \mathrm{satify}(P\,R\,Q)\big|\mathrm{satify}(P\,R\,Q) \in \{\mathrm{True, False}\} \tag{2-3}$$

两个共享流程的两个对象的协同可由图 2-8 所示。由于对给定的共享流程 P 、 Q ，其提交的协同对象分别为 $O(P)$ 和 $O(Q)$ ， P 、 Q 之间的协同活动即协同点，是特定的全局业务流程，可用 $P\,\pi\,Q$ 表示，则有

$$\forall x \in O(P), y \in O(Q) \text{ and } x\,R\,y$$
$$P\,\pi\,Q \Rightarrow \exists \mathrm{satify}(x\,R\,y) \in O(P\,\pi\,Q) \wedge \mathrm{satify}(x\,R\,y) \in \{\mathrm{True, False}\} \tag{2-4}$$

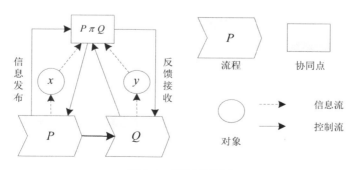

图 2-8　两流程协同

其中，协同点 $P \pi Q$ 的对象集合 $O(P \pi Q)$ 是共享流程 P、Q 中所有可共享的对象，即

$$O(P \pi Q) = \bigcup_{i=1}^{m} x_i \in O(P) \cup \bigcup_{j=1}^{n} y_j \in O(Q) \cup \bigcup_{k=1}^{m \times n} \text{satify}\left(x_i \ R_k \ y_j\right) \big| \left(x_i \ R_k \ y_j\right) \quad (2\text{-}5)$$

当协同活动验证失败时，通知参与协同活动的成员企业，对协同对象偏离的情况进行协调，或对相应的流程重新规划，根据实际情况修正规则，进而完善动态合同。

对于多个共享流程多个对象的协同，分两种情况讨论。

一种情况是共享流程中包含需要协同的对象不止一个，每个对象分别与不同共享流程中的其他对象存在关系，但这些其他对象之间彼此不存在关系，则保证了各成员企业的独立性，如图 2-9 所示。

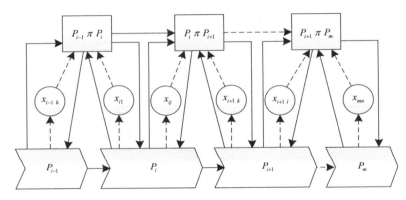

图 2-9　协同活动独立的多流程协同

流程 P_i 中包含需要协同的对象中有 2 个（对象 x_{i1} 和对象 x_{ij}）分别与流程 P_{i-1} 的对象 $x_{i-1 \ h}$ 和流程 P_{i+1} 的对象 $x_{i+1 \ k}$ 存在关系，即

$$\forall x_{i-1 \ h} \in O\left(P_{i-1}\right), \ x_{i1} \in O\left(P_i\right) \Rightarrow x_{i-1 \ h} \ R \ x_{i1} \qquad (2\text{-}6)$$

$$\forall x_{ij} \in O\left(P_i\right), \ x_{i+1 \ k} \in O\left(P_{i+1}\right) \Rightarrow x_{ij} \ R \ x_{i+1 \ k} \qquad (2\text{-}7)$$

但对象 $x_{i-1 \ h}$ 和对象 $x_{i+1 \ k}$ 之间不存在任何关系，流程 P_{i-1} 与 P_i 可以共享对象，流程 P_i 与 P_{i+1} 可以共享对象，但流程 P_{i-1} 和 P_{i+1} 不能共享对象，即存在连续 2 个不同的串行协同活动。先执行 $P_i \pi P_{i+1}$，并将结果与 P_m 协同，可用 $\left(P_i \pi P_{i+1}\right) \pi P_m$ 表示。

另一种情况是虽然某一共享流程中所包含的对象不同，分别与不同共享流程

中其他对象存在关系，但是若流程并行，则需要将 2 个协同活动合并成 1 个，如图 2-10 所示。

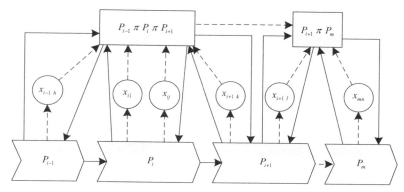

图 2-10　协同活动相关的多流程协同

由于在同一流程 P_i 中，对象 x_{i1} 和对象 x_{ij} 之间存在关系，且流程 P_{i-1} 运行时，流程 P_{i+1} 也必须执行，则合并协同活动，减少协同点，避免潜在冲突的发生，可用 P_i π P_{i+1} π P_m 表示，其中：

$$P_{i-1} \ \pi \ P_i \ \pi \ P_{i+1} \Rightarrow \left(P_{i-1} \ \pi \ P_i\right) \ \pi \ P_{i+1} \wedge P_{i-1} \ \pi \ \left(P_i \ \pi \ P_{i+1}\right) \tag{2-8}$$

3）研发协同

面对研发周期短、研发成本低、研发质量高、研发技术新等现状，研发协同已成为高技术虚拟企业进行创新技术和创新产品等研发活动、保持核心竞争优势的必然选择。高技术虚拟企业的研发协同始于市场机遇，包括高技术产品的创意、设计、工艺、采购、制造、服务、销售等诸多业务环节，通过协作、交流，共同完成协议要求的研发过程，其研发协同关系如图 2-11 所示。

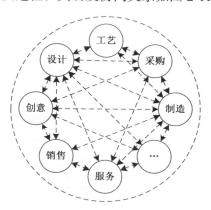

图 2-11　研发协同关系图

通过对相关产品销售历史信息、功能配置选择信息、零部件采购信息、客户习惯及个性化需求等信息的详细分析和挖掘，采用新方法、新技术、新材料、新能源、新工艺进行高技术产品的研发，实现协同创新。具体表现在：各业务流程环节之间无论是否存在操作层面的先后顺序，均要做到前后兼顾，即注意业务环节在集成资源以保证其局部目标时，仍必须兼顾考虑与其存在间接联系的其他业务环节是否也能够获得相应资源与之相匹配，例如，高技术产品创意的诞生不仅要考虑销售反馈和个性化需求信息，而且必须考虑设计环节、采购环节与制造环节集成的资源是否同样能够满足需求；设计环节同样要兼顾工艺、采购、制造和服务等环节集成资源的难易程度等。

因此，集成研发资源、整合研发要素、优选研发方案所形成的高技术虚拟企业的研发协同需要高等院校、科研院所、专业设计公司以及其他成员企业研发部门或科研人员的共同参与、协调工作。

4) 筹资协同

高技术虚拟企业的资金筹集，既具有高技术企业资金筹集的特征，又具有虚拟企业资金筹集的优势。不仅可以将无形资产(包括科技成果、知识产权、专利技术、管理才能等)和高科技人才作为重要的资金来源，而且由于组成高技术虚拟企业的成员企业可能处于不同地区、不同城市甚至不同国家，资金筹集的自由度要比高技术企业大，可以选择最有利于虚拟企业发展的资金筹集方式。因此，高技术虚拟企业资金筹集更加强调协同性，在所需时间内，以合适的成本、多样的渠道、充足的数量满足各成员企业的资金需求，力求做到高技术虚拟企业资金筹集的总成本最低。

在高技术虚拟企业运行过程中，各成员企业根据各自所分配的任务，开始进行相关产品及服务的研发，同时各成员企业之间的信息沟通、流程协同的成本加大，所有这些都需要大量的资金给予支持。高技术虚拟企业资金协同筹集方式如图 2-12 所示。

高技术虚拟企业资金协同筹集方式相对于高技术虚拟企业主要分为内部成员企业投资者和外部非成员企业投资者两个层次。运行过程中产生资金需求时，首先根据各成员企业的需求和供给情况，确定资金的投入方式和数量，在成员企业(团队)内部之间进行资金筹集和调用，规定比市场利率要低的资金成本。如果内部资金筹集模式未满足需求，那么对外进行资金筹集，遵循资金筹集争取政府财政支持为主，银行、金融机构、投资公司、国际资本市场筹集为辅的原则，利用多种渠道，寻求最优筹集组合。如果成员企业具备上市条件，那么可以通过股票、债券方式进行资金筹集[60]，同时规定偿还贷款的方式及其相关的利益分配比例关系等。

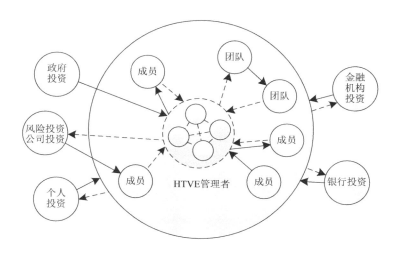

图 2-12 高技术虚拟企业资金协同筹集方式

5) 知识协同

知识已成为高技术虚拟企业保持核心竞争优势的主导因素。各成员企业为了实现互利共赢，获取最大的协同效应，在高技术虚拟企业运行的各个环节，不停地进行着知识协同，努力进行知识创新，希望最终形成有价值的成果。要提高知识创新的速度和效率，就必然要通过协同的方式加强知识共享、转移与创造，并通过挖掘各知识资源之间的关联，以有效地弥补知识缺口，消除知识孤岛，进行知识整合，实现有效的知识共享和快速的知识创新。高技术虚拟企业的知识协同是以知识创新为终极协同目标，由拥有多种知识资源和协同能力的各成员企业协同参与的知识活动过程，是组织优化整合知识资源的管理模式。具体的知识协同模型如图 2-13 所示。

知识协同的过程是从差异走向协调一致的过程[61]，拥有知识资源的各成员企业通常以团队的形式作为知识主体，并行或串行地协同工作，在恰当的时间和空间将准确的信息和知识传递给所需的知识主体，以"单向""双向"或"多向"的多维动态方式实现知识协同。在高技术虚拟企业运行过程中，知识协同需求主要来自高技术虚拟企业某一环节的业务活动中对新知识的需求，根据知识协同需求确定知识协同的具体主题，以核心团队为主导，跨越协同网络[62]，在一定的知识协同环境(包括文化环境、技术环境等)下，于时间、空间上有效地进行知识的协同交互，共享各成员企业的基础知识源，通过知识获取、吸收、转移、组织等方式，进行知识共享，推进知识的传播，实现知识协同效应。知识协同效应即协同的成果是众团队进行知识协同并进行知识运用和知识创新的最终成果，主要体现在管理创新、组织创新、流程创新、产品创新等多个方面[63]。

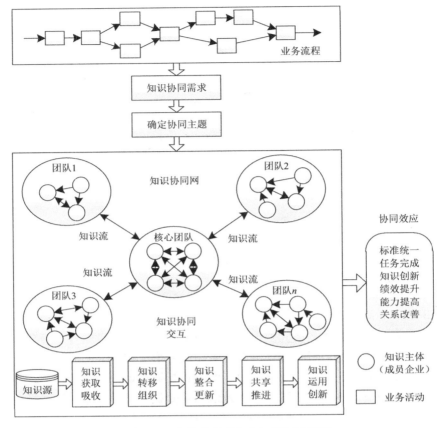

图 2-13　高技术虚拟企业知识协同模型

　　知识协同有利于形成行业标准或产品标准。高技术虚拟企业的协同运行，标准统一非常重要。组成高技术虚拟企业的各成员企业所采用的技术、绩效评价等标准都不尽相同，技术标准的协调性和兼容性，以及计算机网络和信息集成技术标准化与专业化是高技术虚拟企业协同运行，实现敏捷、同步、柔性的关键之一；同样，绩效评价标准统一能够公平、恰当地反映高技术虚拟企业整体运行状况以及上下节点各成员企业之间的运行效果，有利于使各成员企业为一个共同目标而齐心协力，加强相互之间的协调合作。

　　由此可见，高技术虚拟企业知识协同具有知识传递时间及时性、知识对象准确性、知识流多向性等特点。通过知识协同，提高知识在高技术虚拟企业中的转移速度，促进隐性知识显性化，以便各成员企业可以更好地利用高技术虚拟企业中的知识，来确保完成任务、提升绩效、提高资源配置效率、增强创新能力、加快科研成果转化和改善各成员企业之间的关系，并以合适的形式为高技术虚拟企业的其他协同活动提供有力支撑和服务，同时达到最优化地培育知识转移、共享和创造的目的。

6）资源协同

高技术虚拟企业的资源协同是促进资源高效利用与资源优化配置，实现资源整合，突显高技术虚拟企业核心竞争力的一个系统行为和过程。高技术虚拟企业资源是指能够被高技术虚拟企业支配的，用于高技术虚拟企业价值的资源要素以及要素间关系等的统称。由于高技术虚拟企业具有分布式的特点，其所开发的高技术产品的资源具有稀缺、价格高昂、难以模仿等特性，高技术虚拟企业资源协同不仅可以通过非均匀流动与扩散的方式来满足对稀缺资源的需求，而且有利于防止各成员企业因对自身利益的追逐而导致相互之间对资源的恶意竞争，影响高技术虚拟企业的顺利运行。

高技术虚拟企业的资源协同主要分纵向和横向两个层面。纵向层面实现高技术虚拟企业整体与成员企业间的资源协同。为了实现共同目标而联盟在一起形成的高技术虚拟企业作为一个整体组织而存在，拥有共同的利益追求，客观上要求各成员企业的资源协同配置，形成综合优势，实现协同效应。横向层面实现成员企业与成员企业间的资源协同。各成员企业资源协同的基础是它们之间的联系纽带[64]。因此，需要对高技术虚拟企业资源进行合理的分类与规划，通过资源互补、互惠和融合等方式，最大限度地挖掘各种资源的使用价值，才能使各种资源充分发挥协同效应。

高技术虚拟企业资源协同的一个重要内容是资源定价问题。合理的资源定价可以提高高技术虚拟企业应对市场机遇和变化的敏捷性。面对信息不对称的客观条件，设计易操作的、切实有效的资源定价方法也是本书研究的重点内容之一。

7）物流协同

被喻为促进经济发展"加速器"的物流，是国民经济发展的动脉和基础，其发展程度已成为衡量一个国家现代化程度和综合国力的重要标志之一。由于我国高技术领域的物流还处于初级阶段，在高技术虚拟企业运行过程中，面临着零部件、原材料采购价格和运输费用大幅上涨等诸多问题，物流成本控制便成为人们关注的焦点。能否提供高效的物流协同服务，在恰当的时间、恰当的地点，以恰当的成本、恰当的方式、恰当的数量满足各成员企业的物流需求，是体现高技术虚拟企业协同运行价值的一个关键问题。

高技术虚拟企业运行过程的物流协同是指各成员企业为提高物流运作效率、降低运营成本、提高物流服务水平，通过相互合作，共同制订物流计划、组建统一的物流系统，来处理相关的物流业务。参与物流协同的各个成员企业之间存在着各种物理上和逻辑上的依赖关系，最终任务的实现需要各个成员企业的相互配合。物流协同的主要目的是在高技术虚拟企业运行过程中，将各种资源稳定、快速、安全、精确地送入需求者手中。

因此，物流协同强调成员企业之间相互沟通与协作，整合成员企业内外的采购、生产和销售等物流，确保在物流设施、运输、库存、资金、信息、知识等资源的支持保障下，依托相应的信息系统平台，提高物流运营的可视性和及时性，以便物流活动能够同步运行、协调合作。同时，物流协同还可以为市场需求提供个性化的增值服务，以增强高技术虚拟企业的市场竞争优势。

3. 协同主体维

高技术虚拟企业协同运行的主体是构成协同关系和协同整体的基本单位，是形成各种协同层次和协同视图的基础。认识和描述协同主体是确保高技术虚拟企业协同运行的重要内容。

高技术虚拟企业协同运行主体的作用取决于其在高技术虚拟企业组织结构中扮演的角色，主体角色类型包括高技术虚拟企业管理者、协同团队、成员企业、非成员企业。其中，高技术虚拟企业管理者依据高技术虚拟企业的类型，可能是盟主，也可能是各成员企业推选出的代表组成的虚拟协调委员会；协同团队是为了更好地实现某一协同工作或执行某一职能，如虚拟财务部、虚拟研发部等，从各成员企业中选拔出相关人员，临时组建的小组。这些不同类型的主体各自在高技术虚拟企业协同运行过程中扮演的协作关系和主要职责如表 2-1 所示。

表 2-1　高技术虚拟企业协同运行过程中各角色主要职责分析

主体角色类型	主要职责
管理者	拥有具体协同方案选择的决策权
协同团队	确定哪些工作需要协同、能否协同以及如何协同
成员企业	协同需求的发起，协同方案的具体实施
非成员企业	提升协同效果、降低协同成本的保证

2.4　本章小结

本章根据各成员企业间和成员企业内的业务范围和运行特征，深入研究了高技术虚拟企业的协同运行过程，分别从内外两个层面详细阐述了协同运行体系形成的动因，构建了包括协同层次维、协同视图维和协同主体维的高技术虚拟企业三维立体协同运行体系结构，并详细讨论了三个维度的内涵，为高技术虚拟企业协同运行建立了基本框架。

第3章 高技术虚拟企业运行演进组织模式

3.1 运行演进组织模式设计思想

高技术虚拟企业是指由两个或两个以上的与高技术产品或服务相关的实体，为了快速响应市场机遇，借助现代通信技术，实现共赢目标而组建的基于核心能力的临时性非法人的、虚拟的、临时的合作组织。高技术虚拟企业成员主要集中在上游技术创新企业，产品开发具有超前性，管理的重点为知识管理，大多发生在新产品研发和试生产阶段，更加注重风险投资问题，而且高技术虚拟企业一般是基于高技术产品项目组建的。

本章首先对高技术虚拟企业运行演进组织模式进行研究。高技术虚拟企业运行演进组织模式由其相应的组织结构、性能分析及组织运行演进过程等部分组成。由于高技术虚拟企业是高技术领域中的多个实体在统一的协调机制下，基于各自的核心能力组建的能够提供高技术产品或服务，以快速响应市场机遇为目标的一种创新型组织形式。为了在迅速变化、不断细分、高质量、高性能、个性鲜明的顾客导向型市场中赢得竞争优势，高技术虚拟企业必须使其组织具备敏捷快速的特征。

从组织结构设计的信息角度来看，组织能否具有敏捷快速的应变能力与其信息传递效率和质量有直接关系，组织结构性能的高低直接反映出组织内信息传递效率以及组织应对各种变化的快速响应能力。此外，高技术虚拟企业组织运行演进是高技术虚拟企业随着自身和环境的变化不断得以再生的发展过程，其间，高技术虚拟企业的成员会伴随着组织结构形式的变化而不断变化，从而影响合作效果。可见，高技术虚拟企业的具体组织形式对其运行协调、成员企业的行为约束、信息沟通和目标实现都有很大影响。

因此，科学、合理地分析运行演进组织模式成为保证高技术虚拟企业顺利运行必须解决的关键问题。本章将从组织结构、性能分析及组织运行演进过程三个角度，系统分析高技术虚拟企业组织结构应具有的特征，了解其设计的相关因素和原则，构建相应的模型，借助耗散结构理论，用熵揭示高技术虚拟企业内部管理效率递减的规律，反映组织内部存在能量梯度，即能量差异，定量分析高技术虚拟企业不同发展阶段组织结构运行演进的内在机理和演进路径，为促进高技术虚拟企业组织结构的创新和高技术产业经济制度的变迁等，提供有效的理论分析依据。

3.2 高技术虚拟企业组织结构

组织结构(organizational structure)是组织内部各组成要素之间的排列组合方式，它是各组成要素之间的分工合作、相互作用、相互依存的关系，描述组织的框架体系，反映组织的权责关系，承载组织的业务流动和管理流程，体现组织的性质和功能，推动或者阻碍组织的进程，直接影响组织行为的效果和效率。根据系统论观点，结构是系统的关键性问题。系统结构是系统内部各要素的排列组合方式。系统内的各要素，只有依靠结构，才能把孤立的诸要素变为一个系统；只有通过结构的中介，要素才能变成系统的属性和功能。从企业管理角度，同行业同类型的企业，由于对企业系统内部的各个要素排列组合不同，也会产生截然不同的生产经营成果。可见，良好的组织结构是企业持续发展、保持竞争优势的关键环节。

处在上游技术创新领域的高技术虚拟企业所面临的市场竞争更加激烈，其顺利运行不仅依赖于成员企业个体的核心技术创新能力，更依赖于各个成员企业协同创新能力的发挥。根据具体市场机遇，只有在清楚高技术虚拟企业组织结构的特征、界定高技术虚拟企业的组织要素、明确高技术虚拟企业组织结构设计原则的基础上，构建合理的组织结构，才能充分发挥高技术虚拟企业协作创新能力，为高技术虚拟企业的成功运行奠定基础。

3.2.1 高技术虚拟企业组织结构特征

1. 组织结构扁平化

随着现代先进信息技术的广泛普及，高技术虚拟企业的沟通方式发生了根本性变化，组织中层管理者上传下达的作用被取代，决策层管理幅度变大，促进了组织结构扁平化的转化。成员企业不仅可以主动发挥自身的竞争优势，高效地完成所分配的工作任务，而且可以直面市场，挖掘新机遇，增强高技术虚拟企业对市场需求和环境变化做出及时反应的能力和柔性。

同时，扁平化的组织结构没有庞大的管理中层，降低了高技术虚拟企业总体运行成本，提高了运行效率，增强了市场的竞争优势。高技术虚拟企业提倡开放、松散的工作方式，鼓励成员企业自由发挥、自由选择和自主创新。

2. 组织边界模糊化

高技术虚拟企业是由科研院所、供应商、生产企业、金融机构、销售商、代理机构等独立的服务提供者在利益驱使下临时组建的，以联盟合作赢得竞争优势的一种组织形式，它打破了传统企业间明确的组织界限，各成员企业可以分别在不同的高技术虚拟企业中承担不同的角色，相互之间以协议、规则等"契约关系"为基础，随着契约关系的完结，成员企业会自动退出联盟，同时会有新的成员企业随着新契约的签订或契约的改变而不断地加入和退出。所以，高技术虚拟企业组织结构是松散的、模糊的、开放的。

3. 组织结构柔性化

组织结构柔性化是指高技术虚拟企业根据市场机遇和个性化需求的变化，运用灵活的动态协调机制，连续性地做出临时性调整，保持高技术虚拟企业具有一定的稳定和变化的平衡。各成员企业既可以是平等关系，也可以是主从关系，一个企业还可以有多重身份，在一个高技术虚拟企业中是主导，即盟主地位，而在另一个高技术虚拟企业中则起辅助作用，这样就形成了一种"你中有我，我中有你"的网络形式，组织没有明显的边界。

高技术虚拟企业是建立在各成员企业之间动态合作、功能互补的基础之上的，柔性是其在不确定环境中求得生存和发展的一个不可缺少的因素。高技术虚拟企业组织结构柔性化的宗旨是激发成员企业的主动性和内在潜力，提高创新能力，通过分工合作、共担风险，迅速、有效、合理地配置资源，以达到快速适应变化的市场需求。

4. 组织结构网状化

网状组织结构是组织间为获取、强化资源，增强其竞争优势而形成的各种形式的连接关系。这种组织利用组织规则、协议来组织运行，是扁平化组织的进一步深化，它没有扁平化组织上层，取而代之的是虚拟总部、虚拟委员会，充分应用信息技术和通信技术进行分散的互利合作，其柔性和灵活性更强，更有利于高技术虚拟企业适应市场快速多变的需要。

网状组织是一种高效的企业组织结构，有助于各成员企业专业化发展，强化核心能力，规避风险，降低管理成本，突出高技术虚拟企业专业核心特色，符合未来社会朝个性化、自由化方向发展的趋势。

高技术虚拟企业实行专业化研发或生产，可以使合作企业更专注于某一产品，甚至某一产品的某一个小小的零部件，形成某一技术的竞争优势。由于专业化研发或生产，企业研发或生产的成本大大降低，利润升高。但单个企业无法规避各种风险、无法完全适应外界环境的变化，特别是市场的个性化和多样化，而高技术虚拟企业这种网状组织可以克服单个专业化程度较高企业的缺点，在获取市场机遇的同时，将若干个具有核心能力的小企业组建成高技术虚拟企业，按照高技术虚拟企业的协议规则有效地进行运作，同时各合作伙伴可以只专注于某一产品或技术，形成更具特色的专业化和核心能力。

5. 组织结构多元化

随着网络知识经济的发展，竞争程度的日益激烈，市场多样化、个性化需求的加剧，没有一种完美的组织结构，只有最适合当前战略目标的组织结构。在不同行业中组建的高技术虚拟企业，其组织结构也不可能是统一的模式，而是根据具体情况和目标，构建适合的组织结构。

此外，高技术虚拟企业在组建、运行和发展过程中的技术创新、伙伴选择、核心能力竞争等一系列活动中，会不断调整合作企业的组成及战略目标，逐步调整和完善组织结构是保证其战略目标实现的重要手段之一。

3.2.2　高技术虚拟企业组织结构设计要素的界定

成员企业组建高技术虚拟企业的根本目的是获得预期收益，组织结构是高技术虚拟企业顺利运行的基本保证，为使本书的研究更具有针对性，现对影响高技术虚拟企业组织结构设计的关键要素做出界定。

1. 市场机遇（market opportunity）

市场机遇是市场上存在的尚未满足或尚未完全满足的显性或隐性的需求。高技术虚拟企业的市场机遇一般是潜在的隐性机遇，对时效、投入和风险要求更高，同时机会效益高。明确市场机遇，有利于确定具有可预见性的合作目标，实现其敏捷性，市场机遇是高技术虚拟企业进行组织结构设计首先需要考虑的要素。

2. 核心能力（core capability）

核心能力是企业长期生产经营过程中的知识积累和特殊的技术、管理技能，以及相关的资源(如人力资源、财务资源、品牌资源、知识产权、企业文化等)组合成的一个综合体系，是企业独具的、响应机遇、参与竞争所依赖的、与他人不同的一种能力(研发能力、生产能力、营销能力和融资能力)。核心能力的界定有助于高技术虚拟企业确定组织结构应具有的能力(功能)以及成员企业合作的任务范围。

3. 合作伙伴（cooperation partner）

无论何种类型的高技术虚拟企业，都是通过集成各合作伙伴的核心能力(技术、知识等)和资源，交融彼此的文化，提高效率，降低成本，获取竞争优势[65]。来自上游技术创新企业、研究机构和高等院校的成员及其信誉状况直接关系到高技术虚拟企业组织结构的深度和广度以及每个成员的责任和权限层次。

4. 敏捷性度量(agility metrics)

敏捷性是指高技术虚拟企业在不断变化的市场需求和个性要求下，动态灵活、集成、快速地响应市场变化的能力。信息在组织中传递的时效和质量是度量高技术虚拟企业敏捷性的关键指标，通过敏捷性度量可以及时掌握高技术虚拟企业的运行状态，并有针对性地重构、调整组织结构，以改善产品时间(T)、质量(Q)、成本(C)及服务(S)等性能，从而使高技术虚拟企业能够快速响应市场机遇。

5. 合作方式(cooperation way)

高技术虚拟企业是虚拟企业在高技术领域的具体应用，因此其合作方式与一般虚拟企业相同，主要是业务外包式、虚拟合作式、嵌入兼容式、战略联盟式、合资经营式、供应链接式，如图 3-1 所示。

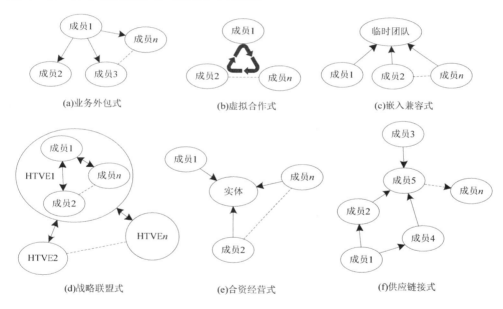

图 3-1　高技术虚拟企业合作方式

(1)业务外包式。高技术虚拟企业管理者(盟主或协调委员会)可以将计划工作任务的一部分完全外包给一个或几个成员企业。

(2)虚拟合作式。根据特定的市场机遇组建的高技术虚拟企业，其成员分散在不同的区域，通过信息网络平台，组成一个跨企业、跨地区、跨功能的整体协同工作，集成能满足机遇所需的相关核心资源，共同参与经营活动。

(3)嵌入兼容式。高技术虚拟企业的研发、生产、销售等团队可以根据需要，临时从各成员企业抽调组成，以提供必要的政策、人才、技术、资金和信息等资源的支持[66]。

(4) 战略联盟式。一是高技术虚拟企业内拥有不同关键技术和资源的各成员企业，而彼此的市场又有一定程度的分别和间隔，为了彼此的利益，交换彼此的资源以创造竞争优势；二是两个或两个以上高技术虚拟企业之间不存在产品、技术、市场的根本冲突，为了实现共同的战略目标，通过各种协议、契约结成利益与风险共享，所有权与经营权分开的松散型结合体，构建行业标准，既实现规模经济效应，又抑制同行业的过度竞争。

(5) 合资经营式。由两个或多个成员企业利用各自优势，组成临时的联合经营实体，共同对一种产品进行投资、研发、生产和销售。

(6) 供应链接式。这种合作建立在产品、价格、质量、时效的基础上，是高技术虚拟企业最常见的用于原材料、零部件供应与产品发送的一种合作方式。

3.2.3　高技术虚拟企业组织结构设计原则

由高技术领域中的独立生产企业、科研院所、金融机构、物流公司等组织或个人为了实现某一市场机遇而组建的高技术虚拟企业，从总体上看，是一个以信息网络平台为基础，具有多层次、自适应、开放性、柔性化、多元化等特征的复杂系统。所以，主要有如下组织结构设计原则。

1. 项目导向原则

高技术虚拟企业突破了传统企业有形的界限，组织结构是松散的、自由流动的，管理从纵向控制到强调横向整合。根据具体协定的业务流程，充分利用高技术虚拟企业内外的资源，实现资源的优势互补，规范、监督和督促各成员企业任务的完成，降低经营风险，利益共享、风险共担，将分散的活动统一协调，最终满足市场个性化需求。

2. 动态稳定原则

能够灵敏地反映环境的变化并保持组织系统的动态稳定是高技术虚拟企业正常运行和日常管理业务开展的重要保证，是组织能力实现的基础。其实现主要依赖于各成员企业按核心能力进行的合作分工。高技术虚拟企业的主体是成员企业，成员企业的趋利性、自私性等复杂性使其不能完全被放置于自由状态。因此，责任与权利的统一、必要的稳定性将有利于高技术虚拟企业有效地组织运行，尤其是人力资源管理。

3. 集成整合原则

为完成所分配的工作任务，成员企业之间必然会进行信息、资金、知识和物资的交互，然而大多数高技术企业信息化过程中，信息资源布局分散、类型异构，采用的底层基础架构并不统一，导致上下游服务提供者之间的联系方式各不相同，协调和扩展能力缺乏。按集成整合原则设计的组织结构，能为高技术虚拟企业经营管理的成功实施提供组织上的有效支撑和保障，以更好地实现信息时代跨企业资源的优化配置；促进企业文化、管理经验、专业技能相互渗透，相互交互，弥补各自的知识缺口，以形成行业标准，使成员企业通过资源共享、知识传播、技术转移有机结合，发挥联盟的最大价值。

4. 重构扩充原则

高技术虚拟企业的产品多为技术含量高的产品，在其研发、设计和生产活动中，为了适应不断变化的市场新机遇，组织内部必须不断做出调整。可重构面对的是市场变动，是个性化需求，这就要求组织结构应该具有灵活性和动态调整的能力，能够依据外部环境变化及时进行自身模式的调整。可扩充面对的是外部可利用的资源，强调对市场的快速响应，主动与其联盟外企业合作，实现跨越组织与组织边界的资源整合和能力互补。因此，高技术虚拟企业的组织结构设计需要各成员企业的支持、灵活的成员配置和相应的网络连接方式。

5. 多种形式并存原则

我国的市场经济体制还很不完善，无论是所有制、分配制、综合国力，还是市场体系、产业结构、技术结构，尤其在高技术领域，发展水平地区不平衡性更为突出，对组织结构的认知水平、资金能力、知识保护意识等也都不一样。所以，高技术虚拟企业组织结构的创建和发展不可能采用同一模式，成员企业的信息传递方式、合作形式，应根据各自的实际情况进行选择。

3.2.4 高技术虚拟企业组织结构模型

高技术虚拟企业组织结构是成员企业的构成、各个成员企业所要具备的能力、任务分工及其相互之间关系的确定。高技术虚拟企业的成员企业是由科研机构、高等院校、生产企业、地方政府、供应商、销售商、金融机构、代理机构、公共服务机构等合作伙伴组成的。能独立或与其他成员合作完成一项或多项任务的合作伙伴，具有某种核心能力在高技术虚拟企业扮演着相应的角色，行使组织所赋予的职能。成员企业之间可以根据市场机遇，通过多种方式进行合作，以实现快速敏捷的效果。因此，可将高技术虚拟企业的组织结构用下面一个四元组来描述：

$$OStructure =< SJob, Role, RuleSet, Relation >$$

其中，OStructure 表示高技术虚拟企业的组织结构。

SJob 表示按照具体市场机遇所确定的合作项目进行分解得到的任务集合，即组建高技术虚拟企业所要实现的组织目标集合。其定义为

$$SJob=\{sjob_1, sjob_2, \cdots, sjob_j, \cdots, sjob_n\}$$

每个具体的任务 $sjob_j (1 \leqslant j \leqslant n)$，可以由一个或多个拥有职能的角色单独或合作共同完成。

Role 表示一个有限角色集，用来定义组织结构中的职能集合，即描述高技术虚拟企业组织结构应具有的功能。其定义为

$$Role=\{role_1, role_2, \cdots, role_i, \cdots, role_m\}$$

每个角色 $role_i (1 \leqslant i \leqslant m)$ 都是由一个或多个具有相应核心能力的成员企业，通过一种或多种合作方式承担的，可用下面一个三元组来描述：

$$role_i = < Partner, Capability, CoWay >$$

其中，Partner 是一个有限成员企业集合，表示构成高技术虚拟企业的所有合作伙伴。其定义为

$$Partner = \{p_1, p_2, \cdots, p_r, \cdots, p_z\}$$

每个成员企业 $p_r (1 \leqslant r \leqslant z)$ 是高技术虚拟企业组织结构中执行任务、行使权利的主体，其核心能力意味着该成员企业能够承担相应的职能角色。

$Capability(p_r) = \{p_r^{role_1}, p_r^{role_2}, \cdots, p_r^{role_i}, \cdots, p_r^{role_m}\}$ 是成员企业的能力集合。显然，要实现高技术虚拟企业的组织目标，必须满足：

$$SJob \subseteq \sum_{r=1}^{z} Capability(p_r)$$

CoWay 是一个有限合作方式集，表示成员企业之间的耦合形式，耦合是多变的，其能否快速有效，会影响联盟整体效果。其定义为

$$CoWay = \{coway_1, coway_2, \cdots, coway_l, \cdots, coway_s\}$$

每种合作方式 $coway_l (1 \leqslant l \leqslant s)$ 没有好坏之分，只有选择最适当的方式，才能在最短的时间内，实现合作伙伴之间的有效耦合。

RuleSet 表示对各级成员企业与角色之间的匹配进行约束，可分成两类：一类是一般性规则，如一个成员企业承担角色的个数；另一类是针对具体应用的规

则，要求特定的成员企业扮演特定的角色。

　　Relation 表示角色之间、角色与成员之间存在的联系。通常，成员企业可能同时承担多个角色，一个角色也可能同时由多个成员企业承担。每个角色需要一系列能力，有些能力对特定的成员企业是固有不变的，而一个成员企业的能力是动态的，它们随着时间的推移可能改善或降低，时常引起高技术虚拟企业的重组。

3.2.5　高技术虚拟企业组织结构总体框架

　　以项目为导向的高技术虚拟企业组织结构模式，会随着其内外部环境而千差万别，但结构的内涵是一致的，都是以价值增值为目标，以业务流程为中心，以契约为法律保障，选择恰当的合作方式，形成相互依赖、相互促进、协调发展的动态网络结构。图 3-2 给出了高技术虚拟企业组织结构总体框架。

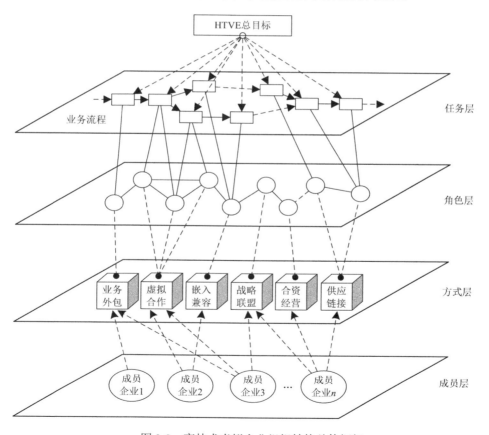

图 3-2　高技术虚拟企业组织结构总体框架

　　高技术虚拟企业这种以业务流程为导向的组织结构，关心和解决问题的焦点在于整个高技术虚拟企业的运行流程。这些运行流程与市场需求和个性化服务密切相关，并通过流程将需求和服务信息的变化无差异地传递给流程上的每一个任务节点和角色，使每个流程都有自己的直接客户群，与市场"零距离"。

　　基于业务流程建立的高技术虚拟企业组织结构中没有严格的等级部门，其组织职能是通过角色来取代智能组织。角色既是流程任务的执行者，又是组织结构中功能体现的基本单元。角色会随着流程和任务的变化而动态变化，导致组织的职能变化越来越频繁，呈现出动态化的特征。角色的承担者可以是某一个成员企业，也可以是由多个成员企业组成的流程团队，反之每个成员企业或流程团队也承担一个或多个角色职能。

　　根据流程的需要，成员企业通过不同的合作方式单独或组建各种研发、投资、物资供应、生产、销售或服务等流程团队，专门致力于专业技能方面的研究和创新，开拓新的市场，以便为其赢得更多的客户，同时创造更高的利润。在合作中，成员企业自身的专业知识会通过各种隐性或显性的方式传播，不断地相互取长补短，达到优化流程、提高工作效率、降低生产成本的目的，以提高高技术虚拟企业整体竞争力。

　　成员企业在联盟中扮演角色的职权大小，不取决于其地位的高低，更多地取决于其所处角色信息量的多少，即组织权力中心向实际的流程执行者倾斜，使组织结构变得更加稳定有效，有效的组织结构可以提高高技术虚拟企业的运行效果。

　　高技术虚拟企业是一个学习型组织，其组织结构会随着环境和自身的情况不断演化。因此，高技术虚拟企业组织结构的设计需要注意三个要点：

　　(1)组织结构以业务流程为主干，每一流程由若干个子流程和角色组成；

　　(2)组织以业务为导向的一个主要目的是解决流程责任问题，设计必要的职能服务中心(盟主、协调委员会或代理)，来保障基本角色的划分、成员的协调和业务流程的有效运行；

　　(3)成员企业之间、流程团队之间、业务流程之间及其与职能服务中心之间的整合和协同工作需要信息技术的支持。

3.3　高技术虚拟企业组织结构性能分析

　　高技术虚拟企业是高技术企业为适应国内外激烈的市场竞争而逐渐形成的一种创新型组织形式[67]。高技术虚拟企业组织结构对其运行和控制、成员企业的行为、成员企业之间的沟通都有很大影响，直接关系到其运行成功与否。如何评价和选择具体的组织形式，已成为高技术虚拟企业管理者必须解决的首要问题。

　　Nicolis 和 Prigogine[68]提出的耗散结构理论为诸多领域研究分析动态开放系统的性能提供了有效的理论支持。目前，对耗散结构理论的研究更多地集中在定性的分析说明方面，而在定量研究方面，Hyeon[69]探讨了耗散结构在金融系统和管理中的应用，定义了资金投入系统熵；畅建霞等[70]将灰色系统理论与耗散结构理论结合，建立了灰关联熵的水资源演化方向判别模型，为水资源系统分析提供了新方法；Tian 和 Sun[71]则通过基于突变论建立物联网产业链的涨落与触发数学模型来预测物联网产业链的演化发展。以上研究工作都为耗散结构理论的定量分析做出了有益的尝试。

　　作为分析处理动态开放、远离平衡态系统的有力工具，本书从热力学第二定律的数学表达式

$$\frac{\mathrm{d}H}{\mathrm{d}t} \geqslant 0$$

出发，将其推广到一个开放的复杂系统，其熵值的变化 $\mathrm{d}H$ 可以分为两部分：一部分是由系统内部不可逆过程所引起的熵增加 $\mathrm{d}_i H$ ，$\mathrm{d}_i H \geqslant 0$ ；另一部分是系统与外界交换能量和物质所引起的熵流 $\mathrm{d}_e H$ ，整个系统的熵的变化应为

$$\mathrm{d}H = \alpha \mathrm{d}_i H + \beta \mathrm{d}_e H$$

其中，$\alpha \mathrm{d}_i H$ 表示由于外界流入的熵对系统作用的因素使得系统内部熵增量 $\mathrm{d}_i H$ 发生变化后的修正值，$\beta \mathrm{d}_e H$ 表示外界流入的熵经系统内部作用后的最后熵变。

　　对于孤立系统，有：$\beta = 0$ ，$\mathrm{d}_e H = 0$ ，$\alpha = 1$ ，$\mathrm{d}_i H \geqslant 0$ 。对于开放的复杂系统，存在四种关系：① $\alpha \geqslant 0$ ，$\beta \geqslant 0$ ；② $\alpha \geqslant 0$ ，$\beta \leqslant 0$ ；③ $\alpha \leqslant 0$ ，$\beta \geqslant 0$ ；④ $\alpha \leqslant 0$ ，$\beta \leqslant 0$ 。系统的不稳定性正是由 $\mathrm{d}_i H$ 和 $\mathrm{d}_e H$ 之间的矛盾运动所引发的。

　　最终，系统稳定在平衡态的熵总值更低的新的有序状态，形成耗散结构。耗散结构是一个动态的稳定有序结构，是一种"活"结构，它可以从一种耗散结构向新的更高级的耗散结构跃迁和发展。

　　高技术虚拟企业本质上是一个动态的开放系统，各成员企业之间通过信息平台相互沟通与合作，对外表现为统一的整体。在其相互合作协调运行过程中，必然会受高技术虚拟企业内外各种因素的影响，从而引发冲突，以致不断地打破高技术虚拟企业组织原有的平衡状态，迫使其始终处于一种跃迁的过程中，这种现象发展的结果就是高技术虚拟企业组织对环境变化的不适应，从而引起内部的混乱，甚至发生成员企业的变更或导致联盟解体。

3.3.1 组织结构耗散性分析

作为一个多元开放和远离平衡态的系统，高技术虚拟企业不仅具有一般虚拟企业的敏捷性、分散性、自治性、异构性等特征，而且具有以知识管理为中心、可预见和创造市场需求的能力。这就使得高技术虚拟企业在与外界环境交换物质、能量和信息的过程中，在时间、空间及功能上保持着相对的有序性，同时随着环境的变化而涨落和突变。因此，高技术虚拟企业同样具有耗散性，在外部环境的负熵流作用下，高技术虚拟企业完全可以形成稳定化的、有序的耗散结构。

1. 高技术虚拟企业是一个多元的动态开放系统

组成高技术虚拟企业的科研机构、高等院校、生产企业、供应商、销售商、金融机构、代理机构、公共服务机构等独立机构，在以业务流程为导向的组织结构下，为保持自身的可持续发展，相互之间及与外部环境之间不断进行着多元的知识、物质、人才、资金、信息、技术等资源的交换，它们都是开放系统。

同时，高技术虚拟企业组织成员主要集中在上游技术创新领域，技术含量高，侧重于高技术产品的研发，管理的核心主要倾向于知识管理，大多发生在新产品研发和试生产阶段，更加注重风险投资问题。为了完成所分配的任务，各成员企业借助契约协议，合理地贡献自己的核心能力，相互学习，取长补短，实现采购、人力、生产、销售和售后服务等资源在高技术虚拟企业内部快速转化，完成新产品的研发、新技术的应用、新知识的积累，形成有序结构，这些都离不开系统的开放，否则，高技术虚拟企业必将处于封闭状态，进而导致无序、解体甚至灭亡。

2. 高技术虚拟企业是一个远离平衡态的系统

高技术虚拟企业不仅具有一般虚拟企业的敏捷、分散、自治、异构等特征，而且具有以知识管理为中心、可以预见和能够创造新市场需求的能力[72]。这就使得高技术虚拟企业组织的管理水平、成员企业的素质、投融资的方法和手段、高科技的含量、成员企业文化的背景、技术平台底层基础的架构、具体沟通的方式、具体应用模块的集成以及相关服务的质量等级等，都处于远离平衡的状态。

因此，高技术虚拟企业在与外界环境交换物质、知识和资金的过程中，只有远离平衡的状态，才能在功能和时空上向动态、有序的方向演进。

3. 高技术虚拟企业本质上具有非线性的特性

高技术虚拟企业各成员企业之间和成员企业内部都存在着错综复杂的相互影响、相互促进的负反馈平衡及正反馈递增等非线性关系，以实现高技术虚拟企业整体的核心能力大于各成员企业核心能力之和，这种非线性相互作用导致高技术虚拟企业组织在功能和时空上平衡性的失控，从而引起物质、知识和资金等资源信息在各成员企业之间的重新组合，进而改变高技术虚拟企业组织结构以及各成员企业之间的竞争合作关系，引发又一轮的跃迁，形成新的耗散结构，最终促进高技术虚拟企业组织结构向更高的阶段继续演进发展。

4. 高技术虚拟企业运行过程中存在涨落和突变

组成高技术虚拟企业的各成员之间存在着文化生活差异、技术背景差异、科研创新差异、人力资源差异、资金实力差异等大量的冲突因素，高技术虚拟企业运行在相互协调、平衡冲突的状态附近，整体上保持动态有序，也就是说，高技术虚拟企业运行过程中时刻存在着涨落。当冲突不可协调时，就会出现流程重组、成员变更等突变。此时，高技术虚拟企业的组织结构为适应变化，会向一个新的运行状态转化。

可见，在知识经济时代，高技术虚拟企业是一个不断与外界进行资源交换的动态开放的、非线性的、远离平衡状态的组织，具备形成耗散结构的基础。因此，在外部负熵流入的情况下，高技术虚拟企业能够形成一个稳定的、有序的耗散结构。

随着"负熵"引入管理学界，"管理熵"便和反映企业组织结构中的管理效率递减规律联系在一起，现已开辟了更加广阔的研究领域。所以，高技术虚拟企业组织结构的性能也可以用"管理熵" $HTVE\_R$ 来描述，以定量的方式对高技术虚拟企业组织的结构进行评价。"管理熵"的影响因素众多，包括制度因素、组织结构、信息渠道、环境变化、政策因素、人的因素等。这里仅从与组织结构有关的时效和质量两个方面，分析其对高技术虚拟企业组织结构性能的影响，避免人为因素的影响，令

$$HTVE\_R = \sqrt{HTVE\_R_t \cdot HTVE\_R_s} \tag{3-1}$$

其中，高技术虚拟企业信息传输的时效熵用 $HTVE\_R_t$ 表示，质量熵用 $HTVE\_R_s$ 表示。

$HTVE\_R$ 越大，说明高技术虚拟企业组织结构的性能越好，高技术虚拟企业的运行效率就越高。

以最常见的盟主型高技术虚拟企业组织类型为例，假设高技术虚拟企业信息传输通过一个信息系统平台实现[73]，各成员之间相互沟通的时间效率和准确程度是衡量一个高技术虚拟企业组织结构优劣的关键。所以，高技术虚拟企业设定管理层次的多少以及每层各成员之间的跨度都是影响其协调运行的重要因素[74]。

3.3.2　组织结构时效熵分析

在如图 3-3 所示的盟主型高技术虚拟企业网状组织结构中，假设高技术虚拟

企业的组织结构中共有 n 个基层成员企业，k 个协调层次，m 个中层协调机构（$k=3$ 时）。可知高技术虚拟企业既有纵向协调信息的结构，也有横向沟通信息的结构。图 3-3 中节点②表示系统的第二个协调机构，它既有上下的信息协调，又有与节点③表示的第三个协调机构的横向信息沟通。这里可用关联来表示各成员企业之间或协调机构之间的直接信息流。用节点关联长度表示两节点之间所经过的关联数量。

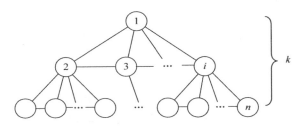

图 3-3　盟主型高技术虚拟企业网状组织结构图

高技术虚拟企业组织结构的时效熵描述了高技术虚拟企业运行过程中，各成员企业之间通过平台相互沟通、传递信息的效率。为完成某项具体的任务，根据参与的程度不同，各成员企业之间的相互沟通表现出不同的状态。随着工作进程的推进，高技术虚拟企业整体所表现出的某种状态可能经历的途径数目称为状态总数，用 HA_t 表示。根据图 3-3，令

$$\mathrm{HA}_t = \sum_{i=1}^{n}\sum_{j=1}^{n}\mathrm{HL}_{ij} \tag{3-2}$$

其中

$$\mathrm{HL}_{ij} = \min\left\{\sum_{k=i+1}^{j}d_{ik}\right\}$$

$$d_{ij} = \begin{cases} 1, & (v_i, v_j) \in E \\ 0, & (v_i, v_j) \notin E \end{cases}$$

则高技术虚拟企业组织结构的最大时效熵为

$$H_{tm} = \log_2 \mathrm{HA}_t \tag{3-3}$$

高技术虚拟企业中任意两个成员企业之间的总时效熵为

$$H_t = \sum_{i=1}^{n}\sum_{j=1}^{n}H_t(ij) = -\sum_{i=1}^{n}\sum_{j=1}^{n}P_t(ij)\log_2 P_t(ij) \tag{3-4}$$

其中

$$H_t(ij) = -P_t(ij)\log_2 P_t(ij)$$
$$= -\frac{\mathrm{HL}_{ij}}{\mathrm{HA}_t}\log_2\frac{\mathrm{HL}_{ij}}{\mathrm{HA}_t}$$

表示高技术虚拟企业中任意两个成员企业之间相互关联的时效熵，则高技术虚拟企业信息传输的时效熵为

$$\mathrm{HTVE\_}R_t = 1 - \frac{H_t}{H_{tm}}, \quad \mathrm{HTVE\_}R_t \in [0,1] \tag{3-5}$$

3.3.3 组织结构质量熵分析

高技术虚拟企业组织结构质量熵反映的是各成员企业之间相互沟通信息的准确性。如图 3-3 所示，用 HA_s 表示高技术虚拟企业组织结构总质量状态数，其值与各成员之间的跨度有关，令

$$\mathrm{HA}_s = \sum_{i=1}^{n}\mathrm{Hk}_i \tag{3-6}$$

其中

$$\mathrm{Hk}_i = \sum_{j=1}^{n}d_{ij}, \quad i = 1,2,\cdots,n$$

则高技术虚拟企业组织结构的最大质量熵为

$$H_{sm} = \log_2 \mathrm{HA}_s \tag{3-7}$$

高技术虚拟企业中任一个成员企业的总质量熵为

$$H_s = \sum_{i=1}^{n}H_s(i) = -\sum_{i=1}^{n}P_s(i)\log_2 P_s(i) \tag{3-8}$$

其中

$$H_s(i) = -P_s(i)\log_2 P_s(i)$$
$$= -\frac{\mathrm{Hk}_i}{\mathrm{HA}_s}\log_2\frac{\mathrm{Hk}_i}{\mathrm{HA}_s}$$

则高技术虚拟企业信息传输的质量熵为

$$\mathrm{HTVE}\_R_s = 1 - \frac{H_s}{H_{sm}}, \quad \mathrm{HTVE}\_R_s \in [0,1] \tag{3-9}$$

由式(3-1)即可求出高技术虚拟企业组织结构的"管理熵"HTVE_R，以此判断高技术虚拟企业组织的性能。

通过以上分析可知，高技术虚拟企业组织结构的时效熵和质量熵的模型及计算方法具有以下两个特点：

(1)从各成员企业之间相互沟通信息的角度，为研究高技术虚拟企业的成员企业所处的运行状态及有序化程度提供了进行定量分析的基础，避免了只是定性分析导致的不确定性；

(2)高技术虚拟企业组织结构的时效熵和质量熵的计算方法简便易用，非常适合高技术虚拟企业对组织结构方案的选择、优化或比较，这必将有助于准确反映高技术虚拟企业的发展演变方向。

只有正确确定组织结构，才能确保高技术虚拟企业的顺利运行。高技术虚拟企业结构性能分析为选择恰当组织构建的方法及组织模式提供了有力支持。

3.4　高技术虚拟企业组织运行演进过程

3.4.1　运行演进机理

从动态的角度看，一个高技术虚拟企业的组织结构在其形成、成长和发展过程中并不是总遵循着同一种模式。根据耗散结构理论，高技术虚拟企业组织结构的跃迁是高技术虚拟企业为了适应环境的变化而进行自我适应的结果。

随着环境的变化，当将要组建高技术虚拟企业的成员企业发觉所选择的组织结构代表的管理模式已经不能形成对合作双方或多方关系进行有效协调，无法及时、准确地反馈信息，难以发挥敏捷和适应性时，就产生了对组织结构变革的需求和动力。成员企业的这种感觉或感知来自于多个方面，其中最直观的是财务指标，但对于代表未来知识经济时代、高技术产业发展方向的高技术虚拟企业或更具有战略远见的组织机构来说，组织创新效率和相关资源的可获得性是更加重要的判断依据。随着市场竞争的加剧和环境不确定性的提升，许多成员企业不仅希望通过组建高技术虚拟企业实现对市场机遇的快速响应，而且对高技术虚拟企业组织结构的稳定性提出更高的要求，希望通过合作提高创新效率并降低风险。

高技术虚拟企业的成员企业内部和成员企业之间存在着相互制约、相互推动的正反馈倍增效应及负反馈饱和效应等非线性关系。当在现有的组织模式下，其稳定或有序化程度降低时，会导致高技术虚拟企业组织在时间上、空间上对称性的失衡，引起物质、能量等资源信息在各成员企业之间的重新搭配，从而改变高技术虚拟企业组织结构及各成员企业之间的相互依存关系，进而发生跃迁，从当前的状态跃迁到更有序的状态，形成新的耗散结构，不断推动高技术虚拟企业向前发展。

　　根据以上运行演进机理的分析，可以归纳出一个反馈式的因果机制，如图 3-4 所示。

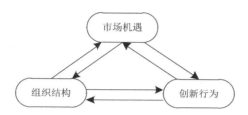

图 3-4　组织结构、创新行为与市场机遇之间的反馈环

　　特定的组织结构决定着高技术虚拟企业的成员企业内部和成员企业之间合作双方或多方关系的协调和运行机制，而这些关系能够促进成员企业之间知识弥补和转移，是高技术虚拟企业创新的重要来源。因此，高技术虚拟企业组织结构会对其创新活动产生极大的影响。同样，各成员企业交互创新行为带来的关系变化反作用于各类具体的组织结构，引起组织结构体系多种模式并举，这种反馈效应不断积累，并最终导致高技术虚拟企业组织结构的整体演进。

　　同时，因为组成高技术虚拟企业的成员企业主要集中在上游技术创新企业，其技术含量高、产品开发具有超前性、管理的重点为知识管理、大多发生在新产品研发和试生产阶段、更加注重风险投资问题，与所处的环境之间存在着多元的物质、资金、信息、技术、人才等资源交换。所以，其创新活动能够创造新的市场机遇，新机遇的出现不仅能够进一步加快高技术虚拟企业创新活动的进程，引起高技术虚拟企业负熵的增加，而且能反作用于组织结构，促进其与新的市场机遇相适应，以减少高技术虚拟企业产生正熵。

　　由此可见，组织结构的性能、市场机遇的变化和高技术虚拟企业各成员企业的交互创新行为是分析高技术虚拟企业组织运行演进的三个基本因素。它们的各自变化和相互作用影响着高技术虚拟企业组织运行演进的进程。其中，组织结构的性能起主导作用。

3.4.2　组织结构运行演进有序度

　　高技术虚拟企业组织结构的运行演进不断与外界进行物质和能量交换获取负

熵，是由简单到复杂、由低级到高级、由无序到有序的渐进过程。下面参照生物系统熵，对高技术虚拟企业组织整体进行描述。高技术虚拟企业组织结构的运行演进有序度 R 定义为[75]

$$R = 1 - \frac{S}{S_{\max}} = \frac{S_{\max} - S}{S_{\max}} = \frac{I}{S_{\max}} \tag{3-10}$$

其中，$S_{\max}$ 表示高技术虚拟企业组织最大熵，I 表示高技术虚拟企业组织的信息。

因此，通过分析高技术虚拟企业组织 I 值的变化，可以有效地分析系统的整体涌现性。显然，I 越大，R 就越大，则高技术虚拟企业组织结构的有序化程度越高，组织的效率也就越高。

设高技术虚拟企业组织由 l 个成员组成，第 i 个成员可能呈现或经历的微观状态数和最大微观状态数分别为 W_i 和 $W_{i\max}$，其对应的熵和最大熵分别为 S_i 和 $S_{i\max}$，则第 i 个成员的信息为

$$I_i = S_{i\max} - S_i = k \ln W_{i\max} - k \ln W_i = k \ln \frac{W_{i\max}}{W_i} \tag{3-11}$$

其中，k 为玻尔兹曼常量。对高技术虚拟企业组织整体，其可能呈现或经历的微观状态数和最大微观状态数分别为 W_S 和 $W_{S\max}$。如果各成员具有加和特性，则高技术虚拟企业组织整体可能呈现或经历的微观状态数 W_S 为所有构成成员的微观状态数 W_i 的乘积，最大微观状态数 $W_{S\max}$ 为所有构成成员的最大微观状态数 $W_{i\max}$ 的乘积。一般地，各成员通过相互作用构成整体后，有

$$W_{S\max} \neq \prod_{i=1}^{l} W_{i\max}, \quad W_S \neq \prod_{i=1}^{l} W_i$$

不失一般性，设

$$W_{S\max} = C_1 \prod_{i=1}^{l} W_{i\max} \tag{3-12}$$

$$W_S = C_2 \prod_{i=1}^{l} W_i \tag{3-13}$$

则高技术虚拟企业组织整体具有的信息为

$$I_S = S_{S\max} - S_S = k \ln W_{S\max} - k \ln W_S = k \ln \frac{W_{i\max}}{W_i} + k \ln \frac{C_1}{C_2} \qquad (3\text{-}14)$$

则有

$$I_S = \sum_{i=1}^{l} I_i + k \ln \frac{C_1}{C_2} \qquad (3\text{-}15)$$

表明高技术虚拟企业组织整体具有的信息并非各成员具有的信息的简单相加，当常数 $C_1 > C_2 > 0$ 时，高技术虚拟企业通过整体性获得了更多的信息，且减少了熵值，高技术虚拟企业将以自组织方式向有序度方向运行演进。

（1）多核网络式组织的熵。该组织模式下，高技术虚拟企业的成员主要以中小企业为主，它们以权衡利益和互惠原则，通过合同关系相互联结，来协调和管理自身的内外关系，相互间很少存在层级关系的元素，主要提供简单的程序化服务，如图 3-5 所示。

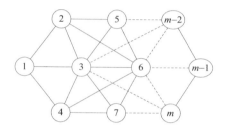

图 3-5　多核网络式组织

将组织管理活动抽象为处理一系列的信息流 I_i $(i=1,2,\cdots,n)$ ，设多核网络式组织中共有 m 个成员，每个成员都对 I_i 进行信息处理，则该组织所对应的最大微观状态数和最大熵分别为

$$W_1 = m \cdot n \qquad (3\text{-}16)$$

$$S_1 = k \ln(m \cdot n) \qquad (3\text{-}17)$$

（2）科层式组织的熵。该组织模式下，高技术虚拟企业主要以一个大型核心企业为主，以盟主的形式通过合作方式与其他中小企业相互联结，核心企业承担着领导者的角色，控制整个产品价值链的核心环节，而将次要和辅助部分通过层层外包分配给其他各级成员企业。其他各级成员企业主要作为层级附属企业，按所分配的任务，展开生产和创新活动，如图 3-6 所示。

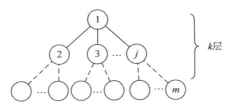

图 3-6　科层式组织

每个成员企业可视为单一的独立要素，设科层式组织有 m 个成员企业，其中有 l 个利益集团由 m_l 个成员企业组成，余下的成员企业为 m_r 个，有 $m = m_l + m_r$。每个利益集团的成员企业个数不可能为零，如每个利益集团仅有一个成员企业，则有 $l + m_r = m$；如每个利益集团包含多个成员企业，则有 $l + m_r < m$。因此，一般情况下，有

$$l + m_r \leqslant m \tag{3-18}$$

则该组织所对应的最大微观状态数和最大熵分别为

$$W_2 = (l + m_r) \cdot n \tag{3-19}$$

$$S_2 = k \ln[(l + m_r) \cdot n] \tag{3-20}$$

比较式(3-17)、式(3-18)和式(3-20)可得

$$S_2 \leqslant S_1$$

如前所述，科层式组织的每个利益集团一般都由多个成员企业组成，因此绝大多数情况下，$l + m_r < m$，故

$$S_2 < S_1$$

即整体熵值减少，但高技术虚拟企业的组织结构从低级向高级运行演进。

(3)供应链式组织的熵。随着高技术虚拟企业各成员企业市场意识的增强，为了保证自己的利益，将信息流 I_i 根据供应链，按资源、产品或者地区加以分类，通过平等议价的方式使上下游企业建立关系，能够比较均衡地发挥各自的作用。如属于地区 A 的信息将不会由地区 B 处理，详见图3-7，即减少了整个组织的微观状态数。设 l 个利益集团处理的信息流量为 n_l，余下 m_r 个成员企业处理的信息流量为 n_r，满足：

$$n_l + n_r = n \tag{3-21}$$

则该组织所对应的最大微观状态数和最大熵分别为

$$W_3 = l \cdot n_l + m_r \cdot n_r \tag{3-22}$$

$$S_3 = k \ln(l \cdot n_l + m_r \cdot n_r) \tag{3-23}$$

由于

$$l \cdot n_l + m_r \cdot n_r < (l + m_r) \cdot n \tag{3-24}$$

比较式(3-20)、式(3-23)和式(3-24)可得

$$S_3 < S_2$$

即整体熵值又减少，但高技术虚拟企业的组织结构进一步从低级向高级演进。

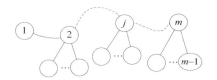

图 3-7　供应链式组织

(4)协调委员会式组织的熵。为了促进高技术虚拟企业各成员企业之间的沟通，加强动态监控，及时解决相互间所发生的冲突，由多个主体共同组建协调委员会。其组织结构具有较大的柔性，主体涉及核心企业、代理机构、地方政府、公共服务机构、高等院校或科研机构等，主要任务是协调各个成员企业的合作行为，制定经营策略，为高技术虚拟企业整体顺利运行提供服务。例如，对涉及多个成员企业的合作投资、业务整合、协议制定、信息平台维护和利益分配等关键问题都需要协调委员会解决，如图 3-8 所示。

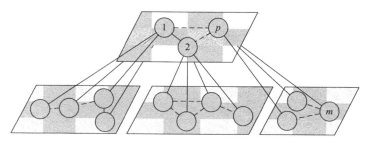

图 3-8　协调委员会式组织

因此，该组织结构下，在信息流分类处理的基础上，核心成员企业数 p 小于利益集团数 l，即

$$p < l \tag{3-25}$$

这进一步减少了整个组织的微观状态数，其组织结构的熵计算与前述思路相同，此演变过程说明路径依赖的报酬递增和自我强化机制的作用。

3.4.3　组织结构运行演进阈值

在高技术虚拟企业发展的不同阶段，存在着不同的组织结构，各种组织结构之间在功能上和适应性上是不同的，因此在组织运行演进过程中，必须对组织结构的稳定性进行分析，确定向不同组织结构运行演进的阈值。根据熵增原理，不稳定性是组织结构的一个固有属性。下面参照复杂系统关联度[76]，对高技术虚拟企业组织不稳定性进行描述，并以此作为组织结构运行演进的阈值。

假定一个高技术虚拟企业组织可以划分为 m 个子系统 $X_1, X_2, \cdots, X_a, \cdots, X_m$，对于任意子系统，有

$$X_a = (X_{ai}), \quad a = 1, 2, \cdots, m; i = 1, 2, \cdots, q$$

其中，X_a 是描述高技术虚拟企业组织不稳定性特征的因子。

令 C_a（$a = 1, 2, \cdots, m$）为 X_a 分类的集合，C_a 的第 i 个元素 $C_{ai} = i$，$C_a = \{1, 2, \cdots, i, \cdots, k\}$，$k \leqslant q$。

令 n_i（$\sum_{i=1}^{k} n_i = q$）为子系统 X_a 属于 C_a 第 i 类元素的数量。

定义 1　子系统 X_a 的不稳定熵为

$$H(X_a) = -\sum_{i=1}^{k} \frac{n_i}{q} \lg \frac{n_i}{q} = \lg q - \frac{1}{q} \sum_{i=1}^{k} n_i \lg n_i \tag{3-26}$$

定义 2　X_a、X_b 的联合不稳定熵为

$$H(X_a, X_b) = -\sum_{i=1}^{k} \sum_{j=1}^{k} \frac{n_{ij}}{q} \lg \frac{n_{ij}}{q} = \lg q - \frac{1}{q} \sum_{i=1}^{k} \sum_{j=1}^{k} n_{ij} \lg n_{ij} \tag{3-27}$$

其中，n_{ij} 表示子系统 X_a 属于 C_a 第 i 类、同时 X_b 属于 C_b 第 j 类元素的数量。

定义 3　假设 $X_a \bigcap X_b = \varnothing$，则称熵

$$u(X_a, X_b) = H(X_a) + H(X_b) - H(X_a, X_b) \tag{3-28}$$

为不稳定关联熵。

定义 4　不稳定性关联度系数 u_{ab} 为

$$u_{ab} = \frac{u(X_a, X_b)}{\sqrt{H(X_a)}\sqrt{H(X_b)}} \tag{3-29}$$

其中，u_{ab} 是一个无量纲的量，且 $u_{ab} = u_{ba}$。

（1）当 $u_{ab} = 1$ 时，表明高技术虚拟企业组织结构中 X_a 和 X_b 完全不稳定，高技术虚拟企业内部产生的熵远大于进入组织的熵，高技术虚拟企业不再朝着有序的方向发展，而是朝着无序混乱的方向衰退，X_a 和 X_b 之间的结构需要立即更换调整。

（2）当 $u_{ab} = 0$ 时，表明由于进入高技术虚拟企业的熵大于高技术虚拟企业内部产生的熵，使该组织的 X_a 和 X_b 稳定，朝着更有序的方向发展，处于一种向上的"成长"状态。

（3）当 $0 < u_{ab} < 1$ 时，一般情况下，高技术虚拟企业处于一种 "不稳定"的状态，需要进行组织结构的局部创新，以提高流入高技术虚拟企业的熵流，可以根据实际情况，采取不同的措施，使高技术虚拟企业朝着有利的方向发展[77]。

由此，各子系统间的不稳定性关联度系数可以组成高技术虚拟企业组织结构的不稳定性关联系数矩阵。通过该系数矩阵，找出不稳定性关联度强的子系统，并采取必要的修正措施，既可促进高技术虚拟企业组织结构创新，又能防止创新演进过程中出现组织崩溃。以上对高技术虚拟企业组织结构运行演进过程的分析用图 3-9 进行概括，从中可以直观归纳出高技术虚拟企业组织运行演进的路径不是单一的，而是多种模式并存的，多核网络式组织既可以向科层式组织演进，也可以向供应链式组织或协调委员会式组织演进。

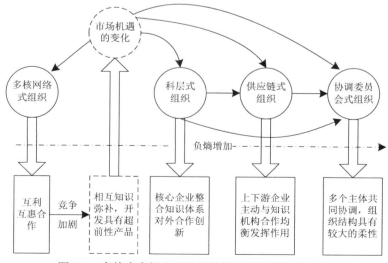

图 3-9　高技术虚拟企业组织结构运行演进过程与路径

　　选择多核网络式组织的高技术虚拟企业，随着其不断发展，某个或某些成员企业迅速壮大，形成以一个大型核心企业为主的科层式组织或多个核心企业均衡发展的供应链式组织。由于科层式组织过度依赖于一个大型核心企业，存在较高的整体风险，一旦核心企业遭遇重大战略失败，高技术虚拟企业可能会迅速解体或发生成员变更。相关政府、公共服务机构或代理机构为挽救当地经济会积极干预，进而形成协调委员会式组织。其结果是减少高技术虚拟企业组织的熵，以适应环境的变化，使高技术虚拟企业向有序化方向发展。高技术虚拟企业组织结构从初级到高级的演进路径也可以用前面提到的反映企业组织结构性能的"管理熵"来证实。假定有10个成员企业组建的高技术虚拟企业，按业务流程分工后，仅从组织结构性能的角度来选择多核网络式、科层式、供应链式或协调委员会式的组织模式，其详细结构如图3-10所示。组织结构的时效熵 $HTVE\_R_t$、质量熵 $HTVE\_R_s$ 和"管理熵" $HTVE\_R$ 的计算结果如表3-1所示，表中的结果与有序度 R 分析的结果一致。通过以上分析可知，高技术虚拟企业由初始形式转向新形式运行演进的结果并不是唯一的，而是不确定的。高技术虚拟企业组织结构的运行演进不仅依赖于演进路径，还依赖于制度创新等因素，因此高技术虚拟企业组织结构在渐进中有突变，是间断均衡和进化选择的结果。这决定了现阶段我国高技术虚拟企业结构体系的选择是多种模式并存的，同一高技术企业即可以选择多种形式进行联合与合作，又可以同时参加多种组织形式。

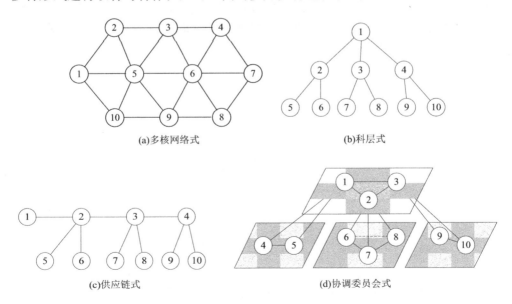

图 3-10　组织结构图

表 3-1　时效熵、质量熵和"管理熵"的计算结果

类型	HTVE_R_t	HTVE_R_s	$\mathrm{HTVE}\_R = \sqrt{\mathrm{HTVE}\_R_t \cdot \mathrm{HTVE}\_R_s}$
多核网络式	0.1254	0.3788	0.2180
科层式	0.1923	0.2534	0.2207
供应链式	0.1783	0.2765	0.222
协调委员会式	0.1523	0.4178	0.2523

3.5　本　章　小　结

　　本章首先界定了高技术虚拟企业运行演进组织模式的内涵，分析了高技术虚拟企业组织结构的特征，并对组织结构设计的要素和原则进行了描述；然后从组织创新的角度，根据耗散结构理论，通过对高技术虚拟企业组织耗散结构形成过程及形成条件进行分析，构建了高技术虚拟企业组织的负熵模型，给出了时效熵和质量熵的计算方法；最后运用有序度对高技术虚拟企业组织结构的运行演进过程进行了分析。

　　通过分析高技术虚拟企业组织结构的特性，构建了高技术虚拟企业组织结构模型和参考框架。阐述了基于业务流程设计高技术虚拟企业组织结构的要点。分析了组织结构的运行演进过程，重点分析了组织结构运行演进的路径和阈值，进而阐述了高技术虚拟企业组织从初级到高级运行演进的结果并不是唯一的，而是多种模式并存的。

第4章　高技术虚拟企业运行资源调度模式

4.1　资源调度问题提出的原因

高技术虚拟企业一旦形成，与其相应的目标、组织模型也将确定，各成员企业之间的业务活动环环相扣，高技术虚拟企业资源形成一个内部供应链系统。进行高技术虚拟企业资源调度研究的目的主要是使高技术虚拟企业资源的使用更加有效，提高高技术虚拟企业的敏捷性。

资源调度是高技术虚拟企业能力的体现。高技术虚拟企业的资源可简单地理解为完成具体目标在高技术虚拟企业运行过程中所拥有或者所控制的各种元素的总称。高技术虚拟企业的资源不同于一般企业资源，不仅包括各成员企业以自组织的方式进行管理的内部资源、各成员企业为完成业务活动可提供的服务，还包括各成员企业之间提供的共享资源以弥补成员企业自身的不足。因此，资源调度的效果直接关系到高技术虚拟企业的成败。

资源调度是高技术虚拟企业运行过程实现的基础。高技术虚拟企业的所有活动都是围绕高技术虚拟企业运行中的过程对各种资源进行组织和安排的，即围绕高技术虚拟企业的运行这个中心目的，针对市场出现的机遇，在高技术虚拟企业范围内有效组织现有资源，从而获得最大经济效益的一组活动。

资源调度是高技术虚拟企业资源管理的核心部分。高技术虚拟企业的所有活动、过程、目标等都是在有效利用各种资源的基础上进行的。高技术虚拟企业的资源管理可以分为资源发现、资源调度、任务提交和监视。无论是特定任务的执行性能，如时间、费用等，还是资源利用率，都受资源调度质量的决定性影响。显然，高技术虚拟企业的集成水平及管理水平与高技术虚拟企业资源管理的发展水平是密切相关的，资源调度是高技术虚拟企业最基本也是最重要的问题之一。在理论上，资源调度问题模型丰富，到目前为止仍是一个具有挑战性的课题。

目前对企业资源调度的研究主要集中在企业内部资源描述方面，例如，组织模型中人力资源管理(human resource management，HRM)、产品数据管理(product data management，PDM)系统中对产品信息进行统一的描述与管理，企业资源规划(enterprise resource planning，ERP)中对企业设备资源、财务、物料、生产计划及生产数据等方面的描述与管理，所采用的方法主要包括以下几种：数据库方法，用数据库描述及管理企业内部的所有资源；面向对象建模技术（object modeling technique，OMT），用类及对象等概念，对资源属性及其之间的关系进行抽象描述，实例化的类即具体的资源；有向活动网络图描述资源调度的模型，但活动网络图不能处理复杂的过程逻辑，如果用其处理复杂的过程逻辑，可能会失去关于流程的细节信息。

　　显然，上述资源调度方法对高技术虚拟企业的成员变更、运行过程重构以及成员企业间资源管理等不太合适，在这些情况下，主要解决的是成员企业的资源需求、供给以及成员企业之间的调度问题。由于高技术虚拟企业是在高技术领域中的一种新型企业组织形式，其运行过程涉及信息流、物流、资金流、知识流和控制流，为保证高技术虚拟企业能够可靠、高效、顺利地完成确定的目标，本书引入工作流技术，这就要求必须研究高技术虚拟企业的工作流调度问题。工作流调度系统的核心内容是资源调度问题。

4.2　资源调度设计思想

　　高技术虚拟企业的资源调度是指根据成员企业的能力、任务分解、资源情况和市场态势，确定资源的传输路径，进行资源配给和工作安排，并为协调管理提供规则依据。资源调度作为协调管理的核心环节，将直接决定高技术虚拟企业运行的效果甚至成败。而且高技术虚拟企业成员具有异构性、动态性和不稳定性等各种因素，资源的调度尤其是动态资源的调度，越来越显示出重要的研究价值。因此，必须先设计合理的高技术虚拟企业资源调度模式。

　　模式(pattern)的概念最早由建筑大师 Christopher Alexander 于 20 世纪 70 年代提出。其给出的经典定义是：每个模式都描述了一个在人们的环境中不断出现的问题，以及该问题的核心解决方案。通过这种方式，可以无数次地使用那些已有的解决方案，无须再重复相同的工作，即模式其实就是解决某一类问题的方法论。把解决某类问题的方法总结归纳到理论高度，那就是模式。一个良好的模式，有助于设计一个优良的资源调度方案，达到事半功倍的效果，而且会得到解决问题的最佳办法。

　　本书设计高技术虚拟企业资源调度模式的目的是发现高技术虚拟企业资源调度的关键问题，并找出解决问题的方案。Petri 网作为一种图形化的建模工具，具有对并发性、异步性、分布式、非确定性系统的有利描述，同时具有易于转换其他模型的特点，已成为目前最有前景的建模工具之一，尤其适合于描述离散事件的动态过程。

引入 Petri 网，利用工作流技术能够对过程进行有效管理，并能够给出过程实时信息的特点，以分析高技术虚拟企业运行时存在的不同过程或活动实例之间的资源冲突问题，从高技术虚拟企业运行不同阶段的角度出发，制定不同的调度目标，建立相应的动态资源调度模型，并根据不同的资源调度模型，从全局优化的角度给出相应的调度策略。

4.3　资源调度模式设计

高技术虚拟企业资源调度模式主要依赖于要调度的任务和资源的数量，也依赖于高技术虚拟企业资源的分布情况。高技术虚拟企业资源调度模式的主要工作是根据联盟成员企业资源的分布情况，结合现有的资源调度模式，进行资源调度模式的设计和优化，提出适合高技术虚拟企业的资源调度模式。

4.3.1　资源调度模式选择

目前常用的资源调度模式主要有三种：集中式调度模式、分布式调度模式和多级资源调度模式。

1. 集中式调度模式

集中式调度模式是指只有一个调度中心来负责系统中所有资源的调度。所有可用资源的状态信息被聚集在该调度中心，由该调度中心对资源信息进行分发，调度程序从该中心获取资源的相关信息，可得到最优调度。在规模较小的网络系统中，采用集中式调度模式比较好。因为在小型的网络系统中，资源不是很庞大，调度中心比较容易掌握所有的资源，对于一个任务的请求可以高效地产生资源调度方案。

2. 分布式调度模式

分布式调度模式是指有多个调度中心，资源分成多个资源集，隶属于不同的调度中心，各调度分中心只负责自己的资源调度，资源请求者和资源提供者独立地直接决定资源的分配与调度。分布式调度模式的优点是具有健壮性、可靠性和可用性，但是各个调度中心之间需交互以完成调度，若没有高效通信，会由于不能掌握网络中的所有资源，很难找到全局最优的资源调度方式。

3. 多级资源调度模式

在多级资源调度模式中，第一级调度中心不再直接调度任务，而是调度第二级调度中心，其作用是根据任务之间的耦合关系把所有任务划分为一到多组任务，然后调度适当数目的第二级调度中心，并分配任务。第二级调度中心接收第一级调度中心分配的任务组，根据作业任务调度第三级调度中心，依此类推，直到最底层的资源，实现资源负载均衡。一个调度中心同时要作为上一级调度中心的节点单元接收上一级调度中心调度的作业，再启动调度子系统，根据分配的作业量对下一层节点单元进行作业的分配与调度。如果某第二级调度中心出现故障，第一级调度中心可以重新调度，这样增强了系统的容错性，使其更加健壮、可靠，但是级数过多也会带来高昂的通信费用，而且更新资源信息需要层层上报给上一级调度中心直到第一级调度中心，很难满足快速反应的要求。

从高技术虚拟企业的特点和资源调度系统的可扩展性角度出发，高技术虚拟企业的资源调度系统不适合采用单独的集中式、分布式结构或多级资源调度模式，而需采用分布式结构与多级资源调度相结合的两级分布式调度，通过与成员企业的本地资源管理交互完成资源的调度。

4.3.2　资源调度过程

高技术虚拟企业的资源是由多个成员企业提供的，每个提供资源或需求资源的成员企业都具有自己的调度子系统，高技术虚拟企业的资源调度中心与成员企业的资源调度子系统之间存在相似性。一级资源调度中心设在信息系统平台上，负责整个高技术虚拟企业的资源调度，二级调度中心设为各个成员企业的资源调度子系统，负责调度成员企业内的资源。同时，各成员企业可以根据自身的运行情况，通过高技术虚拟企业信息系统平台的资源调度中心进行双向选择，来决定是否接收所分配的任务，这样的资源调度模式不仅具有良好的可扩展性，而且可以减小各成员企业之间进行交互所带来的高昂通信代价。高技术虚拟企业资源调度模式和整个资源调度过程如图 4-1 所示[78]。

高技术虚拟企业资源调度过程如下：

(1)高技术虚拟企业管理者(盟主、协调委员会或代理)通过过程建模对高技术虚拟企业的业务过程进行粗粒度的分解，以业务活动序列及参数的形式形成过程定义，提交后触发任务接收模块。任务接收模块就将其加入等待队列(用来存放需要分配资源的业务活动)中排队。

(2)在高技术虚拟企业运行中，任务接收模块还可以接受不同角色提出的资源需求，同样将这些请求加入等待队列中。

(3)资源选择模块首先提取任务接收模块的信息，根据等待队列中的资源需求情况，查询由成员企业注册到资源库中的所有可用资源。资源库由静态资源库和动态资源库组成。其中静态资源库描述与活动有关的资源分布情况以及具体的业务活动运行所占用的时间等；动态资源库则记录当前业务活动对资源的消耗情况，然后选择合适的资源提交。

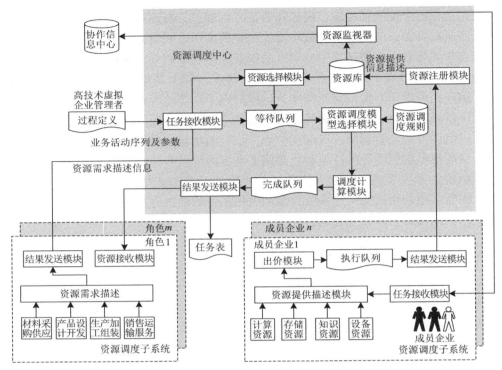

图 4-1　高技术虚拟企业资源调度模式和调度过程

(4) 资源监视器动态监控等待队列资源的变化情况，并把资源随着时间的推进进行动态更新的信息发送到协作信息中心，便于具有权限的角色通过统一的界面查看各成员企业的状态以及资源的使用情况。当等待队列资源短缺时，向成员企业发出请求，拥有资源的成员企业经过任务接收模块、资源提供描述模块、出价模块按照自身的资源调度策略运行任务执行队列中的资源调度任务，由结果发送模块将任务结果发送给资源注册模块，更新等待队列的资源库。

(5) 资源调度模型选择模块根据协议指定的资源调度规则，选择合适的调度模型并计算调度结果，将计算结果存入完成队列(用来存放资源调度完毕的业务活动)中，将结果发送给资源需求的角色和作业调度管理器，最终形成具体的任务表。

(6) 角色接收资源调度中心分配的资源，当角色资源短缺时转到(2)。

4.4　资源定价决策

随着知识经济的迅速发展，企业所面临的商业环境发生了巨大变化，尤其是在高技术领域，市场需求越来越复杂多变，不确定性因素增多；需求的个性化、多样化和对服务质量要求的变化也越来越快；过去相对简单的企业之间生存竞争环境迅速向复杂的虚拟企业之间、供应链之间、动态联盟之间、产业集群之间的竞争环境转化，同一个企业可分别存在于不同的供应链、虚拟企业、动态联盟或产业集群等组织形式之中；同一个组织形式中的成员企业之间的竞争与合作关系呈动态多样性。

在这种商业环境中，资源问题成为原因错综复杂的突出问题，并会引起一系列其他问题。资源问题的本质就是价格问题，如果还用一般企业自主经营所使用的产品或服务的定价方法，不利于提升各种新型组织的绩效和竞争力。

资源定价是高技术虚拟企业目标实现的基本保证。高技术虚拟企业组建的意义是通过其实现的价值体现的。在定价方面 1%的改进可以平均提高 8.6%的营业毛利[79]。资源定价不仅是高技术虚拟企业管理者(盟主或协调委员，视不同类型而定)关心的问题，也是各成员企业关心的问题。高技术虚拟企业协同运行过程中涉及的所有问题，直接或间接的都与资源价格有关，有时价格可能会成为合作与否的关键因素。资源定价的高低也会直接导致合作持续时间的长短，从而影响高技术虚拟企业以后的发展。

高技术虚拟企业资源定价决策的目的是促进各成员企业的合作发展。目前对资源定价决策的研究主要集中在单个企业与供应链两个方面。

在单个企业产品方面，Bharara 和 Lee[80]分析了制造企业中作业成本(activity based costing，ABC)法定价的实施策略；Kaplan 和 Anderson[81]在此基础上进行了扩展，提出了基于时间驱动的作业成本定价原理；周凌云和朱艳茹[82]运用 ABC 法分析了物流服务项目定价的基本原理、定价步骤和定价决策模型；Levin 等[83]借鉴期权理论，提出了一种在有效期内，如果产品价格下降，则保证顾客会获得补偿的动态定价策略；Ray 和 Jewkes[84]在考虑服务水平条件下建立了价格和需求决策模型，在此基础上，Pekgun 等[85]进一步研究了价格和承诺交货期在企业营销部门和生产部门之间的决策问题。在供应链方面，Lee 和 Rosenblatt[86]以供应商为定价主体，研究了供需双方的数量折扣定价问题；Cattani 等[87]研究了以制造商为定价主体的双渠道同一定价策略；So[88]研究了在多企业竞争的情况下，价格与交付提前期的关系；周菲菲和谢守祥[89]针对销售期相对较短且产品固定的短生命周期特征产品，构建了 1 个制造商和 1 个销售商的二级供应链定价模型，提出双方应合作定价，才能使双方利润总和最大，同时又能防止恶性竞争；Vorasayan 和 Ryan[90]研究了逆向供应链最优定价问题并对定价策略进行了分析；Savaskan 等[91]研究了逆向资源回收定价问题；Ryu 等[92]考虑了供应链中的供需不确定性、配送与库存成本不确定性等因素，构建了一个上层为配送网络规划问题、下层为生产规划问题的二层规划模型；周颖[93]从服务水平的角度，以按订单生产(make-to-order，MTO)的制造企业为研究对象，分析了服务水平高低对定价决策的影响。

　　单个企业产品、服务的定价决策主要集中在作业成本法定价、期权动态定价、服务水平定价；供应链定价决策主要依赖于某个或某几个定价主体，多数都是 1 个制造商和 1 个销售商的情况，而且构建的定价模型也都充分说明，供应链中的任何一个企业只有与上下游企业结成长期的、稳定的战略联盟，共同参与合作定价，才能使供应链整体价值增值，在激烈的市场竞争中获得优势。虽然这些研究在其所研究的领域中都取得了很好的效果，然而，单个企业产品、服务的定价决策和供应链定价决策与高技术虚拟企业的定价决策不同，它们并没有考虑严格划分企业资源的种类，哪些资源可以合作定价、哪些资源不可以合作定价、哪些资源不用定价等，不适合高技术虚拟企业这种临时的、动态的、敏捷的合作特征。

　　因此，本节首先从资源定价决策概念模型的角度，理顺高技术虚拟企业资源定价决策的特点；然后分析高技术虚拟企业资源定价决策的要素，从高技术虚拟企业资源分类的角度，明确资源定价决策的具体对象和影响因素；最后分析高技术虚拟企业资源定价决策过程，应用二层规划理论构建高技术虚拟企业资源定价模型及具体定价策略研究。

4.4.1　资源定价决策概念模型

1. 单个企业产品资源定价决策的概念模型

　　单个企业产品资源定价决策研究的大量相关内容分散于价格理论、营销创新、成本管理、公司治理等分析之中，研究对象主要是某一个企业在约束条件下以实现利润最大化的定价决策。Foggin 等[94]在总结企业产品资源定价应考虑的需求、成本、竞争、目标和管制等五个基本因素的基础上，提出了单个企业产品资源定价的概念模型。该模型描述了单个企业在产品资源定价时必须考虑的五个基本要素和它们之间的关系。需求因素为价格的制定设置了上限，成本因素特别是影响产品资源的直接变量成本构成价格的下限，两者之间的差距形成了企业初始价格判断的依据。同时，市场上的竞争因素、企业自身的战略目标和政府为确保每一个市场的供求均衡设定的相关管制等，都在压缩初始价格判断的空间，如图 4-2 所示。

　　为了更好地对资源进行定价，Marn[95]将定价管理分为三个层面：一是对当前的市场经济环境和相关政策的理解，特别是那些影响产品资源供给和需求变化的关键因素，理清这些因素对价格影响的方式和程度；二是对企业资源定价战略的设计，在企业整体规划目标和营销战略的指导下，设计企业资源定价战略，处理好利益、价格和成本之间的相互关系；三是资源产品定价过程的管理，包括价格调整的幅度、时机、方向等内容。

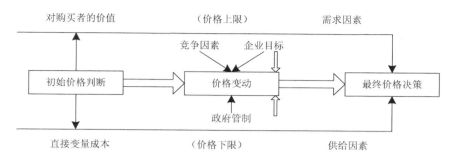

图 4-2　单个企业产品资源定价概念模型

2. 高技术虚拟企业资源定价决策的概念模型

自从虚拟企业在高技术领域应用以来，出现了以高技术虚拟企业整体利润最大化，且各成员企业的利润最优为目标的成员企业间和高技术虚拟企业的资源定价问题研究。与单个企业产品资源定价概念模型相比，高技术虚拟企业资源定价决策的约束条件增加了很多方面。因此，高技术虚拟企业资源定价决策的概念模型应在单个企业产品资源定价概念模型的基础上进行扩展，如图 4-3 所示。

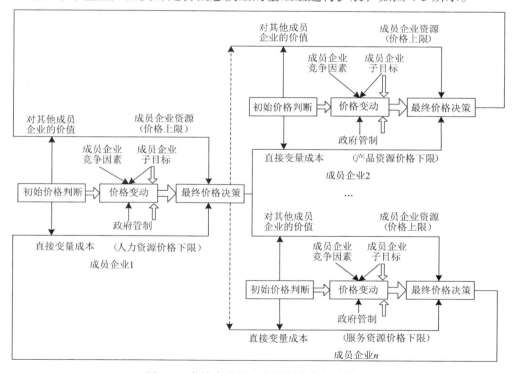

图 4-3　高技术虚拟企业资源定价概念模型

定价决策因素增加，不仅要考虑单个成员企业所面临的竞争环境，还要考虑整个高技术虚拟企业所面临的竞争环境；同时，一个成员企业的资源定价水平既可能影响其他成员企业的市场需求，又可能影响他们的直接变量成本。

定价决策方式增加，不仅要从单个成员企业子目标利润最大化的角度做出定价决策，还要从高技术虚拟企业总体目标利润最大化的角度协商共同做出定价决策。

定价资源内容增加，一个成员企业生产的产品可能是其他成员企业的原料、零部件或半成品，所以高技术虚拟企业的资源定价不仅要分析各成员企业产品资源的价格，还要分析其所提供的服务、人力、知识等其他类型资源的综合价格。

定价决策主体增加，价格不是由一个或几个成员企业可以单独决定的，高技术虚拟企业的所有成员都可以成为定价决策主体；当然也可以视高技术虚拟企业的具体类型，选择一个盟主或几个成员企业组成的协调委员会成为定价决策主体。

4.4.2　资源定价决策要素分析

1. 决策环境

企业拥有一定数量的资源（resource）用来满足对价格敏感的需求，通过价格来平衡供需。高技术虚拟企业资源定价的基本决策环境主要包括政府管制、信息网络技术和市场环境。

政府管制又称为政府规制（government regulation），是政府干预市场活动的总称，一般可分为直接管制和间接管制。直接管制是指政府的相关机构通过价格管制、经营许可、产品标准或数量管制等法规直接对企业市场行为施加管制。间接管制是指由政府的司法机构通过一定的法律程序对企业的不正当竞争和垄断行为进行管制[96]。我国政府为了促进高技术产业发展中国际竞争力的提升，实施了一系列适合引导和整合高技术产业发展的措施，如制定产业政策、促进产学研联合、协调进行联合科研等。同时，在政府管制方面，通过严格的产品标准等方面的管制促进高技术产业的创新以及提高产品性能和质量；进一步加大与高技术产业发展有关的法律、法规的建设，规范市场行为，营造良好的经济环境，更好地保护知识产权。此外，对高技术产业发展方面的政府管制条例进行系统评价和灵活调整，以保证我国高技术产业国际竞争力的提高不会遇到不必要的障碍。这些政府行为产生了有利于高技术企业组建虚拟企业的气氛。

信息网络技术的飞速发展使高技术虚拟企业在技术上可行、经济上有利。信息网络技术的出现促使整个工业经济社会迅速向知识经济社会转变。信息网络打破了时间和空间对经营活动边界的限制，使企业组织结构、生产方式、运行模式等发生了巨大变化，为实现跨区域、跨行业的企业间合作提供了新途径、新手段。随着信息网络技术的普及，市场快速、多样和个性化的变化情况，合作伙伴的信誉信息，运行过程中的监督、反馈、实时控制等经营管理活动，及时便捷地呈现在成员企业面前，借助先进的信息网络技术，建立高技术虚拟企业的资源共享信息平台，提高响应速度，减少交易成本，实现高技术虚拟企业协同运行。

激烈的市场竞争或垄断环境，缩短了产品的生产周期，加快了产品需求的变化，迫使高技术虚拟企业组织竞相精细化。无论高技术虚拟企业的规模如何，其核心能力往往集中在研发、生产、销售等某一个方面，具有一定研发能力的高技术虚拟企业往往生产或销售能力不足，必须寻求合作伙伴、降低成本、提高响应速度、改善服务水平，将已有的高技术成果，借助合作伙伴的能力实现产业化，通过市场化运作转换成经济效益。

因此，政府管制有利于高技术虚拟企业之间的联盟，这给成员企业间合作定价以谋取最大利益提供了机遇，即在进行资源定价时，不必过多考虑政府管制政策，以利润最大化为目的的资源合作定价不存在障碍。由于高技术虚拟企业可以通过信息网络技术进行广泛的联合，单个高技术虚拟企业间的竞争演变为高技术虚拟企业间的竞争，同处于一个高技术虚拟企业内的各成员企业资源定价时，还要同时考虑各自面临的资源定价决策环境。

2. 决策方式

高技术虚拟企业内各成员企业之间既有为了联盟而存在的合作关系，也有竞争关系。利益一致时合作，不一致导致竞争。

高技术虚拟企业资源定价决策既可以单方面由一个盟主或几个成员企业组成的协调委员会做出报价，也可以单方面由成员企业单独决策确定标底，还可以经谈判共同协商确定资源的价格。

此外，组成高技术虚拟企业的各成员企业之间合作方式多种多样，如业务外包式、嵌入兼容式、供应链接式、合资经营式、战略联盟式和虚拟合作式等。因此，在建立高技术虚拟企业资源定价模型时，可以将决策方式归纳为非合作决策和合作决策两种类型。当拥有的资源一样或资源可替代的成员企业之间为了各自利益最大化，完全单独做出决策时，为非合作决策，即各成员企业之间存在利益完全不一致的竞争关系。当拥有资源不足或互补的成员企业之间为了总体利益最大化，且各自所得的利益都不低于非合作决策条件下的利益时，为合作决策，即各成员企业之间利益既有一致又有不一致的合作—竞争—合作关系。

3. 资源类型

高技术虚拟企业运行过程中会使用或者支配各种资源，这些资源是由分布在不同地区的多个成员企业所提供资源组合而成的，无论是对资源进行描述、存储还是定价，首先应对其进行分类。对资源进行及时准确的把握是提高高技术虚拟企业敏捷性的前提和基础。根据不同研究目的资源可以有多种不同的分类方法，目前对资源的分类并没有达成一致的共识。Barney和Hansen[97]将资源分为物质资源、人力资源和组织资源三类。王正成[98]从资源提供者的角度，考虑到产品形成过程的全生命周期，按照各阶段资源属性及其在整个活动过程中发挥的作用，将资源分为服务、软件、信息等七大类。

本书结合已有的资源分类方法，把高技术虚拟企业资源按性质分为内部资源、共享资源和服务资源三大类。

1) 内部资源

内部资源是组成高技术虚拟企业的各成员企业内部的资源，相对独立和自治，由各成员企业以自组织的方式进行管理，为其所拥有，对该资源的使用和操作均由该成员企业独立完成，无须由高技术虚拟企业定价。

2) 共享资源

参与联盟协同工作的成员企业可以通过公共信息平台进行沟通，而不离开自己的工作地点。通过平台交互，获得一种"你见即我见"的透明协作效果，在完美的共享空间中交互可以实现对"任何时间、任何地点"协同工作模式的支持。所有成员企业都有资格免费使用共享资源。

3) 服务资源

服务资源是指各成员企业为完成协同工作任务而组织在一起，以弥补其他成员企业自身的不足，帮助其完成业务活动的资源。网络环境下高技术虚拟企业在执行某个具体任务的过程中，将会涉及随时抽调若干各成员企业的服务资源动态组合，通常采用消息传递的方式，在协同安排、统一维护和并发控制等手段支持下，同时、并行地工作而不会产生冲突。这才是高技术虚拟企业真正需要考虑定价的资源。根据高技术虚拟企业的特点，以服务为中心，将高技术虚拟企业服务资源分为知识资源类、物料资源类、人力资源类、软件资源类、设备资源类、资金资源类和信息资源类七大类，具体如图4-4所示。

七类同质的核心资源可分别由某个或某几个成员企业提供，形成不同的资源类，各种资源类的资源互为异质、相互补充，组成能为高技术虚拟企业顺利运行及时提供各种服务的资源池。资源池即资源列表，高技术虚拟企业通过多种异质的核心性资源的集成，形成了公用的资源池，增强了高技术虚拟企业的综合竞争能力。

资源池中的服务由一类或多类资源组成，不同的资源组合构成了不同类型的服务，它是高技术虚拟企业分类的核心要素。每个资源类还可以细分为若干子类。

知识资源类是指高技术虚拟企业运行过程中所需要的各类知识，包括联盟规则、通信规则、技术文件、专利和非专利成果、企业文化、高技术产品工艺以及经验和技能等。

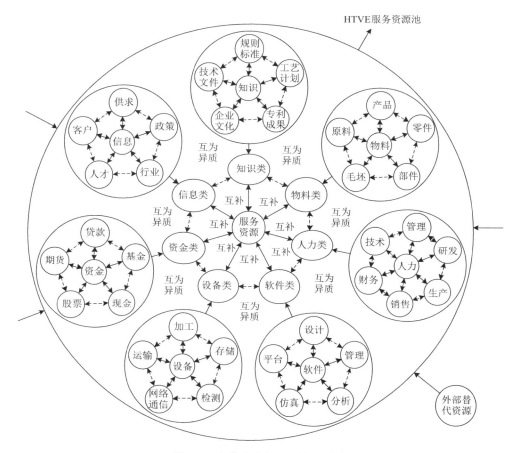

图 4-4 高技术虚拟企业资源分类

物料资源类是指在高技术虚拟企业产品生产过程中所需要的各种生产性物资，包括各种高技术含量的机械、电子、冶金、医疗、电力等的产成品、在制品、原材料、毛坯、零部件等。

人力资源类是指在能够参与高技术虚拟企业协同运行或产品创新、研发设计、生产加工、装配制造、咨询服务等人员的集合，包括高级管理人员、专业技术人员、市场营销人员、财务人员、研发人员等。

软件资源类是指在整个高技术虚拟企业产品形成过程中用到的各种软件系统的集合，包括信息系统平台、设计软件、应用管理软件、数据分析软件、系统仿真软件等，如人力资源描述与管理、企业资源规划及产品数据管理系统等。

设备资源类是指各成员企业执行具体工作任务时所使用的相关资源，包括网络通信设备、生产加工设备、质量检测设备、交通运输设备、办公设备和仓库存储设备等。

资金资源类是指用于满足市场需要的新产品研发设计、生产制造、采购销售、管理咨询等维持高技术虚拟企业正常协同运行的费用，包括金融机构通过各种融资渠道获取的贷款、股票和现金等。

信息资源类是指挖掘商务活动、协同谈判、辅助资源服务的有关信息，包括市场供求信息、合作需求信息、创新生产信息、科研项目信息、发明专利信息、客户个性化信息、研发实力信息、服务能力信息、行业发展方向信息及相关政策法律信息等。

在高技术虚拟企业实际应用过程中，可以根据协同合作的情况，依据其他分类标准，对高技术虚拟企业资源的分类进行扩展。

资源分类不是目的，而是手段，通过分类，明确高技术虚拟企业资源管理所针对的具体内容，才可以最大限度地满足实际协同运行过程中各成员企业的需要，合理地制定相应资源的价格。

4. 信息对称

信息对称是高技术虚拟企业资源定价决策中必须考虑的重要因素之一。各成员企业为保护自己的核心能力或为使自己利益最大，相互间会存在大量信息不对称现象。例如，各成员企业的实际研发能力、融资渠道、生产成本等，这些信息被视为商业秘密而受到高度保护。各成员企业之间存在着信息不对称现象，会导致高技术虚拟企业无法实现客观的预期，追求信息的对称性实质是要弥补各成员企业之间信任的不足。

Knemeyer 和 Murphy[99]认为信息共享是合作成功最为关键的因素之一。此处信息主要是指协同运行过程中的物流、资金流、信息流等信息，而不是影响资源定价决策的信息。影响资源定价决策的信息主要有各成员企业的资源服务能力、生产成本等，以及它们对其所创造的市场需求是否有影响及影响大小和规模等。其他信息都可以在组建高技术虚拟企业之前的合作伙伴选择阶段获得，或者在协同运行一段时间后观察到。因此，这些信息都可以被假定是对称的，是共享的知识。成员企业的核心秘密是不会轻易透露给对方的，所以在定价方法的设计中，应尽可能地激励其揭示真实信息。

许多已有的研究已证实信息对称时，得到的资源定价决策会使合作方获得最大利润均衡，对成员企业揭示真实信息都有一定程度的激励作用。此外，高技术虚拟企业资源定价决策中的信息对称性还包括在高技术虚拟企业协同运行过程中各成员企业承担相关的信息提供义务要对称。信息对称是双向的，共享信息是权利，提供信息是义务，避免信息不对称导致各成员企业之间的不公和矛盾。

5. 资源需求描述

高技术虚拟企业资源需求包括执行任务所需资源的成员企业个数、资源类型以及所需要的相关数据资源等。同时，需要设计简单合理的资源需求描述协议，对资源需求进行结构化描述，这既是成员企业执行分配任务时所需要的资源描述，也是监控成员企业任务执行参数的描述。

6. 资源提供描述

与高技术虚拟企业资源需求相对应，资源提供描述包括提供资源的成员企业、可用资源类型以及可用的相关的数据资源等。高技术虚拟企业资源提供描述与需求描述具有相同的重要性，并且资源提供描述决定了资源的存储方式，对其描述是否合理，直接关系着高技术虚拟企业资源管理和组织调度的效率和性能。

7. 资源信息存储

高技术虚拟企业环境中，资源信息的存储直接关系到资源匹配的效率。由于成员企业资源种类、数目各异，需要设计合理的数据库存储方式，以方便信息的查询和匹配，提高资源匹配和搜索的效率，便于实现资源共享。

基于上述分析，高技术虚拟企业资源定价决策应考虑其所在的基本决策环境对高技术虚拟企业产品需求影响的程度、各成员企业之间的定价决策方式、资源类型等要素，并应采用适当的方式，鼓励信息对称，将这些要素合理地组织起来，形成一个科学的定价分析框架。

8. 资源选择规则

高技术虚拟企业的资源调度是在多个成员企业之间进行的，是在一些约束条件下，从成员企业的一组拥有同类资源的候选企业中选择合适的资源，存在资源选择的问题，在保证工期的前提下，既要考虑资源无冲突，又要使资源在有限的时间内发挥最大的作用。因此，本书主要针对可重复使用的资源，提出若干资源选择规则，如下所述。

(1)满足候选成员企业约束。高技术虚拟企业管理者在进行业务过程活动分解时，已经选定完成该业务活动的候选成员企业。因此，在为该业务活动选择资源时，首先要选择该业务活动候选成员企业的资源，即资源满足候选成员企业的约束规则。

(2)资源时间可用。给某个业务活动安排某一资源时，一定要确保该资源在该业务活动的运行时间段内可用。资源使用可分成两种情况：业务活动执行过程中可以释放资源；业务活动只有执行完才能释放资源。同时，对应于业务活动执行过程中的资源释放还有两种可能：①业务活动虽然没有结束，但业务活动的执行对该资源的使用已完毕，不再需要该资源的参与；②业务活动在执行过程中将该资源让给优先级比自己高的业务活动使用，由于业务活动的执行还需要该资源，资源不存在，业务活动处于等待状态。对于第一种情况的第一种可能，业务活动在开始使用资源时，不必查询资源内部记录，不论以后会有什么活动使用该资源，只要所申请资源处在空闲状态就可以使用。而对于第一种情况的第二种可能，业务活动在申请资源使用时，即使资源处于空闲状态，在使用资源前还要查询资源记录中是否有优先级比其高的活动已预定了该资源，若有，则进一步判断其能否在预定时间前释放该资源，若可在预定时间前结束活动，则可以使用该资源，若不能，则只能等待，如图 4-5 所示。

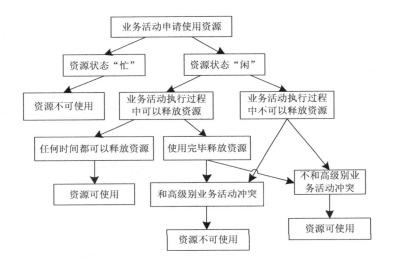

图 4-5　资源时间可用的判断过程

(3) 资源的竞争系数小。资源调度时，在等待队列中，按所需资源对业务活动分组排序，由此来预见该资源在后期调度中被竞争的程度，从而在安排资源时优先安排竞争强度低的资源，也就是等待使用该资源的业务活动数少则优先选用该资源。

设 comp(i) 为资源 i 的竞争系数，pri(i) 为资源选择优先级，资源等待队列为 stack(i)，则

$$\text{pri}(i) = \frac{1}{\text{comp}(i)} = \frac{\sum_{i=1}^{n} |\text{stack}(i)|}{|\text{stack}(i)|} \tag{4-1}$$

(4) 资源费用低。因为业务活动所消耗的成本大部分来源于所用资源，所以

在保证质量的前提下，资源费用小的优先。设 pri(i) 为资源选择优先级，资源费用为 cost(i)，则

$$\text{pri}(i) = \frac{1}{\text{cost}(i)} \tag{4-2}$$

（5）资源的工作能力强。某个业务活动需要的资源工作量是一定的，由工作能力强的资源来承担此业务活动，则需要的时间可能少于工作能力差的资源所用的时间。设 pri(i) 为资源选择优先级，资源工作能力为 captivity(i)，则

$$\text{pri}(i) = \text{captivity}(i) \tag{4-3}$$

（6）资源工作能力和费用综合指标。这是一个复合规则，由资源工作能力和费用共同决定。通常资源的工作能力与其费用成反比，所以要综合考虑这两个因素。

$$\text{pri}(i) = \alpha \frac{\text{captivity}(i)}{\max\{\text{captivity}(i)\}} + \beta \frac{\max\{\text{cost}(i)\}}{\text{cost}(i)} \tag{4-4}$$

其中，$\alpha + \beta = 1$，α 为第 i 种资源的工作能力系数，β 为第 i 种资源的费用系数。

以上各种资源选择原则是通过对高技术虚拟企业资源平衡优化的目标及特点的分析，而提出的一些资源选择规则。资源选择规则可以根据实际需求进一步完善。

4.4.3　资源定价决策模型构建

1. 资源定价决策过程

组成高技术虚拟企业的成员都是独立的经济实体，虽然他们的决策目标都是使其利润最大化，但由于其所处的决策环境不同，在联盟中所扮演的角色不同，相互之间的合作方式不同，各自会使用不同的定价决策模型和方法，而且各成员企业的定价决策模型和方法在整体定价决策过程中会相互影响。将他们的定价决策模型和方法按定价决策过程进行整理，形成高技术虚拟企业资源定价决策的分析框架，如图 4-6 所示。

如图 4-6 所示的分析框架中，高技术虚拟企业资源定价决策过程如下：

首先，高技术虚拟企业管理者根据竞争还是垄断的市场环境，充分考虑政府有关该高技术合作项目的扶持和限制条件，规划高技术虚拟企业生产产品的定位及竞争水平，给定各成员企业资源的初始价格。

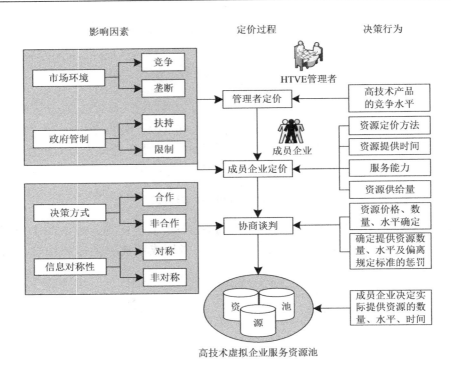

图 4-6　高技术虚拟企业资源定价分析框架

　　然后，各成员企业根据高技术虚拟企业管理者给定价格，也会考虑其所处的决策环境、联盟中的地位及合作方式，从实现自身利益最优出发，选择合适的定价方法，计算资源应提供的时间、资源服务能力、资源服务水平以及资源的供给量。并与高技术虚拟企业管理者给定的价格进行比较，试图寻找对其"最好"的生产规模，同时将拟定安排生产的资源供给情况信息反馈给高技术虚拟企业管理者。

　　其中，各成员企业常用的定价方法如表 4-1 所示。

表 4-1　定价方法比较

定价方法	比较内容		
	基本内涵	优势分析	劣势分析
单位定价法	应用最广。在这种定价方法下，成员企业同意供应资源，按每单位工作支付一定的报酬。单位工作可以是一种新产品的研制、一个零件的加工，也可以是一项任务的完成	条款内容明确，不易引起争议或曲解；定价方法很容易理解，有利于各成员企业编制预算，尤其是当其比较难以预测服务资源数量需求时，定价内容很容易设计和执行	各成员企业为降低加入高技术虚拟企业带来的高风险，在资源交易过程中，有可能高估其单位工作的价格

续表

定价方法	比较内容		
	基本内涵	优势分析	劣势分析
作业成本定价法	各成员企业通过获取一定报酬，以弥补其成本或支出，包括研发、设备、生产及管理费等固定成本，也包括人力、燃料、设备维持费等可变成本	可以更准确地反映各成员企业提供了哪些资源，以及提供这些资源的代价。各成员企业不必高估其单位工作的价格来降低风险。管理者也可以根据账单等信息更准确地跟踪资源成本	资源定价内容的确定复杂，不易设计出来；很难应用于为市场机遇临时组建的高技术虚拟企业。若没有相应的收益共享等激励安排，各成员企业很难及时补充联盟所需的各种资源
成本加成定价法	常用于过渡时期，对资源具体内容尚不确定，只需明确功能的效果。报酬由两部分组成：一是服务资源的成本，二是协商确定的成本加成率	高技术虚拟企业不受单位定价法中各成员企业保护性定价的侵害；各成员企业也可避免不可预见的资源数量或服务水平导致的损失。在保证各成员企业获利的同时，可以对资源构成信息有准确的把握	不是一个长期可行的定价方法，可能鼓励成员企业虚增成本，因为每单位成本都带来一定的利润；成本预算会引起矛盾，因为只知道确定的成本加成率，而成本要在发生后才能获取
收益共享定价法	在这种定价方法下，各成员企业共享资源成本节约带来的收益	激励各成员企业降低服务资源成本；对联盟合作关系有很好的效果	随资源成本降低机会的减少，获得收益的效应也会减小，对各成员企业的激励作用减弱
服务标准定价法	预先确定资源服务标准，当服务标准低于预定标准时，减少相应成员企业报酬或严厉惩罚；当服务标准高于预定标准时，增加其报酬	激励各成员企业持续改善资源服务水平；有利于提高高技术虚拟企业的竞争能力	有效的激励和惩罚尺度比较难确定

这些方法着重点不同、适用范围不同，各有优缺点，在实际中可以根据情况综合使用一种或几种定价方法。

接着高技术虚拟企业管理者根据各成员企业的反应，同各成员企业协商谈判，确定最好的资源价格、数量和水平，同时明确所提供的资源价格、数量和水平。在这样的重复动态博弈过程中，高技术虚拟企业管理者作为博弈中的主导者，各成员企业为跟随者，高技术虚拟企业管理者可观察到成员企业的决策行为，在博弈中处于有利地位，但它并不能控制各成员企业的决策行为，成员企业各自追求自身利益最大化。

最后各成员企业按照协商谈判的结果，组织其所决定实际提供的资源价格、数量和水平等，形成确保高技术虚拟企业协同运行的服务资源池。整个高技术虚拟企业资源定价决策过程是一个典型的分布式控制类型。本书采用的是二层规划定价方法来对该博弈过程进行研究。

2. 基于二层规划的资源定价模型

二层规划的数学模型是由 Bracken 等[100]首次提出的，此后受 Stackelberg 对策论的影响，二层规划理论得到快速的发展。Dempe[101]深入讨论了二层规划问题的理论、算法和应用，给出了二层规划模型的定义。二层规划问题(bilevel programming problem，BLPP) 是指由两个子问题 P_1 和 P_2 所构成的问题，其中 P_1 称为上层规划，P_2 称为下层规划。F 是上层规划的目标函数，H 是下层规划的目标函数。有

$$P_1: \quad \min_{x \in X} F(x, y)$$
$$\text{s.t.} \quad G(x, y) \geqslant 0$$

对任意 $x \in X$，Y 是下面 P_2 问题的解：

$$P_2: \quad \min_{y \in Y} H(x, y)$$
$$\text{s.t.} \quad R(x, y) \geqslant 0$$
$$F: R^{n_2} \to R^1, \quad H: R^{n_2} \to R^1$$
$$G = \{G_1, G_2, \cdots, G_{m_1}\}: R^{n_1} \times R^{n_2} \to R^{m_1}$$
$$R = \{R_1, R_2, \cdots, R_{m_2}\}: R^{n_1} \times R^{n_2} \to R^{m_2}$$
$$n_i \geqslant 1, m_i \geqslant 0, i=1,2$$

其中，X 与 Y 分别是 R^{n_1} 与 R^{n_2} 中给定的集合。二层规划一般有如下性质。

(1) 二层规划问题的约束区域为

$$S = \{(x, y) \mid x \in X, y \in Y, R(x, y) \geqslant 0, G(x, y) \geqslant 0\}$$

(2) 对任意指定的 $x \in X$，问题 P_2 的可行解集为

$$S(x) = \{y \mid y \in Y, R(x, y) \geqslant 0\}$$

(3) S 在 X 上的投影为

$$P = \{x \mid \forall x \in X, \exists y \in Y : R(x, y) \geqslant 0 \wedge G(x, y) \geqslant 0\}$$

(4) 对于 $x \in P$，P_2 的合理反应集合为

$$O(x) = \{x \mid y \in S(x), y \in \arg\min_{z \in S(x)} H(x, z)\}$$

(5) 二层规划问题的可归并集合为

$$\overline{S} = \{(x, y) \mid (x, y) \in S, y \in O(x)\}$$

(6) 若点 $(\overline{x}, \overline{y})$ 是问题 $\min_{(x,y) \in S} F(x, y)$ 的最优解，则称点 $(\overline{x}, \overline{y})$ 为二层规划问题

的最优解。

综上所述，二层规划问题由两个子问题 P_1 和 P_2 构成。上层管理者通过决策变量 x 的值来影响下层决策的可行约束集，下层成员根据上层给定的 x 求解优化问题得到 y，再将 y 反馈给上层目标来影响上层的决策，上层规划和下层规划相互影响、相互制约，其求解过程恰好符合博弈特征，可见利用二层规划研究高技术虚拟企业分布式资源定价决策是适宜的。

通过以上分析可知，各成员企业生产的产品，提供的物料、知识、信息、设备等就是高技术虚拟企业服务资源池中所需的资源，在高技术虚拟企业整个协同运行过程中，为研究问题方便，给定如下假设条件：

(1) 针对某一市场机遇，成员企业组成相对稳定、不考虑变更成员的情况；

(2) 从经济学的经济人假设出发，认为各成员企业都追求自身利益(经济利益)最大化，都有自主经营的决策权力；

(3) 高技术虚拟企业资源定价，不考虑价格随时间变化所出现的变动。

根据高技术虚拟企业资源定价决策过程，可知盟主、协调委员或代理会作为高技术虚拟企业的管理者，负责与成员企业协商谈判，统一管理所需资源。模型变量及参数说明如下：

高技术虚拟企业由 $i(i=1,2,\cdots,m)$ 个成员企业组成，每个成员企业为高技术虚拟企业提供一种所需的核心资源；

x_i 为高技术虚拟企业管理者对成员企业所能提供的第 i 种产品的开价，由于成员企业生产的产品就是高技术虚拟企业所需的服务资源，即 x_i 也是高技术虚拟企业管理者从服务资源池中调度第 i 种资源的成本；

D_i 为高技术虚拟企业管理者根据市场机遇的需求量和产品组成分解后制定的对第 i 种资源的需求量，假设高技术虚拟企业管理者按照简单的资源成本加成方法确定自己的市场零售价格和收益，成本加成率为 k_i，则 $p_i=(1+k_i)x_i$，$k_i \geqslant 0$，p_i 即高技术虚拟企业管理者按产品组成分解后分摊到第 i 种资源的市场价格，$D_i = \lambda_i D_1$，产品组成分解后的资源比例系数 $\lambda_i \geqslant 0$，为抓住机遇，应保证满足最低需求量约束 $D_i \geqslant \underline{D_i}$；

w_i 为高技术虚拟企业管理者对第 i 种资源的单位存储加工费用；

y_i 为成员企业安排生产供给高技术虚拟企业管理者的供给量，成员企业的最大生产能力限制 $y_i \leqslant \overline{Q_i}$，如果成员企业的供给量 y_i 只与 p_i 有关，则 $y_i = y_i(p_i)$；

d_i 为成员企业生产产品的单位成本；

c_i 为第 i 种产品的单位运输成本。

本书考虑零库存的情况，因而需求量等于供给量，即 $D_i = y_i$。

高技术虚拟企业上层管理者的利润为

$$F(x_i, y_i) = \sum_{i=1}^{m} (p_i - x_i - w_i) D_i$$

高技术虚拟企业下层成员企业的利润为

$$H_i(x_i, y_i) = (x_i - d_i - c_i) y_i$$

根据以上变量及参数说明，建立二层规划模型为

$$\max_{x_i} F(x_i, y_i) = \sum_{i=1}^{m} (p_i - x_i - w_i) D_i$$

$$\max_{y_i} H_i(x_i, y_i) = (x_i - d_i - c_i) y_i$$

$$\text{s.t.} \begin{cases} y_i \leqslant \overline{Q}_i, & p_i = (1 + k_i) x_i, \ k_i > 0 \\ D_i \geqslant \underline{D_i}, & D_i = \lambda_i D_1, \ \lambda_i \geqslant 0 \end{cases}$$

　　该模型的最大优点在于可以利用高技术虚拟企业信息平台，上下两层能够进行充分的信息沟通，通过模型方法库选择合适的算法，过程透明，并可以增强信任，以实现共赢，如图 4-7 所示。

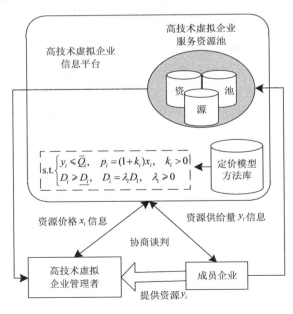

图 4-7　高技术虚拟企业信息交互过程

(1)高技术虚拟企业上层管理者和下层成员企业有各自不同的目标，这些目标往往是相互矛盾的。如上层管理者为了抓住市场机遇，期望最大限度地降低资源成本，提高市场价格，获取更多的利润；而下层成员企业则期望最大限度地提高资源价格，用少量的资源提供量获取最大利益。

(2)高技术虚拟企业上层管理者一般优先做出决策(给定资源价格)，因而，上层管理者可能影响下层成员企业的策略集而部分地影响下层目标的达成，但上层管理者不能完全控制下层成员企业的决策，在上层管理者决策允许范围内下层成员企业有自主决策权，这将极大程度地减少信息的不对称。

(3)下层成员企业的决策不但决定着自身目标的达成，而且也影响上层管理者目标的达成。因为下层成员企业作为理性经济人，在追求自身利益最大化的前提下，各自优化，甚至有退出高技术虚拟企业的倾向，一旦一方不合作，则会损害其他成员的利益，对整个系统都是不利的。因此，上层管理者在选择策略以优化自己的目标达成时，必须考虑到下层成员企业可能采取的策略对自己的不利影响。

(4)各层决策者的容许集通常是不可分离的，它们往往形成一个相关联的整体。

3. 混合粒子群优化求解

目前，求解二层规划问题的算法层出不穷，其中具有代表性的有通过枚举约束集的极点来计算全局最优解的极点算法、分支定界算法等，主要应用于二层线性规划。近年来，随着智能优化计算的飞速发展，启发式智能优化算法研究开始活跃，其中有遗传算法和纳什均衡遗传算法。在智能优化算法的研究中，最近兴起的粒子群优化算法由于没有复杂的交叉变异操作，而且特有的记忆功能增加了它的动态随机搜索能力，所以表现出比遗传算法更加优异的计算性能，并作为一种高效的并行搜索算法应用到各个领域。本书采用混合粒子群优化(hybrid particle swarm optimization，HPSO)算法来求解模型。

混合粒子群优化算法中，每个粒子表示一个上层决策变量，采取随机搜索进行迭代，在上层决策变量的可行域内搜索近似最优解，对于给定的每个粒子，其相应的下层非线性规划问题可以看成线性问题来处理，其解则由单纯形法解出。如果给定粒子，其对应的下层规划问题无解，则此粒子作为不可行粒子被淘汰，并由算法重新产生的可行粒子替代。算法中通过步长控制，不可行粒子淘汰等技巧保证每个粒子及其对应的下层问题的解在迭代过程中一直满足二层规划的约束，从而避免使用罚函数处理约束带来的困难。算法的基本求解步骤如下。

(1)初始化。设置初始粒子群变量，给出群体规模(swarmsize)，算法设定的

最大迭代次数为 $\text{iter}_{\max}$ ，最大惯性权重为 $\omega_{\max}$ ，最小惯性权重为 $\omega_{\min}$ ，初始迭代次数 $k=0$ 。随机产生初始粒子群，检验每个粒子，生成既满足上层约束，又满足对应的下层规划问题解的粒子，组合成二层规划问题的一个初始可行解。

（2）根据适应度函数计算每个粒子的适应度值。根据二层规划的上层目标函数定义适应度函数：

$$\text{fintness}(x_i, y_i) = \sum_{i=1}^{m} (p_i - x_i - w_i) D_i$$

（3）搜索粒子群的两个极值。一个是个体极值（pbest，粒子本身目前所找到的最优解），另一个是全体极值（gbest，整个种群目前找到的最优解）。

（4）计算惯性权重。权重 ω 从最大惯性权重 $\omega_{\max}$ 随着迭代线性递减到最小惯性权重 $\omega_{\min}$ ，即

$$\omega = \omega_{\max} - k \cdot \frac{\omega_{\max} - \omega_{\min}}{\text{iter}_{\max}}$$

（5）更新粒子速度与位置。第 i 个粒子速度与位置的更新公式为

$$V_i^{k+1} = \omega \cdot V_i^k + c_1 \cdot r_1 \cdot (\text{pbest}_i - X_i^k) + c_2 \cdot r_2 \cdot (\text{gbest}_i - X_i^k)$$

$$X_i^{k+1} = X_i^k + V_i^{k+1}$$

其中， V_i^k 是第 i 个粒子在第 k 次迭代时的速度， X_i^k 是第 i 个粒子在第 k 次迭代时的位置， c_1 、 c_2 是学习因子。 r_1 、 r_2 是 $(0,1)$ 区间的随机数。

（6）可行性检验。如果 X_i^{k+1} 在迭代中移出了区域：

$$\Omega = \{X \mid x_i \geqslant 0, i = 1, 2, \cdots, m\}$$

那么可以通过增加步长 $\alpha_i \in [0,1]$ 加以控制，即

$$X_i^{k+1} = X_i^k + \alpha_i \cdot V_i^{k+1}$$

迭代后会产生一组新粒子，依次进行约束检查，通过步长控制或淘汰替代，以保证新一代粒子的可行性。

（7）判别。若满足终止判据搜索结果，即 $k = \text{iter}_{\max}$ 或连续进化几代，粒子群的最佳适应值没有改进，则输出最优解 x^* 、 y^* 和最优值 fintness^* 。否则，令 $k = k+1$ ，转到（2）。

4. 资源定价实例

哈尔滨东安发动机(集团)有限公司发起的高技术产品 QD16B 型车载式移动电站项目按实际任务进行分解，每台移动电站需要成员企业提供的主要资源为动力系统(中国航空工业第一集团公司航空动力控制系统研究所)、消声器材(哈尔滨城林科技股份有限公司)、移动设备(黑龙江北工专用车设备有限公司)，其余的总体设计、联轴系统、燃滑油系统、调节调试装配等业务由盟主(哈尔滨东安发动机(集团)有限公司)设计加工，即其他每个成员企业仅提供一种产品资源。哈尔滨东安发动机(集团)有限公司作为高技术虚拟企业的管理者，负责与成员企业协商谈判，统一管理所需资源。因为此高技术虚拟企业只由 1 个盟主和 3 个成员企业组成，每个成员企业仅提供一种产品资源，所以可假设以下参数。

资源需求比例为

$$D_1 : D_2 : D_3 = 1 : 2 : 1$$

最低需求量(单位：吨)分别为

$$\underline{D_1} = 10 , \quad \underline{D_2} = 20 , \quad \underline{D_3} = 10$$

盟主对第 i 种资源的单位存储加工费用(单位：万元)分别为

$$w_1 = 5 , \quad w_2 = 4 , \quad w_3 = 3$$

第 i 种资源的市场价格(单位：万元)分别为

$$20 \leqslant p_1 \leqslant 25 , \quad 15 \leqslant p_2 \leqslant 20 , \quad 25 \leqslant p_3 \leqslant 30$$

各成员企业的最大生产能力分别为

$$\overline{Q_1} = 50 , \quad \overline{Q_2} = 150 , \quad \overline{Q_3} = 60$$

各成员企业供给函数分别为

$$y_1 = 100 - 3p_1 , \quad y_2 = 95 - 2p_2 , \quad y_3 = 140 - 4p_3$$

成本加成率为

$$k_i \in [0.1, 0.8]$$

成员企业生产的单位成本(单位：万元)分别为

$$d_1 = 3 , \quad d_2 = 2 , \quad d_3 = 1$$

单位运输成本都为 1(万元)。

则上下两层决策模型如下：

$$\max_{x_1,x_2,x_3} F(x_i,y_i) = (p_1 - x_1 - 5)y_1 + (p_2 - x_2 - 4)y_2 + (p_3 - x_3 - 3)y_3$$

$$\max_{y_1} H_1(x_1,y_1) = (x_1 - 4)y_1$$

$$\max_{y_2} H_2(x_2,y_2) = (x_2 - 3)y_2$$

$$\max_{y_3} H_3(x_3,y_3) = (x_3 - 2)y_3$$

$$\text{s.t.} \begin{cases} 10 \leqslant y_1 \leqslant 50, 20 \leqslant y_2 \leqslant 150 \\ 10 \leqslant y_3 \leqslant 60, 2y_1 = y_2, y_1 = y_3 \\ 20 \leqslant p_1 \leqslant 25, 15 \leqslant p_2 \leqslant 20 \\ 25 \leqslant p_3 \leqslant 30, 0.1 \leqslant k_i \leqslant 0.8 \end{cases}$$

应用混合粒子群优化算法(价格变量取小数后两位)计算得最优解为

$$x_1 = 17.39, \quad x_2 = 11.36, \quad x_3 = 16.63$$
$$k_1 = 0.3894, \quad k_2 = 0.7599, \quad k_3 = 0.6917$$
$$p_1 = 24.17, \quad p_2 = 20.00, \quad p_3 = 28.13$$
$$y_1 = 27.5, \quad y_2 = 55.0, \quad y_3 = 27.5$$

盟主哈尔滨东安发动机(集团)有限公司及各成员企业中国航空工业第一集团公司航空动力控制系统研究所、哈尔滨城林科技股份有限公司和黑龙江北工专用车设备有限公司的利润（单位：万元）分别为

$$F_{\max} = 537.465, \quad H_{1\max} = 368.334$$
$$H_{2\max} = 460.034, \quad H_{3\max} = 402.188$$

高技术虚拟企业的总利润为 1768.021 万元。

该实例表明，本书采用的二层规划模型能够有效地解决高技术虚拟企业资源二层决策定价问题。

4.5　资源调度阶段分类

实施资源调度的基础是建立正确的模型，但是由于高技术虚拟企业的动态特

性，很难得到业务过程的各种信息，尤其对各成员企业的核心能力、业务活动执行时间等只能是大概了解，具有很强的不确定性。因此，在高技术虚拟企业资源调度问题中，不能一次建立不变的、完善的资源调度模型，即使是建立了模型，随着高技术虚拟企业业务过程的进行，各种因素也会发生变化，如成员企业、过程执行进度、资源利用情况、时间计划信息等，以致模型不能反映高技术虚拟企业业务过程的动态变化情况而影响对资源的调度。因此，需要根据高技术虚拟企业不同的运行阶段，制定不同的调度目标，建立相应的资源调度模型，具体分类如下。

1. 起始调度

起始调度是指对服务资源的调度，其发生主要有两种情况：一是高技术虚拟企业运行前；二是高技术虚拟企业运行中成员企业发生变化时，目的是根据高技术虚拟企业业务活动的分解情况、成员企业的服务资源拥有情况，确定资源的传输路径，进行资源配给和任务安排，同时为高技术虚拟企业动态合同的签订提供依据。

2. 再调度

再调度主要发生在高技术虚拟企业运行中，为了完成已提交的所确定的任务和满足成员企业提出的资源需求，预测并找出高技术虚拟企业资源发生冲突的情况，目的是优化资源，把高技术虚拟企业中所有可用资源进行匹配，找到最合理的资源分配方式，保障高技术虚拟企业顺利运行。

4.6　资源调度模型构建

4.6.1　起始调度模型建立

高技术虚拟企业资源的起始调度，首先根据市场机遇确定目标、选择伙伴、分解任务等，明确高技术虚拟企业各组成成员的具体任务和业务过程，了解联盟可获取的资源情况。进而根据串行调度规则，按具体的业务活动过程情况划分资源的传输顺序，对并行的业务活动，传输顺序可以是任意的。然后从伙伴选择阶段所确定的成员企业中，根据各成员企业提供的服务，在保证执行时间尽可能短的情况下，对费用进行优化，为高技术虚拟企业提供一个时间和价格折中的调度方法。服务选择问题描述如图 4-8 所示。

为了方便分析问题，采用高级赋时 Petri 网，它是一个多元组：$TPN = (P, T; F, K, D, C, W, M_0)$，其中各部分的具体定义如下。

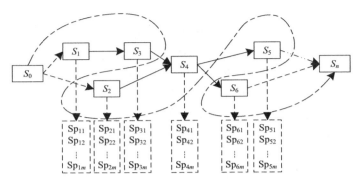

图 4-8　服务选择问题模型

$P = \{P_j\}(1 \leq j \leq n)$ 为一个有限过程库所(place)集合,描述资源的第 j 个传输顺序(传输顺序由具体的业务活动决定),用一个圆圈 "〇" 来表示,P 库所中包含有标识时表示该资源就绪。

$T = \{t_{jk}\}(1 \leq j \leq n, 1 \leq k \leq m)$ 为有限变迁的集合,描述资源的第 j 个传输顺序在第 k 个成员企业上的服务过程,变迁用粗杠 "|" 表示,且满足 $P \cap T = \varnothing$;$P \cup T \neq \varnothing$。

$F \subseteq P \times T \cup T \times P$ 为流关系,即

$$\mathrm{dom}(F) \cup \mathrm{cod}(F) = P \cup T$$

其中

$$\mathrm{dom}(F) = \{x \mid y : (x, y) \in F\}$$

$$\mathrm{cod}(F) = \{y \mid x : (x, y) \in F\}$$

$K:P \to Z$ 称为过程库所的容量函数;

$D:T \to Z$ 称为变迁从开始发生到结束的时间间隔;

$C:T \to Z$ 称为变迁从开始发生到结束的费用;

$W:F \to N$ 称为 TPN 有向弧上的权函数;

$M_0:P \to Z$ 称为过程库所的初始标识,表示高技术虚拟企业资源的初始状态。

Petri 网的优势在于可以完整地按高技术虚拟企业的实际业务过程描述所发生的细节,因而有如下定义:$^{\cdot}t$ 表示变迁 t 的输入库所集,$t^{\cdot}$ 表示变迁 t 的输出库所集。

此外,还定义了变迁条件:

$$\forall p \in {}^\bullet t : M(p) \geqslant W(p,t) \wedge \forall p \in t^\bullet : M(p) + W(p,t) \leqslant K(p)$$

t 在 M 有发生权记作 $M[t>$ ，也就是说 M 授权（enables）t 发生或在 M 授权下发生。其中 $M(p)$ 为库所 p 的令牌数。变迁发生后将标识 M 改变为 M 的后继（successor）M' ，M' 的定义为： $\forall p \in P$ ，有

$$M'(p) = \begin{cases} M(p) - W(p,t), & p \in {}^\bullet t - t^\bullet \\ M(p) + W(t,p), & p \in t^\bullet - {}^\bullet t \\ M(p) - W(p,t) + W(t,p), & p \in {}^\bullet t \bigcap t^\bullet \\ M(p), & p \notin {}^\bullet t^\bullet \end{cases} \qquad (4\text{-}5)$$

根据如上定义，图 4-8 所示的问题可用如图 4-9 所示的 Petri 网模型表示。

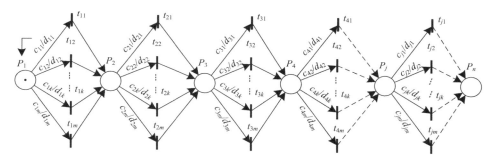

图 4-9　服务资源调度赋时的 Petri 网模型

分析所得到的起始调度模型，可知其存在两种情况。

1. 一个成员企业只提供一种服务

在高技术虚拟企业中一个成员企业只承担一个任务，其资源调度简单，只需运用关键路径法（critical path method，CPM），确定高技术虚拟企业运行过程中运行时间最长的路径，及时为每个关键活动提供所需资源，以确保其执行时间，即保证整个运行过程的最小执行时间。

2. 一个成员企业可以提供多种服务

在高技术虚拟企业中，成员企业可以承担多个任务，服务可以有多种选择，这属于资源组合优化调度问题，可按照相关算法来解决。

4.6.2　再调度模型建立

由于本书提出的用基于 Petri 网的工作流模型来描述高技术虚拟企业的运行

过程，能够在运行时动态监视业务过程的执行情况，得到过程执行的实时信息，如成员企业资源使用情况、过程执行进度情况、时间计划情况等。利用这些信息可以预测并找出高技术虚拟企业的运行过程实例或者活动实例之间在未来某一时间段内可能并发执行存在的资源冲突情况。通过把产生资源冲突的过程实例按照一定的规则抽取出来可以构建一个动态的资源调度模型，为实施动态的资源调度做准备。

高技术虚拟企业运行过程实例的执行情况是不断变化的，如某些过程实例执行结束、某些实例被终止、某些活动被挂起、某些异常出现等。因此，按照一定的周期动态地从这些过程实例中得到的过程模型也会不断更新，得到"最新"的资源调度模型[102]，这解决了资源调度模型不能反映资源动态变化的问题。

1. 模型建立过程

建立动态资源调度模型，首先要从等待队列中确定需要调度的资源，然后在所有工作流实例中寻找含有该资源的实例，并通过具体的时间计算和预测，找到存在冲突的过程实例或活动实例，最后从中获取资源调度模型，其详细过程如图 4-10 所示。

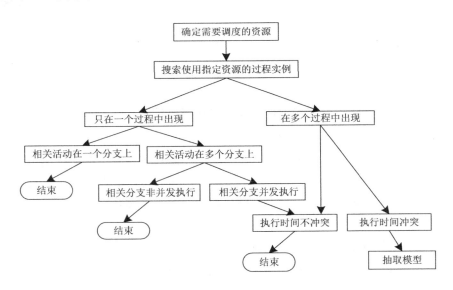

图 4-10　调度模型建立过程

根据需要调度的资源在相关过程实例中按照活动实例来搜索，找到需要使用相关资源的过程实例。

　　如果资源只在一个过程内部，那么考虑下面两种情况：

　　(1)如果是或分裂结构(OR-split)且只选择一条分支执行，则不必进行调度，因为这些分支上的活动不可能同时执行。

　　(2)如果存在资源竞争的活动处于过程中不同的分支上，且这些分支并行执行，即与分裂结构(AND-split)或者多个或分裂结构并发执行，则计算时间，若时间重叠则需要调度，否则不需要调度。

　　因为一个过程内部各个活动之间的流关系 F 已经确定，所以可直接从运行过程模型中抽取调度模型。

　　如果资源在多个过程内，则计算时间距离，并判断不同活动实例占用资源的时间是否冲突，若不冲突，则结束；若冲突，则从运行过程模型中抽取调度模型。

2. 时间计算方法

　　在搜索到需要使用的资源后，需要通过计算时间距离以预测是否存在资源使用的冲突。以系统当前的绝对时间为原点，计算从当前正在被执行的活动实例到某个占用了资源的活动实例的时间距离。主要采用关键路径法，如果计算结果表明需要调度的活动会出现时间重叠，即会出现对资源的竞争，则需要调度。

3. 模型获取方法

　　找到存在资源冲突的过程实例后，需要先从这些过程中将相关活动抽取出来。这些被抽取出来的活动组成需要调度的过程，即资源调度的赋时 Petri 网模型。

　　从过程实例中抽取资源调度模型所遵循的原则如下：

　　(1)完整性原则。按照活动之间的逻辑关系，把从相关过程实例中当前正在执行的活动开始到最后一个需要调度的活动(占用资源的活动)之间的所有活动都抽取出来。并且保证抽取相对完整的活动序列，如果这些活动之间存在两个以上并行分支，则把需要调度的活动所在的分支和与它并行的分支都抽取出来，前面从活动所在分支的最后一个分裂点开始，后面到它的第一个汇合连接点结束。对于一个分支上不参与资源竞争的其他活动，把它们的资源需求量设为零，在调度时只考虑它们与需要资源竞争的活动之间的流关系 F 约束。

　　(2)瞬时性原则。如果运行过程中各个分支之间是并发关系，那么可以将参与资源竞争的活动直接抽取出来组成新的过程。但对于只选择一条分支执行的分裂结构则存在时机问题。只有在确定可能参与资源竞争的活动所在的支路肯定被选择执行时，才对它进行调度。否则，将等待直到条件确定，可以明确选择执行某一条分支时才决定是否抽取它(在以后的调度周期中判断)。

　　从运行过程模型中获取每个活动的时间、资源约束(组织约束可作为人力资源处理)，构成资源调度的赋时 Petri 网模型。如果参与资源竞争的活动只在某一个过程实例中出现，则可以直接根据过程模型来抽取出需要资源调度的模型。为了简化计算，可以忽略没有参与资源竞争的活动实例，而只是抽取相对完整的一部分过程即可。

　　如果参与资源竞争的活动在多个过程实例中出现，那么分别从每个过程中抽取出一个相对完整的子过程，然后建立一个虚拟起始库所节点和一个虚拟终止库所节点，把这些子过程组合成一个总过程。此时，从需要调度的多个过程实例中根据需要抽取出来的这个总过程可以看成在多个子过程之间进行整体协调和调度，属于全局优化问题。

　　通过从过程实例中抽取并获得需要调度的过程后，可建立资源调度模型，即建立对应的赋时 Petri 网模型。图 4-11 和图 4-12 是两个例子，为直观，只考虑了一种可重复使用的资源。分析所得到的再调度模型，存在两种情况：

　　(1)对于具有多个过程实例，且每个过程实例中只有 1 个活动参加资源竞争的情况以及一个过程实例中的多个并行分支中分别只有 1 个活动参与资源竞争的情况，由于问题相对简单，每个支路或过程中只有一个活动需要调度，如果只考虑一种资源，此时可采用基于规则的调度策略进行调度。

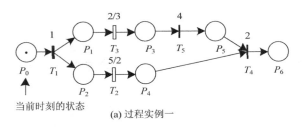

(a) 过程实例一

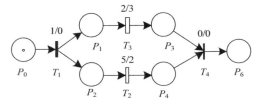

(b) 过程实例一得到的调度模型

图 4-11　从过程实例中获取调度模型一

▯ 代表参与资源竞争的活动　　▮ 代表不参与资源竞争的活动

d_j/r_{jk} 代表执行时间/所需资源量

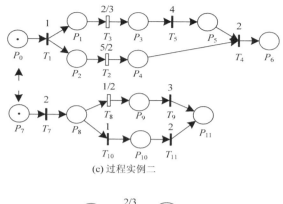

(c) 过程实例二

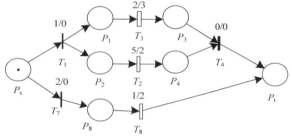

(d) 过程实例二得到的调度模型

图 4-12　从过程实例中获取调度模型二

▯ 代表参与资源竞争的活动　▮ 代表不参与资源竞争的活动

d_j/r_{jk} 代表执行时间/所需资源量

　　(2) 对于同一个过程实例内部的多个分支上分别存在 $n(n \geqslant 2)$ 个活动参与可重复使用资源的竞争；或者不同的过程实例中分别有多个活动实例参与可更新资源竞争的问题，属于资源受限调度问题，可按照相关算法来解决。

4.7　资源调度策略

4.7.1　基于活动过程的调度策略

1. 考虑活动本身的调度策略

　　从活动的角度来考虑问题，进行局部优化，可采用的规则如下：

　　(1) 先来先服务规则。按照活动到达的时间排队，并按照先来先服务的规则依次满足队列中活动所需的资源。先来先服务的特点是操作简单，缺点是不利于执行时间短的活动。

(2)最短工作时间优先规则。为了使过程实例总的平均流程时间最少，采用最短工作时间优先规则，所需工作时间最短的活动优先分配资源，然后是工作时间第二短的，依此类推。

(3)最高响应比规则。最高响应比规则是对先来先服务规则和最短工作时间优先规则的一种综合平衡。最高响应比规则同时考虑每个活动的等待时间和执行时间，从中选择响应比最高的活动优先分配资源。响应比定义为

$$R = (W + T)/T = 1 + W/T$$

其中，T 为活动的计划执行时间，W 为活动实例在等待队列中的实际等待时间。在调度时，首先计算每个活动实例的响应比 R，选择 R 最大的优先分配资源。这样即使是执行时间很长的活动，随着等待时间的增加，W/T 也会随之增加，也就有机会被调度资源，确保被执行。

2. 考虑过程全局的调度策略

从过程的角度来考虑问题，进行全局优化，可采用的规则如下：

(1)过程最早到期时间规则。有的过程在时间上要求很严格，必须在计划的时间内完成。这种情况下，可采用过程最早到期时间规则进行调度。在调度时，选择到期时间最早的过程，为其中参与资源竞争的活动优先分配资源，以保证该过程执行不被延期。

(2)最短后继活动执行时间规则。在对工作流建模时都已经指定了活动的计划执行时间，利用关键路径法可以计算出某个活动从开始到结束所需要的计划时间。

这个时间是该活动的后继活动执行所需要的时间，称为后继活动执行时间。为了使过程整体得到优化，选择所有参与资源竞争的活动所在的过程中后继活动执行时间最短的优先分配资源执行。由于从全局角度进行优化，单个活动的利益可能受到损害(后被分配资源执行)，但这样提高了系统的整体性能。

4.7.2　基于优先规则的调度策略

对于同一个过程实例内部的多个分支上分别存在多个活动参与资源竞争的情况，或者不同的过程实例中分别有多个活动实例参与资源竞争的情况，可映射成如下概念性数学模型：

$$\min \mathrm{Ts}_J \tag{4-6}$$

$$\mathrm{s.t.} \begin{cases} \mathrm{Ts}_j - \mathrm{Ts}_i \geqslant d_i, \quad i \in Q_j & (4\text{-}7) \\ \sum_{j \in A_t} r_{jk} \leqslant R_k, \quad t = 1,2,\cdots,\mathrm{Ts}_J, k = 1,2,\cdots,K & (4\text{-}8) \end{cases}$$

其中，活动 j $(j=0,1,2,\cdots,J)$ 的完成需要第 k 种资源的资源量为 r_{jk}，d_i 为活动 i 的执行时间，R_k 为第 k 种资源的资源量，Ts_j 为活动 j 的开始时间，A_t 为在 $(t-1,t]$ 时间段内正在进行的活动集合，Q_j 为活动 j 的紧前活动集。活动 0 是唯一最早开始的活动，活动 J 是唯一最晚完成的活动，均不消耗资源。资源竞争执行时间为 0，一个可行调度方案是指各项活动的开始时间都已经确定，且满足紧前关系及资源约束。式(4-6)为目标函数，代表过程实例的总工期最短；式(4-7)为紧前关系约束；式(4-8)保证在每一阶段使用的资源量不能大于其可用量。这里采用串行调度方案生成策略生成计划调度方案进行调度。串行调度方案是一种基于优先规则的启发式算法[103]，由两个要素构成：计划调度方案和优先规则。

串行调度方案分为 $n(n=1,2,\cdots,J)$ 个阶段，对应每个阶段有一个不完全计划调度方案 S_n 和一个可行活动集 $D_n=\left\{j\,\middle|\,j\notin S_n,Q_n\in S_n\right\}$ 由所有未被安排的、紧前活动已被安排的活动组成。在每个新阶段，选择 D_n 中优先权最大的活动为其优先分配资源，如果有多个活动具有相同的优先级，则调度编号小的活动，并指定该活动的开始时间为满足紧前关系约束和资源约束的最早可行时间。设 πR_{kt} 为第 k 种资源在 t 时刻的剩余量，则有

$$\pi R_{kt} = R_k - \sum_{j\in A_t} r_{jk} \tag{4-9}$$

$v(j)$ 为 D_n 中活动 j 的优先权系数，$\bar{D}$ 为工期上限，根据关键路径法可以计算活动 j 的最晚开始时间 $T_{\mathrm{LS}j}$，则调度方案的计算步骤如下。

(1)初始化。$n=1$，$S_n=\varphi$，$\mathrm{Ts}_1=0$，$\bar{D}=\sum_{j=0}^{J}d_j$。

(2)如果不完全计划调度方案 S_n 中的活动数大于等于 J，那么采取完全计划调度方案，否则转式(4-8)。

(3)计算 D_n 和 πR_{kt}，$k=1,2,\cdots,K, t=1,2,\cdots,\bar{D}$。

(4)求得活动 j 的优先权系数，从 D_n 中选择优先调度资源的活动 j^*：

$$j^* = \min_{j\in D_n}\left\{j\,\middle|\,v(j)=\max_{i\in D_n}\left\{v(i)\right\}\right\} \tag{4-10}$$

(5)计算活动 j^* 的最早开始时间 $T_{\mathrm{ES}j^*}$ 和满足资源约束时 j^* 的开始时间 $T_{\mathrm{S}j^*}$：

$$T_{\mathrm{ES}j^*} = \max\left\{\,T_{\mathrm{S}i}+d_i\,\middle|\,i\in Q_{j^*}\right\} \tag{4-11}$$

$$T_{Sj^*} = \min\left\{ t \;\middle|\; T_{ESj^*} \leqslant t \leqslant T_{LSj^*}, r_{j^*k} \leqslant \pi R_{k\tau}, \right.$$
$$\left. \tau = t+1, t+2, \cdots, t+d_{j^*}-1, \quad k = 1, 2, \cdots, K \right\} \tag{4-12}$$

(6) 更新不完全计划调度方案 $S_{n+1} = S_n \bigcup \{j^*\}$，$n = n+1$，转式 (4-7)。

其中，活动 j 的优先权系数 $v(j)$ 是根据优先规则计算的，常用的优先规则有：最多后序活动数，$v(j) = \max\left|SA_j^T\right|$，$SA_j$ 为活动 j 的紧后活动集，SA_j^T 为活动 j 的所有后序活动的活动集（包括直接后序和间接后序）；最晚开始时间（latest start time，LST）$v(j) = \min T_{LSj}$。

高技术虚拟企业管理者在进行资源调度时，可以根据所选的优先规则不同，对不完全计划调度方案进行扩展，逐步形成一个完全计划，最终给出一个调度方案。图 4-13 给出了一个两分支上分别存在多个活动参与资源竞争的情况，由流关系 F 约束可确定各活动的紧前关系约束。T_0、T_7 不消耗该资源，资源竞争执行时间和消耗均为 0，假设多个活动当前只参与一种资源竞争，该资源的总量为 4，即 $k=1$，$R_k = 4$，d_j / r_{jk} 如图 4-13 活动变迁上方的编号所示，选取最晚开始时间规则，计算结果如图 4-14 所示，$Ts_{J\min} = 11$。

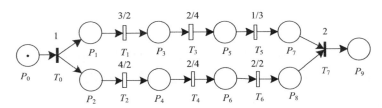

图 4-13　资源调度模型

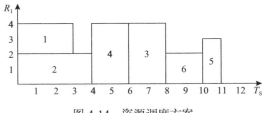

图 4-14　资源调度方案

4.7.3　基于 MMAS 的调度策略

成员企业可以提供多种服务，服务可以有多种选择的情况，可映射成如下多

目标优化的概念性数学模型:

$$\min Z = w_1 C + w_2 D$$

$$\text{s.t.} \begin{cases} C = \sum_{j=1}^{n} \sum_{k=1}^{m} c_{jk}\left(S_j, b_k\right) u_{jk} & (4\text{-}13) \\ D = \sum_{j=1}^{n} \sum_{k=1}^{m} d_{jk}\left(S_j, b_k\right) u_{jk} & (4\text{-}14) \\ u_{jk} = 0,1; w_1 + w_2 = 1; 0 \leqslant w_1, w_2 \leqslant 1 \\ j = 1,2,\cdots,n; k = 1,2,\cdots,m & (4\text{-}15) \end{cases}$$

其中, $c_{jk}\left(S_j, b_k\right)$ 表示成员企业 b_k 为活动 S_j 提供服务所需要的费用,时间 D 的确定需要根据高技术虚拟企业的业务流程进行,当调度成员企业 b_k 为活动 S_j 提供服务时, $u_{jk} = 1$,否则 $u_{jk} = 0$ 。如果高技术虚拟企业的业务流程是顺序执行的,那么时间可由式(4-6)表示, $d_{jk}\left(S_j, b_k\right)$ 为成员企业 b_k 完成活动 S_j 服务的时间。当不考虑上下游成员企业之间的影响,将 c_{jk} 、 d_{jk} 看成不变时,可以证明,寻求整体最优实际是寻求完成每项活动的最优,有

$$Z = w_1 C + w_2 D = w_1 \sum_{j=1}^{n} \sum_{k=1}^{m} c_{jk} + w_2 \sum_{j=1}^{n} \sum_{k=1}^{m} d_{jk} = \sum_{j=1}^{n} \sum_{k=1}^{m} z_{jk} \qquad (4\text{-}16)$$

即

$$z_{jk} = w_1 c_{jk} + w_2 d_{jk} \qquad (4\text{-}17)$$

对于这种组合优化问题,目前还没有很好的解决方法。近年的研究中,基于种群的自然启发式算法逐渐被运用,并取得了很好的效果。基于种群的自然启发式算法分为两类:基于实体的自然启发式算法以及基于模型的自然启发式算法。基于实体的自然启发式算法用当前的解或解的种群本身来产生新的候选解,大部分基于种群的自然启发式算法都属于基于实体的自然启发式算法,如遗传算法、模拟退火算法和免疫算法就是其中的代表。基于模型的自然启发式算法通过一个解空间的参数化概率分布模型来产生候选解,此模型的参数用以前产生的解来进行更新,使得在新模型上的搜索能集中在高质量的解搜索空间内,蚁群算法、鱼群算法和蜂群算法是其中的代表。

蚁群算法(ant colony algorithm,ACA)等基于模型的自然启发式算法较遗传算法等基于实体的自然启发式算法,其优点是学习的知识分布在解构成元素上,

或者说学习的是解构成元素与这些元素装配在一起后形成的解的质量之间存在的相关关系，而遗传算法虽然也能隐含地学习构造块的知识，将问题参数编码成染色体后进行优化，但不针对参数本身，这种学习有时是不可靠的。同时，遗传算法对初始种群很敏感，初始种群的选择常常直接影响解的质量和算法的效率。但是，对于蚁群算法等基于模型的自然启发式算法来说，必须建立一个好的参数化概率模型，模型的参数就是信息素，信息素必须与由此模型产生的解的质量具有很强的相关性。

蚁群算法采用了正反馈机制，具有较强的鲁棒性，收敛速度快，易获得全局最优解，并具有内在的分布并行性。由于是在解构造过程中一步步用解构成元素组合而成的，在这个过程中，蚁群算法可以方便地利用基于问题本身的启发式信息，而遗传算法的交叉、变异机制就不能有效地利用问题的启发式信息。蚁群算法的解构造机制还有一个非常好的优点，就是能方便地处理约束条件，即可以在解构造过程中动态地调整蚂蚁下一步可访问的节点从而保证解的可行性，而处理复杂约束是遗传算法的一个薄弱环节。

此外，蚁群算法具有可扩展性。可扩展性是指在原有的规模为n的问题上求出最优解后，再增加m个节点，可在原有解的基础上很快找到该问题的$m+n$规模的最优解[104]。而且，由赋时Petri网的可达性可知，蚁群算法可随机给出一个调度方案，解决蚁群算法初期信息素匮乏的缺点。因此，Petri网建模结合蚁群算法能很好地适应高技术虚拟企业环境动态、柔性等特点。

1. 蚁群算法及优化原理

蚁群算法是意大利学者 M.Dorigo 等在 20 世纪 90 年代首次提出来的，它是继模拟退火算法、遗传算法、禁忌搜索算法、人工神经网络算法等启发式搜索算法以后的又一种应用于组合优化问题的启发式搜索算法，利用蚁群在搜索食物过程中所体现出来的寻优能力来解决一些离散系统优化问题。

蚁群算法自从在旅行商问题(traveling salesman problem，TSP)、车间作业调度问题(job-shop scheduling problem，JSP)和二次指派问题(quadratic assignment problem，QAP)[105]上取得成功以来，引起了学者的广泛关注，并提出了一些改进的算法，例如，Stützle和Hoos提出了最大-最小蚂蚁系统(max-min ant system，MMAS)算法，该算法的主要特点是为信息素设置上下限来避免算法出现停滞形象[106]。目前，蚁群算法已是求解二次指派问题等最有效的算法之一。由于网络中信息的分布性、动态性、随机性和异步性与蚁群算法非常相似，蚁群算法在通信网络领域(特别是解决网络路由问题)的应用受到越来越多学者的关注，如利用局部信息发现解、间接的通信方式和随机状态的转换。此外，蚁群算法已开始陆续应用到其他问题和领域中，如图形着色问题

(graph coloring problem，GCP)、车辆路径问题(vehicle routing problem，VRP)、全球定位系统(global positioning system，GPS)、函数优化、系统辨识、机器人路径规划(robot path planning)、数据挖掘及网格分割问题(mesh partitioning problem，MPP)[107]等。

蚁群优化(ant colony optimization，ACO)是受自然界中真实蚁群的集体觅食行为的启发而发展起来的一种基于群体的模拟进化算法，属于随机搜索算法。

生物世界中的蚂蚁虽然个体行为极其简单，但由这些简单个体所组成的蚁群却能表现出极其复杂的行为特征，例如，蚁群除了能够找到蚁巢与食物源之间的最短路径外，还能适应环境的变化，即在蚁群运动的路线上突然出现障碍物时，蚂蚁能够很快地重新找到最短路径。

研究发现，蚂蚁在搜索食物源时，能在其走过的路径上释放一种信息素(pheromone)，使得一定范围内的其他蚂蚁能够察觉并影响其行为，倾向于向该信息素强度高的方向移动。因此，蚁群的集体行为表现为一种信息正反馈现象：当某条路径上走过的蚂蚁越多时，其上留下的信息素轨迹(trail)也越多，以致信息素强度越大，后来的蚂蚁选择该路径的概率也越高，从而增加该路径的信息素强度。蚂蚁群体就是靠这种内部生物协同机制逐渐形成了一条最短路线，这种选择过程称为蚂蚁的自催化行为(autocatalytic behavior)，由于其原理是一种正反馈机制，也可以将蚁群的行为理解成增强型学习系统(reinforcement learning system)。图 4-15 为蚁群发现最短路径的原理和机制。

如图 4-15(a)所示，在蚁巢(Nest)和食物源(Food)之间有两条道路 Nest—A—B—D—Food 和 Nest—A—C—D—Food，其长度分别为 4 和 6。单位时间内蚂蚁可移动一个单位长度的距离。开始时所有路径上都没有信息素。

如图 4-15(b)所示，在 $t=0$ 时刻，20 只蚂蚁从蚁巢出发移动到 A，由于路径上没有信息素，它们以相同的概率选择左侧或右侧道路，平均有 10 只蚂蚁走左侧，另外 10 只走右侧。

如图 4-15(c)所示，在 $t=4$ 时刻，第一组先到达食物源的蚂蚁将折回。

如图 4-15(d)所示，在 $t=5$ 时刻，两组蚂蚁将在 D 点相遇，此时 BD 上的信息素数量与 CD 上的相同，因此返回的 10 只蚂蚁中有 5 只选择 BD 而另 5 只选择 CD。

如图 4-15(e)所示，在 $t=8$ 时刻，前 5 只蚂蚁将返回巢穴，而在 AC、CD 和 AB 上各有 5 只蚂蚁。

如图 4-15(f)所示，在 $t=9$ 时刻，前 5 只蚂蚁又回到 A 并且再次面对往左还是往右的选择。这时，AB 上的轨迹数是 20，而 AC 上是 15，因此将有为数较多的蚂蚁选择往右，从而增强了 AB 上信息素的量。随着该过程的继续，两条道路上信息素数量的差距将越来越大，直至绝大多数蚂蚁都选择了最短的路径。正是由于一条道路比另一条道路短，在相同的时间间隔内，短的路线会有更多的机会被选择。

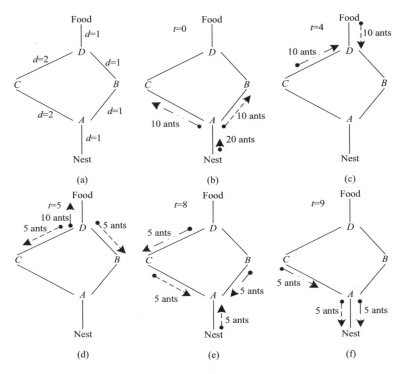

图 4-15　蚁群寻找最短路径的原理和机制

2. 蚁群优化的特点

从蚁群优化的原理不难看出，蚁群的觅食行为实际是一种分布式的协同优化机制。单只蚂蚁虽然能够找到从蚁巢到食物源的一条路径，但找到最短路径的可能性极小，只有当多只蚂蚁组成蚁群时，其集体行为才凸显出蚂蚁的智能，发现最短路径的能力。在寻找最短路径的过程中，蚁群使用了一种间接的通信方式，即通过向所经过的路径上释放一定量的信息素，其他蚂蚁通过感知这种物质的强弱来选择下一步要走的路。这种个体间通过改变环境、感知环境的变化来彼此间接通信的方式称为协同机制。

在蚁群的觅食行为中，另一个重要的方面是自催化机制和解的隐式评估。自催化机制实际上是一种正反馈机制，解的隐式评估是指蚁群将先走完较短的路径。自催化机制和解的隐式评估相结合，极大地提高了问题的求解效率，即对于越短的路径，蚂蚁将越早走完，从而使更多的蚂蚁选择该路径。自催化机制对基于群体的算法非常有效，如在遗传算法中，通过选择和复制机制来实现，因为它奖励好的个体，可以指导搜索方向。当然在使用自催化机制时，要努力避免早熟现象。在蚁群优化中，使用信息素蒸发和随机状态转移来弥补自催化机制的缺陷。

蚁群优化的主要特点概括如下：

(1) 采用分布式控制，不存在中心控制；

(2) 每个个体只能感知局部的信息，不能直接使用全局信息；

(3) 个体可以改变环境，并通过环境来进行间接通信(Stigmergy 机制)；

(4) 具有自组织性，即群体的复杂行为是通过个体的交互过程中凸显出来的智能(emergent intelligence)；

(5) 是一类概率型的全局搜索方法，这种非确定性使算法能够有更多的机会求得全局最优解；

(6) 其优化过程不依赖于优化问题本身的严格数学性质，如连续性、可导性以及目标函数和约束函数的精确数学描述；

(7) 是一类基于多智能体(multi agent)的智能算法，各智能体间通过相互协作来更好地适应环境；

(8) 具有潜在的并行性，其搜索过程不是从一点出发，而是同时从多个点同时进行，这种分布式多智能体的协作过程是异步并发进行的，分布并行模式将大大提高整个算法的运行效率和快速反应能力。

3. MMAS 求解资源调度模型的过程

基于寻优思想，求解高技术虚拟企业环境下资源调度问题的MMAS算法，直接来源于蚁群优化算法，其主要特点是为信息素设置上下限来避免算法出现停滞形象。

根据高技术虚拟企业的任务分解，存在着 $r(1 \leqslant r \leqslant s)$ 只蚂蚁，第 r 只蚂蚁按资源的第 j 个传输顺序爬向第 k 个成员企业为其提供服务的转移概率为

$$P_{jk}^r = \begin{cases} \dfrac{\tau_{jk}^\alpha \cdot \eta_{jk}^\beta}{\sum\limits_{v \subset \text{allowed}_r} \tau_{jv}^\alpha \cdot \eta_{jv}^\beta}, & k \in \text{allowed}_r \\ 0, & \text{其他} \end{cases} \tag{4-18}$$

其中， $\text{allowed}_r = \{\text{Sp}_{jk}\}$ $(j = 1, 2, \cdots, n; k = 1, 2, \cdots, m)$ 表示蚂蚁 r 下一步允许选择的成员企业提供的服务。tabu_r 禁忌表记录蚂蚁 r 当前所走过的业务活动。信息素浓度 τ_{jk} 和此前各代各蚂蚁生成的解有关，启发函数 η_{jk} 和具体的问题有关；α、β 为非负参数，分别表示信息素和启发信息的相对重要性，α 反映蚂蚁在运动过程

中所积累的信息在蚂蚁运动时所起的作用，其值越大，则该蚂蚁越倾向于选择其他蚂蚁经过的路径，蚂蚁之间协作性越强，β 反映蚂蚁在运动过程中启发信息在蚂蚁选择路径中的受重视程度，其值越大，表示启发信息越重要。启发函数更新方程如下。

启发函数：

$$\eta_{jk} = \frac{1}{z_{jk}}$$

信息素的更新与局部信息素浓度和全局信息素浓度有关。局部信息素浓度指蚂蚁爬过的路径较短时，在该路径上留下的信息素的浓度；全局信息素浓度指蚂蚁爬完全部路程，在其路程上上留下的信息素的浓度。信息素浓度及其更新公式如下。

局部信息素浓度：

$$\Delta \tau_p = \frac{\gamma}{L_p}$$

$$\tau_{jk}^{\text{new}} = (1 - \rho)\tau_{jk}^{\text{old}} + \Delta \tau_p \qquad (4\text{-}19)$$

全局信息素浓度：

$$\Delta \tau_g = \frac{\delta}{L_g}$$

$$\tau_{jk}^{\text{new}} = (1 - \rho)\tau_{jk}^{\text{old}} + \Delta \tau_g \qquad (4\text{-}20)$$

信息素浓度上下限：

$$\tau_{jk}^{\text{new}} \in \left[\tau_{\min}, \tau_{\max} \right]$$

其中，L_p 为该路径的长度，即该路径的 z_{jk} 值；L_g 为整条路程的长度；γ、δ 为常数。为了避免算法过早收敛于并非全局最优的解，将各条路径可能的信息素浓度限制于 $[\tau_{\min}, \tau_{\max}]$，超过这个范围的值被强制设置为 $\tau_{\min}$ 或是 $\tau_{\max}$，可有效地避免某条路径上的信息素浓度远大于其他路径，使得所有蚂蚁都集中到同一条路径上，从而使算法不再扩散。$\rho \in (0,1)$ 表示信息素挥发系数，以此来限制信息素的无限增长，$1 - \rho$ 表示信息素持久性系数，通过这种方式，获得较短时间的蚂蚁所经过的路径上将会遗留更多的信息素，使得在以后的循环中，蚂蚁会更容易地获得最优解。

具体算法如下：

（1）初始化。把蚁群中所有的蚂蚁置于资源开始传输处，$l \leftarrow 0$（l 为循环次数），给信息素浓度 τ_{jk} 和启发函数 η_{jk} 赋初值，给出 ρ、γ、σ 的值以及初始禁忌表 tabu_r，根据赋时 Petri 网的可达性分析随机构造一个可行的资源调度方案；

（2）对每个蚂蚁根据转移概率公式 P_{jk}^r 的计算结果，选择资源的第 j 个传输顺序爬向的下一个成员企业，修改 tabu_r 禁忌表；

（3）计算每只蚂蚁经过的路径，在上面留下局部信息素的浓度 $\Delta \tau_p$，并对该路径上的信息素进行更新；

（4）重复（2），直到所有的蚂蚁爬完全路程，计算资源调度目标函数 Z 的值，比较结果，若目标函数 Z 有改进，则保留当前解为最优解；

（5）计算资源调度目标函数 Z 值，比较结果，若目标函数 Z 有改进，则保留当前解为最优解，更新全局信息素的浓度 $\Delta \tau_g$，$l \leftarrow l+1$；

（6）若 l 大于规定的循环次数或发现目标函数 Z 连续循环几次没有改善，则停止运行，根据求得的最佳资源传输路径，利用关键路径法输出最好的资源调度方案，否则，转到（2）。

为了说明算法的有效性，本书又选用时间最小算法和费用-时间算法与蚁群算法的优化结果进行比较。

时间最小算法是指在工作流的执行过程中每个服务的选择都是基于时间最小优先获得服务。

费用-时间算法是基于扩展关键活动的调度算法。在工作流执行过程中，可为每个活动提供服务的就绪队列中的服务是并行执行的，每个服务的完成时间在就绪时确定，就绪队列中最大执行时间的服务应该是就绪队列的最小执行时间。把每个就绪队列中具有最大执行时间的服务称为扩展关键活动，它并不是有向无环图（directed acyclic graph，DAG）中严格意义上的关键活动，因此称为扩展关键活动[108]。

扩展关键活动是保证一个就绪队列具有最小执行时间的活动，它对整个工作流的执行时间有重要影响。扩展关键活动确定方法如下：

（1）对各活动就绪队列中的每个服务 Sp_{jk}，计算服务的完成时间 $d_{j1}, d_{j2}, \cdots, d_{jm}$；

（2）确定每个 Sp_{jk} 的最小完成时间 $\min(\text{Sp}_{jk}) = \min\{d_{j1}, d_{j2}, \cdots, d_{jm}\}$；

（3）在就绪队列中选出具有最大执行时间的服务，即

$$\text{Sp}_j = \max\{\min(\text{Sp}_{j1}), \min(\text{Sp}_{j2}), \cdots, \min(\text{Sp}_{jm})\}$$

该服务就是这个就绪队列的扩展关键活动。

扩展关键活动保证了运行时每一个就绪队列的最小执行时间，因此在进行服

务选择时要为扩展关键活动按时间最小优先服务，保证就绪队列的最小执行时间。而对于就绪队列中的其他服务，在满足执行时间小于扩展关键活动下，挑选费用最小优先服务，使得就绪队列的费用最小。

4. MMAS 资源调度实例

高技术虚拟企业资源调度的目的是根据业务活动的分解情况、成员企业的服务资源拥有情况，确定资源的传输路径，进行资源配给和任务安排，同时为高技术虚拟企业动态合同的签订提供依据。

由哈尔滨东安发动机(集团)有限公司发起并作盟主的成产车载式燃气轮机发电机组(移动电站)的高技术虚拟企业中各成员企业可以提供多种服务，在高技术虚拟企业中可以承担多个任务。服务可以有多种选择，属于资源组合优化调度问题，可按照基于Petri网、MMAS和关键路径法相结合的方法来解决，进行资源配给和任务安排，其具体过程如下：

(1)资源调度模型建立。哈尔滨东安发动机(集团)有限公司首先根据任务分解情况，明确各组成成员的具体任务和业务过程，了解成员企业可提供的服务资源情况。进而根据串行调度规则，按具体的业务活动过程情况划分资源的传输顺序，对并行的业务活动，传输顺序可以是任意的，再从成员企业中，根据各成员企业提供的服务，在保证执行时间尽可能短的情况下，对费用进行优化，以提供一个时间和价格折中的调度方法。移动电站的业务流程及其资源传输顺序详细描述如图 4-16 所示。

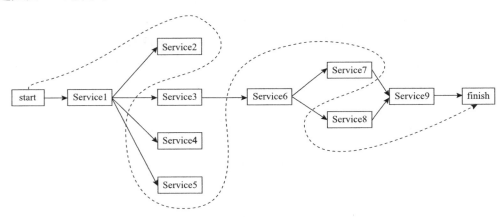

图 4-16　移动电站的业务流程及其资源传输顺序

图 4-16 中，曲线表示按串行调度规则获得的一种服务资源传输顺序，节点 start 和 finish 为虚拟业务活动，表示业务的开始和结束。Service1 到 Service9 分别表示移动电站的总体设计、动力系统设计加工、消声设备设计生产、车底改

装、联轴系统、装配、燃滑油系统、调节系统、调试等业务活动。$b_k(1 \leqslant k \leqslant 5)$ 分别表示哈尔滨东安发动机(集团)有限公司、透博梅卡(北京)直升机发动机贸易有限公司、哈尔滨城林科技股份有限公司、黑龙江北工专用车设备有限公司和中航工业航空动力控制系统研究所(614 所)。

表 4-2 为各服务资源的传输顺序在不同成员企业 $b_k(1 \leqslant k \leqslant 5)$ 上的服务费用(万元)和完工时间(天)。

表 4-2　服务费用和时间

参数	Service1		Service2		Service3		Service4		Service5		Service6		Service7		Service8		Service9	
	C	T	C	T	C	T	C	T	C	T	C	T	C	T	C	T	C	T
b_1	50	30	430	80	216	50	150	35	40	100	5	15	40	15	55	30	5	15
b_2			400	90	210	55	200	20	15	94			50	10	50	50		
b_3					200	60												
b_4			440	65	220	65	100	30			6	20						
b_5			380	120	220	70			20	90								

注：C 代表费用，T 代表时间

该实例的资源调度赋时 Petri 网模型及其初始标示如图 4-17 所示。其中变迁旁边的数字为服务的费用 c_{jk} 和时间代价 d_{jk}。

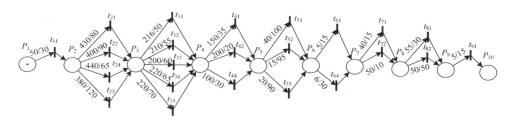

图 4-17　资源调度赋时 Petri 网模型

(2)资源调度模型求解。首先通过计算，把服务的费用和时间转化为 10 分制表示的评判条件(去量纲)，运用 MMAS 算法及关键路径法求解。优化服务路径时令蚁群人工蚂蚁数 $s = 9$(业务活动的个数)，选取信息素挥发系数 $\rho = 0.1$，$\alpha = \beta = 2$，$w_1 = 0.4$，$w_2 = 0.6$。

同时，可得时间最小算法、费用-时间算法、MMAS算法三个算法的结果对比，如表 4-3 所示。

表 4-3　最优资源传输路径

Service j	1	2	3	4	5	6	7	8	9	总时间	总费用
时间最小算法	Sp_{11}	Sp_{24}	Sp_{31}	Sp_{42}	Sp_{55}	Sp_{61}	Sp_{72}	Sp_{81}	Sp_{91}	180 天	1041 万元
费用-时间算法	Sp_{11}	Sp_{22}	Sp_{33}	Sp_{44}	Sp_{55}	Sp_{61}	Sp_{71}	Sp_{81}	Sp_{91}	180 天	875 万元
MMAS 算法	Sp_{11}	Sp_{22}	Sp_{33}	Sp_{44}	Sp_{55}	Sp_{61}	Sp_{71}	Sp_{81}	Sp_{91}	180 天	875 万元

　　由此可见，三种算法中，MMAS算法和费用-时间算法求得的费用比时间最小算法求得的费用降低了 166 万元，但总的完成时间不变，而且MMAS算法很容易扩展参数，与费用-时间算法相比更灵活。这既说明MMAS算法和费用-时间算法都能够保证时间尽可能短的情况下，费用更低，又说明采用MMAS算法能够得到优化的结果，其结果也与移动电站的实际资源配给、任务安排和合同签订是一致的。

4.8　本 章 小 结

　　合理、有效地利用有限的资源，是保障高技术虚拟企业得以存在进而提高经济效益和敏捷性的重要手段，尤其是当环境发生变化引起资源使用冲突或成员企业发生变化时，资源调度都直接影响高技术虚拟企业对高风险的判断和高投入的决定。然而，它也是一个困难的组合优化问题。

　　因此，本章在重点介绍各种资源调度模式的基础上，建立了适合高技术虚拟企业的两级分布式资源调度模式，分析了高技术虚拟企业资源调度的关键问题，制定了高技术虚拟企业调度资源的选择原则，深入研究了资源在高技术虚拟企业运行中的资源定价决策过程。基于二层规划理论，从高技术虚拟企业复杂系统层次结构的角度提出了一种交互式资源定价模型和混合粒子群优化算法，同时，从起始和运行阶段，研究了动态资源调度模型的建立，并对不同的调度模型给出了相应的资源调度策略，包括基于活动过程的调度策略、基于优先规则的调度策略和基于MMAS的调度策略。此外还提出了将Petri网、MMAS算法和关键路径法相结合的求解服务资源调度的方法，通过实例与时间最小算法、费用-时间算法比较，说明Petri网、MMAS和关键路径法相结合方法的有效性和可扩展性，在一定程度上实现了资源调度模型的动态性，为高技术虚拟企业实际进行资源调度提供参考。

第 5 章　高技术虚拟企业运行物流模式

物流被喻为促进经济发展的"加速器",被认为是国民经济发展的动脉和基础,其发展程度已经成为衡量一个国家现代化程度和综合国力的重要标志之一。高技术虚拟企业在高需求的前景下,面临着零部件、原材料采购价格和运输费用大幅上涨等诸多问题,物流成本控制便成为人们关注的焦点,如何选择适应自身发展的物流模式来改进物流运营效率,降低整体运作成本,提高物流服务水平和质量,已经成为高技术虚拟企业必须面对和亟待解决的关键问题。

5.1　物流模式基本问题

高技术虚拟企业中可能有专门从事物流业务的成员企业,也可能外包或成员企业自营物流。本章首先分析现有物流运行流程,对其物流模式进行比较,然后分析其逻辑结构及存在的问题,研究其组成要素以及各要素之间的相互作用关系,为后续具体高技术虚拟企业物流模式研究奠定坚实的基础。

5.1.1　物流业务流程分析

高技术虚拟企业物流业务流程与一般实体企业物流业务流程类似,主要涉及入库、领料及销售过程中所包含的主要物流运行过程。在入库业务流程中,采购到货后,由资源需求成员企业质检员填写检验单,检验合格后,由资源需求成员企业办理入库,若不合格则由资源需求成员企业的采购部牵头,技术中心与质检部共同评审后得出相应的结论,返回给供货成员企业。一般实体企业中的采购部与供货商等都是高技术虚拟企业中行使某一职能的成员企业。物流入库业务流程如图 5-1 所示。

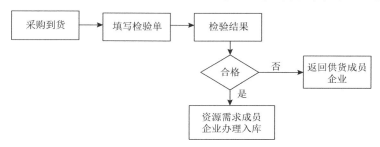

图 5-1　物流入库业务流程图

　　在物流出库业务流程中，由资源需求成员企业生产部填写领料单后，经过生产部部长以及仓库主管人员的审核，再由生产车间的领料员到物流中心(可以是高技术虚拟企业成员之一、第三方，也可以是成员企业自营物流中心)的仓库进行原材料的领取。物流中心的库管员在收到领料单后，按领料单上标明的种类及数量在规定时间内进行物料拣选，之后，将物料交给生产车间的领料员，同时双方在领料单上签字确认。物流出库业务流程如图5-2所示。

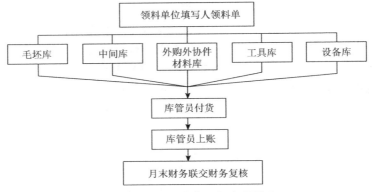

图 5-2　物流出库业务流程图

　　物流销售业务流程如图5-3所示，物流中心由发货小票判断发货具体去向，若发往客户，则需由物流中心库管员包装出库，同时填写销售出库单，之后由会计人员填写库存台账。若是发往其他成员企业，则应包装出库后填写出调拨单，之后由会计人员填写库存台账。

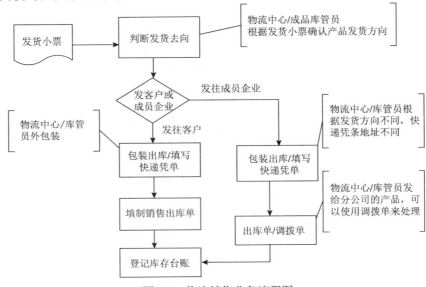

图 5-3　物流销售业务流程图

5.1.2　现有物流模式比较

考虑到高技术虚拟企业现有销售网络范围及自身能力，目前高技术虚拟企业物流模式总体上可以分为三大类：自营物流模式、第三方物流模式与自营物流模式和第三方物流模式相结合的混合联营物流模式。高技术虚拟企业主要根据运行物流网络的范围对物流模式进行划分。

1. 自营物流模式

高技术虚拟企业自营物流模式是指高技术虚拟企业成员中有物流企业，凭借物流成员企业自身能力，结合其他成员企业的物流需求，建立适合高技术虚拟企业自身的运行物流体系，从原材料的采购到产品的销售配送等全部物流业务由高技术虚拟企业各成员自营完成的一种物流模式。

对于高技术虚拟企业，采用自营物流模式可以以较快的速度解决物流活动管理过程中出现的问题，由于整个运行物流体系与高技术虚拟企业各成员关系紧密，能够灵活地满足高技术虚拟企业在物流业务上时间和空间的要求。但是，如果高技术虚拟企业全部采用自营物流模式，那么高技术虚拟企业必将耗费更多的时间和精力从事物流业务，导致物流成本过高，削弱产品的市场竞争能力。

2. 第三方物流模式

采用第三方物流模式的主要优势在于：高技术虚拟企业可以通过第三方物流企业提供的专业化服务降低物流成本，提高高技术虚拟企业整体的核心竞争力。与高技术虚拟企业自营物流模式相比，第三方物流模式可以提高高技术虚拟企业的运作柔性，更好地控制高技术虚拟企业物流运行，减少高技术虚拟企业的物流设备投入，使高技术虚拟企业更专注于核心业务的发展。由于第三方物流模式在组织企业的物流活动上更为专业，可以改进高技术虚拟企业物流服务水平和质量，增强高技术虚拟企业运作柔性。同时，通过采用第三方物流模式可以有效减少高技术虚拟企业的库存，更近一步节约其资金及存货费用，确保高技术虚拟企业的灵活反应能力。

但是，若高技术虚拟企业完全采用第三方物流模式，则会削弱高技术虚拟企业自身对物流运行过程的完全调控能力，并且没有办法及时解决配送过程中可能出现的问题。同时在与第三方合作过程中，高技术虚拟企业内部信息很容易被他人获取，如果高技术虚拟企业的内部信息被同行业其他企业获得，那么会对高技术虚拟企业产生不可想象的风险。因此，必须做好合作中的保密工作，维护高技术虚拟企业的利益。

3. 混合联营物流模式

很多高技术虚拟企业可能不会单纯采用自营物流模式或第三方物流模式，因为多数高技术虚拟企业的成员由于业务需要，都会拥有一部分物流基础设施和资源，结合成员企业自身物流能力水平，成员企业一般会选择将核心物流业务自营，将非核心物流业务承包给第三方物流企业，这种形式就是混合联营物流模式。经调查，我国高技术虚拟企业选择各物流模式的比例如表 5-1 所示。

表 5-1　物流模式使用比例

企业类型	自营物流模式	第三方物流模式	混合联营物流模式
工业企业	16%	31%	53%
商贸企业	43%	21%	36%

当采用混合联营物流模式之后，高技术虚拟企业既可以采取自营物流模式来提高内部核心环节控制程度，又能将简单的物流需求外包给第三方物流企业，从而达到降低企业物流成本、提高运行效率和服务质量等目的。因此，混合联营物流模式是一种较常用的物流模式。

对于高技术虚拟企业，无论选择哪种物流模式，都是由多方面因素共同决定的，需要考虑高技术虚拟企业内部环境、外部环境、第三方物流企业水平等一系列指标。因此，高技术虚拟企业物流模式是动态发展而并非静态不变的。

5.2　物流场体系构建

自从 Faraday 在物理学中第一次提出"场"的概念以来，Lewin[109]根据物理学的场论研究创新性地提出心理场理论，通过研究群体中个体行为与群体行为的关系分析心理场产生的原因。Nomura[110]以构建知识场来描述知识创新的具体过程。程红莉[111]对企业知识创造的场进行分析并对其进行相关的评价研究。张轶炳和李斌[112]根据场论的相关研究得出网络信息也具有量子特性。中国人民解放军后勤指挥学院王宗喜和徐东[113]撰写的《军事物流学》的出版，标志着物流场理论的形成。赵冰和王诺[114]借鉴场的概念和原理，构建物流场理论分析框架，对物资流动过程进行了场论分析，揭示了物资流动的机理，并运用物流场理论分析中东原油出口的地域流动情况。陈锦耀和宋荣利[115]基于军事运输在军事物流系统中的重要地位和作用，应用物流场理论从军事物流系统的角度分析了物流中心建设、物流场介质效应和物流动量守恒等方面对军事运输的影响，认为从物流系统的角度研究军事运输更具有根本性和全局性。张昕伟等[116]依据物流场模型，对我国现有的煤炭水运网络进行分析，建立了我国"北煤南运"运输网络模型。可见，将场论引入高技术虚拟企业运行物流领域，可以使人们从一个全新的角度分析高技术虚拟企业物流模式。

5.2.1　物流场范围界定

由于高技术虚拟企业运行过程中的物流活动与真空中点电荷所产生的静电场性质相类似，在高技术虚拟企业物流运行过程当中的物流量也有大小、速度、方向之分，由此根据物理学中的场引申出一个在理想条件下的简单模型来表达高技术虚拟企业物流场的各个数字表征量。真空中点电荷所产生的是一种不随时间变化而变化的静电场，物理学中称为有源无旋场，即恒定场。

如表 5-2 所示，高技术虚拟企业的实际物流与静电场在很多方面都是相似的，所以把高技术虚拟企业的实际物流运行过程看成物流场，运用场论来探讨高技术虚拟企业物流运行活动规律，有一定的科学理论依据，同时为高技术虚拟企业物流运行的整体量化描述提供了一种新的思路。

表 5-2　静电场、物流场与实际高技术虚拟企业物流的比较

静电场	物流场	实际高技术虚拟企业物流
点电荷	物流场源点 D_0	物流中心
电量 q	源点 D_0 的物流发生量 Q	物流中心的物流发生量
场强 E	物流场场强 E	单位时间内的物流发生量
电位 U	物流场场势 U	物流中心的物流能力
空间距离 r	运输距离 R	实际运输距离
电容率 ε	物流因子 k	

高技术虚拟企业的物流场是随时间变化而变化的，但如果按固定时间来观测高技术虚拟企业的物流场，该周期内物流场就不随时间变化而变化，那么高技术虚拟企业的物流场就满足恒定场的定义。

本书所研究的高技术虚拟企业物流场假定为恒定场，即有源无旋场。物流场的基本数字表征量主要有物流场力 F、物流场场强 E、物流场场势 U 等。

1. 物流场生成过程

将高技术虚拟企业运行物流活动中的各种相关要素映射到一个客观存在的空间区域中，根据物流场理论研究分析高技术虚拟企业物流活动的生成过程。可以将物流场理解为高技术虚拟企业所能辐射到的范围，在这个空间内所有高技术虚拟企业成员之间的一种相互影响并相互作用的媒介。

　　由于高技术虚拟企业运行物流活动的最终目标是实现物资在空间上的位移。从物流场的角度分析，物流即物资的供应地、需求地以及场内各种影响因素相互作用所形成的一种空间运动形式。在高技术虚拟企业物流动力和阻力共同作用下才导致物流场的生成，而高技术虚拟企业的物流动力是由供给地和需求地所产生的物流需求，物流阻力是高技术虚拟企业在进行物流活动过程中所产生的成本及费用。在二者的共同作用下会产生物流场的场迹线，该场迹线是从高技术虚拟企业的物流中心即物流场的物流源点指向物流终点的矢量，呈现扩散或收敛状，其长度为物流场的物流源点与物流终点之间的最短距离，即沿着物流场的场迹线流动的物资能够最快达到物流终点，如图5-4所示。但在高技术虚拟企业的实际运行物流过程中，物资不一定完全按照物流场场迹线运行，有时是按照固定方式流动，所以可将高技术虚拟企业物资流动的实际路线定义为物流场的场迹线。

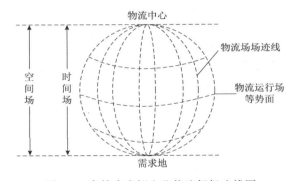

图 5-4　高技术虚拟企业物流场场迹线图

　　因此，高技术虚拟企业物流场的生成过程是：高技术虚拟企业物流中心即物流场的物流源点存在某种物资，其他地区的成员企业或客户对产品有需求，经过一系列物流活动到达物流终点即高技术虚拟企业产品的需求地，使得物流源点、物流终点两地之间产生物流场动力。

　　但在物流场场势作用下产生的物流需求仅是潜在物流需求，只有当物流场动力大于或等于它们之间某条物流场场迹线的物流阻力，这种潜在的物流需求才能转化为现实，高技术虚拟企业的物流运行活动才能生成。总之，高技术虚拟企业物流场的生成过程是以物流源点 D_0 为起点，物资向物流终点发生位移生成的。物流的生成是一个动态、复杂的过程，高技术虚拟企业物流场的生成过程如图 5-5 所示。

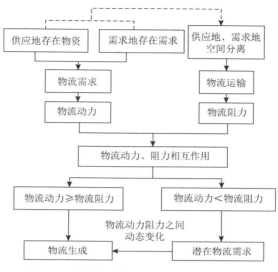

图 5-5　高技术虚拟企业物流场的生成过程

2. 物流场运行原则

为保证高技术虚拟企业的物流活动创造最大价值，高技术虚拟企业在物流场中需保证如下两个运行原则：

（1）物流向动力最大方向流动。确保高技术虚拟企业的物流会在物流场场势相差最大的物流场场迹线流动，以保证物资价值得到最大限度的利用。

（2）物流向阻力最小方向流动。争取高技术虚拟企业的物流运行会选择运行物流阻力最小、物流场场强 E 最大的物流场场迹线，以保证物流运行过程中损耗最小。

高技术虚拟企业物流运行过程中的阻力是影响高技术虚拟企业物资流动的主要因素。在确定物流源点 D_0 与物流终点的物流场场势 U 后，高技术虚拟企业的物流会选择阻力最小的物流场场迹线流动。由于物流场场迹线的物流阻力可以视为一种物流成本，物流运行阻力越大，高技术虚拟企业的物流成本就会越大，从而直接影响高技术虚拟企业的最终收益。

5.2.2　物流场体系建立

1. 物流场力

众所周知，物流是高技术虚拟企业物资从供给地向需求地的实体流动过程。而在场论中只有在力的作用下才会产生运动，所以肯定有一种力促使高技术虚拟企业的物资流动，在本书中将这种力定义为物流场力 F。这种力是由物资需求地的成员企业或客户对供应地物资的需求而产生的。物资在两地之间的效用差即驱动物资流动的潜在力量。设高技术虚拟企业的物流场力为 F，则

$$F=qE=k \cdot \frac{q \cdot Q_0}{R^2} \cdot n \tag{5-1}$$

其中，E 为 P 点的物流场场强；k 为物流因子；Q_0 为高技术虚拟企业物流场源点 D_0 的物流量；q 为高技术虚拟企业物流场中某点 P 的物流需求量；R 为距离高技术虚拟企业物流场源点的运输距离；n 为单位方向矢量，值的大小为 1，方向为物流运行方向。

2. 物流场场强

在物理学中，电场场强是描述电场电流强弱的物理量。同样，可以用物流场场强 E 来表达高技术虚拟企业物流中心物资流动的强弱。物流场场强能够直观地反映出物流场源点 D_0 与物流终点之间的任意一条物流场场迹线对物资的吸引。如果高技术虚拟企业某条物流场场迹线上的场强 E 较大，那么表明在这条物流场场迹线上存在较小的物流阻力，较大的物流动力，高技术虚拟企业的物流中心也会选择从这条物流场场迹线向需求地流动。而且由于场强 E 大的物流场场迹线对物资的吸引力较大，从这条场迹线通过的物流量也随之增大。因此，物流场场强还可以通过流经各条物流场场迹线的物流量来表达，也可将物流场的场强 E 视为高技术虚拟企业物流中心单位时间内的物流发生量。

设高技术虚拟企业物流场内物流中心的场强为 E，则

$$E=k \cdot \frac{Q_0}{R^2} \cdot n \tag{5-2}$$

其中，k 为物流因子；Q_0 为高技术虚拟企业物流场源点 D_0 的物流量；R 为距离高技术虚拟企业物流场源点的运输距离；n 为单位方向矢量，值的大小为 1，方向为物流运行方向。

3. 物流场场势

在物理学中，势能是指物体因为具有做功的能力而具有的能。在高技术虚拟企业的物流场中，同样存在着这种势能。这种由同样的物资在不同的地点带给人们的效用不同而导致的流动趋势定义为物流场势能。

物流场势能作为衡量高技术虚拟企业物流中心物流能力水平的指标，可以测度高技术虚拟企业物流场中每一节点物资流动趋势。需要注意的是，物流场势能会随着时间的变化而变化。因此，高技术虚拟企业物流中心的物流能力也会随之变化，高技术虚拟企业物资的流动方向会根据各物流源点与物流终点的物流场势能大小的改变做出相应调整。

设在一定时期内，高技术虚拟企业物流中心对某处需求地的物流能力为物流场源点 D_0 在某一点所具有的物流能力，即物流场场势为 U，则有

$$U = k \cdot \frac{Q_0}{R} \cdot n \tag{5-3}$$

其中，k 为物流因子；Q_0 为高技术虚拟企业物流场源点 D_0 的物流量；R 为距离高技术虚拟企业物流场源点的运输距离；n 为单位方向矢量，值的大小为 1，方向为物流运行方向。

物流场场强与物流场场势关系如图 5-6 所示。

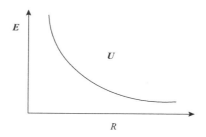

图 5-6　物流场场强与物流场场势关系图

4. 物流因子

高技术虚拟企业的日常物流运行过程中会受很多因素的影响，例如，高技术虚拟企业物流场内的物流设备基础、物流中心的作业能力、相关人员技术水平、物流信息流通等方面都会影响高技术虚拟企业物流运行的效率，同时这些因素也会影响物流场场强 E 和物流场场势 U 的变化，对高技术虚拟企业物流场造成一定的影响。

因此，高技术虚拟企业在研究物流场体系过程中，用物流因子 k 来量化各种影响因素，k 值往往随高技术虚拟企业物流中心及其他影响因素的变化而变化。当高技术虚拟企业采用不同的物流模式时，其 k 值将发生变化，即物流模式的柔性选择决定了 k 值的变化范围。

5.2.3　物流模式能力评估

通过构建高技术虚拟企业物流场体系可以得知，高技术虚拟企业运行物流能力的本质是物资在物流源点的物流势能与其在物流终点的物流势能的差值，即物流场场势。在对高技术虚拟企业物流场体系构建的基础上，可以利用物流场场势，即高技术虚拟企业物流模式能力评估模型来计量高技术虚拟企业物流中心即物流场源点 D_0 在某一供货地点所具有的物流能力。

根据式 (5-3) 可知，若要求出能力评估模型的具体结果，需要知道 k、Q_0、R 的具体范围。设某高技术虚拟企业发送的总产品数量及相关参数 $k = 0.7048$，$Q_0 = 45000$ 台，$R = 1500\text{km}$，则有

$$U = k \cdot \frac{Q_0}{R} \cdot n = 0.7048 \times 45000 \div 1500 = 21.144$$

由此可以得到该高技术虚拟企业物流模式的能力值为 21.144。通过构建高技术虚拟企业的物流模式能力评估模型，可以清楚地掌握高技术虚拟企业现有物流模式的运行能力，从而便于高技术虚拟企业管理者及时调整物流方案及管理方式。

5.3　物流模式柔性选择

5.3.1　物流模式选择原则

1. 运行效率最高原则

高技术虚拟企业在选择物流模式时以其为高技术虚拟企业带来的实际效果为导向，强调运行效率最高为原则，最大限度地利用高技术虚拟企业现有的物流基础设施、技术人员等物流资源，合理有效地进行高技术虚拟企业资源配置的优化，最大限度地发挥高技术虚拟企业对物流运行的管理职能。

2. 整体物流运行能力最大原则

在考虑物流运行效率最高的前提下，高技术虚拟企业要充分考虑到对物流运行管理的需求，在考虑自身条件的情况下最大限度地响应物流中心的物流需求，实现对高技术虚拟企业成员之间、高技术虚拟企业与顾客之间物流衔接通畅的有效支持，使高技术虚拟企业整体物流能力得到最大化发挥。

3. 结合自身实际情况原则

高技术虚拟企业在选择物流模式时，需要贴合自身发展情况，充分考虑自身的规模实力、自身现有物流能力、产品物流需求特征、自身所在行业的第三方物流企业能力水平等因素，确定哪些领域需要采用自营物流模式，哪些领域使用第三方物流模式，从而加强自身的核心竞争力。不能盲目依据个人经验或借鉴其他企业情况，而应该选择一个适合自身发展需求的物流模式。

5.3.2　选择评价指标体系

根据以上对高技术虚拟企业物流场体系的相关分析，在确定物流模式评估指

标体系的过程中应主要考虑成本、实力、技术、能力和环境五大因素。

1. 成本因素

成本因素主要考虑的是在满足物流需求的基础上运用各种方法和手段降低成本的能力，主要包括作业成本、运营成本和设备成本，其中作业成本又包括运输配送成本和仓储保管成本。

2. 实力因素

实力因素主要考虑高技术虚拟企业物流实际具体情况下，物流领域资源水平，即参与物流作业的人力资源、投资规模以及基础设施水平。

3. 技术因素

技术因素主要包括在高技术虚拟企业物流活动过程中所涉及的信息技术水平、技术设施水平和技术研发水平。

4. 能力因素

能力因素主要是指高技术虚拟企业的抗风险能力和物流服务水平，抗风险能力是指高技术虚拟企业抵抗市场风险、技术风险、投资风险等客观风险的能力。物流服务水平是指高技术虚拟企业完成基本物流作业的及时准确性、客户满意度以及服务效率。

5. 环境因素

环境因素包括政府政策及市场环境两方面，主要是指高技术虚拟企业物流中心所在区域的政策环境、资源基础、经济实力、消费水平等。

高技术虚拟企业的物流模式选择因素评价指标体系如图 5-7 所示。

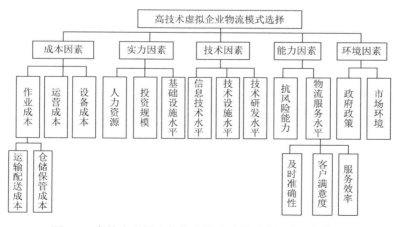

图 5-7　高技术虚拟企业物流模式选择因素评价指标体系

5.3.3　柔性选择云模型

云理论是李德毅和杜鹢[117]针对事物的不确定性在概率统计学和传统模糊数学等理论基础上提出的，以解决不确定性的语言值可随机性地转化为定量数值，达到定性定量二者之间自由转化的问题。其中的云模型是从不确定性人工智能发展而来的，是一种可以考虑随机性和模糊性的定性概念与定量数值之间新型转换的方法。在此基础之上，张目和周宗放[118]提出了一种改进的云重心评判法，可以更为准确地对评价指标进行评估。2012 年，曲文韬等[119]在侦察效能评估中引入云理论，通过实例与层次分析法得到的评估结果进行比较，结果表明云理论评判法对机载雷达侦察设备侦察效能可给出高可信度的综合评价，为装备的改进与提升提供可靠依据。同年，陈文静和张志伟[120]提出基于云理论的指挥系统效能评估方法，通过云模型的计算确定各个指标的权重，从而实现指挥系统效能评估。

云模型是某个定性语言表述概念与其定量数值之间的不确定性的转换模型，主要用期望 E_x、熵 E_n 和超熵 H_e 三个参数表征该模型。其中，用某个模糊概念的期望值 E_x 来确定云的重心位置。熵 E_n 表达的是对模糊概念的衡量范围，代表一个定性概念的可度量粒度，表示可以被定性概念接受的取值范围大小，即模糊度。超熵 H_e 表示的是云模型中云的厚度，是整个厚度的最大值，反映了云的离散程度。同时，超熵 H_e 是熵 E_n 的不确定性的度量，是熵的熵。由期望和熵两个数字特征，就能确定具有正态分布形式的云期望曲线方程。图 5-8 是由10000 个 E_x=0、E_n=1、H_e=0 的云滴表示的正态云模型。

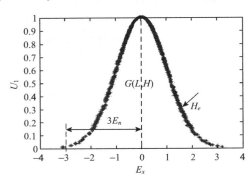

图 5-8　正态云模型示意图

基于云理论对高技术虚拟企业的物流模式进行柔性选择评估，可以有效弥补传统模糊集理论的不足，使最后的评估结果更加合理，并且由于最后评价结果为语言值，所以更容易理解。云重心评价方法是从云理论发展而来的，具体表示为 $G = L \times H$，其中 L 表示云重心位置，H 表示云重心高度。云重心评价方法能够确定出某一定性概念的期望值，即最能体现这一定性概念的值在该定性概念中所占的比重。

由正态分布的相关特点可了解到，高技术虚拟企业物流模式柔性选择云模型的期望值 E_x 就是云重心的位置 L，而云重心的高度 H 反映了云在系统中的权重值。n 维云重心的位置向量为 $L = \{E_{x1}, E_{x2}, \cdots, E_{xn}\}$，云重心的高度向量为 $H = \{h_1, h_2, \cdots, h_n\}$，其中 $h_i = w_i$，w_i 是第 i 项指标权重值。由于专家评价值的不同以及物流模式各个指标权重值的变化，云重心产生偏移，通过与理想云模型进行比较，可得出评估结果。

构建高技术虚拟企业物流模式选择评估云模型的具体过程如下。

1. 指标云化及指标状态值确定

在高技术虚拟企业确定整个评估指标体系之后，求取各个指标状态值可结合高技术虚拟企业物流管理人员的评价得出。应从大量的样本容量中抽取合适的样本容量以保证评估结果的准确。n 个定量数值型指标可以用一个一维云模型来表示。其模型的期望和熵分别表示为

$$E_x = (E_{x1} + E_{x2} + \cdots + E_{xn})/n \tag{5-4}$$

$$E_n = \frac{\max(E_{x1} + E_{x2} + \cdots + E_{xn}) - \min(E_{x1} + E_{x2} + \cdots + E_{xn})}{6} \tag{5-5}$$

当 n 个定性语言描述表示的指标出现时，也可以用一个一维云模型来表示。其模型的期望和熵分别为

$$E_x = \frac{E_{x1}E_{n1} + E_{x2}E_{n2} + \cdots + E_{xn}E_{nn}}{E_{n1} + E_{n2} + \cdots + E_{nn}} \tag{5-6}$$

$$E_n = E_{n1} + E_{n2} + \cdots + E_{nn} \tag{5-7}$$

然后根据高技术虚拟企业的实际情况采用相应的评价指标样本建立决策矩阵，对于存在双边约束 $[D_{\min}, D_{\max}]$ 的指标就可以用如下公式来表征。其中：

$$E_{xi} = (D_{\min} + D_{\max})/2 \tag{5-8}$$

$$E_{ni} = (D_{\max} - D_{\min})/6 \tag{5-9}$$

假设某一高技术虚拟企业选取 5 名专家对物流模式柔性选择的各个因素进行评价，对每个指标可用如表 5-3 所示的 5 种典型状态进行评价，经过统计和分析就可以得出高技术虚拟企业物流模式选择因素的各种不同状态。

表 5-3   高技术虚拟企业物流模式选择因素评价指标状态表

状态	语言评价值	量化范围
1	很差	(0,0.2]
2	差	(0.2,0.4]
3	一般	(0.4,0.6]
4	好	(0.6,0.8]
5	很好	(0.8,1.0]
理想状态	极好	1.0

根据高技术虚拟企业物流模式选择因素评价指标状态表的衡量标准进行指标的定性与定量转化,同时根据指标云化公式(5-4)~式(5-9)可得到各个指标云模型的期望值和熵。高技术虚拟企业的三种物流模式指标的具体数值如表 5-4 所示。

表 5-4   三种物流模式各个指标云模型的期望值和熵

参数			自营物流模式		混合联营物流模式		第三方物流模式	
			E_x	E_n	E_x	E_n	E_x	E_n
成本因素	作业成本	运输配送成本	0.38	0.067	0.5	0.067	0.58	0.033
		仓储保管成本	0.58	0.033	0.5	0.067	0.54	0.033
	运营成本		0.46	0.067	0.54	0.033	0.66	0.067
	设备成本		0.3	0.067	0.54	0.067	0.74	0.033
实力因素	人力资源		0.42	0.033	0.5	0.067	0.66	0.067
	投资规模		0.54	0.067	0.58	0.033	0.7	0.067
	基础设施水平		0.42	0.033	0.5	0.067	0.58	0.033
技术因素	信息技术水平		0.38	0.067	0.62	0.067	0.7	0.067
	技术设施水平		0.46	0.067	0.5	0.067	0.7	0.067
	技术研发水平		0.38	0.067	0.54	0.067	0.66	0.067
能力因素	物流服务能力	抗风险能力	0.66	0.067	0.74	0.067	0.54	0.033
		及时准确性	0.34	0.033	0.5	0.067	0.66	0.067
		客户满意度	0.38	0.033	0.58	0.033	0.7	0.067
		服务效率	0.5	0.067	0.58	0.033	0.74	0.067
环境因素	政府政策		0.58	0.067	0.58	0.033	0.58	0.033
	市场环境		0.58	0.067	0.58	0.033	0.58	0.033

2. 确定评估指标参数权重

有很多方法可以确定各指标参数的权重，如专家打分法、德尔菲法、层次分析法等。本书采用层次分析法确定高技术虚拟企业物流模式各个评估指标的权重，是因为层次分析法可以根据问题的性质和要达到的目标分解出问题的组成指标因素，并按指标因素间的相互关系将指标层次化，组成一个层次结构模型，然后按层分析，最终获得最低层指标对于最高层总目标的重要性权值，因而层次分析法具有较强的准确性。由于篇幅所限这里不再赘述其过程。利用层次分析计算软件所得到的详细结果如表 5-5～表 5-12 所示。

顶层判断矩阵一致性比例为 0.0973，对总目标的权重为 1.0000。

表 5-5　顶层层次分析法计算结果

物流模式选择	成本因素	能力因素	技术因素	实力因素	环境因素	w_i
成本因素	1.0000	7.0000	4.0000	5.0000	9.0000	0.5192
能力因素	0.1429	1.0000	0.2000	0.3333	4.0000	0.0648
技术因素	0.2500	5.0000	1.0000	4.0000	9.0000	0.2666
实力因素	0.2000	3.0000	0.2500	1.0000	6.0000	0.1219
环境因素	0.1111	0.2500	0.1111	0.1667	1.0000	0.0274

成本因素的判断矩阵一致性比例为 0.0735，对总目标的权重为 1.0000。

表 5-6　成本因素层次分析法计算结果

成本因素	作业成本	运营成本	设备成本	w_i
作业成本	1.0000	7.0000	4.0000	0.6955
运营成本	0.1429	1.0000	0.2500	0.0754
设备成本	0.2500	4.0000	1.0000	0.2290

实力因素的判断矩阵一致性比例为 0.0735，对总目标的权重为 0.1219。

表 5-7　实力因素层次分析法计算结果

实力因素	人力资源	投资规模	基础设施水平	w_i
人力资源	1.0000	0.1429	0.2500	0.0754
投资规模	7.0000	1.0000	4.0000	0.6955
基础设施水平	4.0000	0.2500	1.0000	0.2290

技术因素的判断矩阵一致性比例为 0.0961，对总目标的权重为 0.2666。

表 5-8 技术因素层次分析法计算结果

技术因素	信息技术水平	技术研发水平	技术设施水平	w_i
信息技术水平	1.0000	0.1667	0.1429	0.0668
技术研发水平	6.0000	1.0000	0.3333	0.2926
技术设施水平	7.0000	3.0000	1.0000	0.6406

能力因素的判断矩阵一致性比例为 0.0000，对总目标的权重为 0.0648。

表 5-9 能力因素层次分析法计算结果

能力因素	抗风险能力	物流服务能力	w_i
抗风险能力	1.0000	5.0000	0.8333
物流服务能力	0.2000	1.0000	0.1667

环境因素的判断矩阵一致性比例为 0.0000，对总目标的权重为 0.0274。

表 5-10 环境因素层次分析法计算结果

环境因素	政府政策	市场环境	w_i
政府政策	1.0000	0.2000	0.1667
市场环境	5.0000	1.0000	0.8333

作业成本的判断矩阵一致性比例为 0.0000，对总目标的权重为 0.3611。

表 5-11 作业成本层次分析法计算结果

作业成本	运输配送成本	仓储保管成本	w_i
运输配送成本	1.0000	5.0000	0.8333
仓储保管成本	0.2000	1.0000	0.1667

物流服务能力的判断矩阵一致性比例为 0.0904，对总目标的权重为 0.0108。

表 5-12　　物流服务能力层次分析法计算结果

物流服务能力	客户满意度	及时准确性	服务效率	w_i
客户满意度	1.0000	5.0000	8.0000	0.7334
及时准确性	0.2000	1.0000	4.0000	0.1991
服务效率	0.1250	0.2500	1.0000	0.0675

其最后指标权重结果如表 5-13 所示。

表 5-13　　物流模式选择因素指标权重结果

备选方案	w_i
运输配送成本	0.3010
仓储保管成本	0.0602
运营成本	0.0392
设备成本	0.1189
人力资源	0.0092
投资规模	0.0848
基础设施水平	0.0279
信息技术水平	0.0178
技术设施水平	0.1708
技术研发水平	0.0780
抗风险能力	0.0540
及时准确性	0.0021
客户满意度	0.0079
服务效率	0.0007
政府政策	0.0046
市场环境	0.0228

为便于计算，本书所有数据保留到小数点后三位，即
$$w_i = (0.301, 0.060, 0.039, 0.119, 0.009, 0.085, 0.028, 0.018,$$
$$0.171, 0.078, 0.054, 0.002, 0.008, 0.001, 0.005, 0.023)$$

3. 计算加权偏离度

假设在理想条件下，n 维云重心向量的位置 $\boldsymbol{L}^0 = (E_{x1}^0, E_{x2}^0, \cdots, E_{xn}^0)$，云重心的高度 $\boldsymbol{H}^0 = (w_1, w_2, \cdots, w_n)$。那么，在理想条件下的云重心向量为 $\boldsymbol{G}^0 = \boldsymbol{L}^0 \times \boldsymbol{H}^0 = (E_{xi}^0 \times w_i)$。而在现实条件下，$\boldsymbol{G} = \boldsymbol{L} \times \boldsymbol{H} = (E_{xi} \times w_i)$。将 $\boldsymbol{G}$ 归一化后得到 $\boldsymbol{G}' = \{G_1', G_2', \cdots, G_n'\}$，其中

$$G_i' = \begin{cases} (G_i^0 - G_i) / G_i^0, & G_i < G_i^0, \\ (G_i - G_i^0) / G_i, & G_i \geqslant G_i^0, \end{cases} \quad i = 1, 2, \cdots, n \tag{5-10}$$

于是在理想条件与现实条件下云重心的差异可用加权偏离度 θ 来衡量。将归一化后的指标向量值乘以各自的权重值再求和，取平均值之后便可得到加权偏离度 θ 的值，即

$$\theta = \sum_{i=1}^{n} (G_i' \times w_i) \tag{5-11}$$

根据云重心 $\boldsymbol{G} = \boldsymbol{L} \times \boldsymbol{H}$，假定理想条件下云高度均为 1，那么在理想条件下高技术虚拟企业物流模式选择因素评价指标的综合云重心向量为

$\boldsymbol{G}^0 = \boldsymbol{L}^0 \times \boldsymbol{H}^0 = (0.301，0.060，0.039，0.119，0.009，0.085，0.028，0.018，$
$\qquad\qquad 0.171，0.078，0.054，0.002，0.008，0.001，0.005，0.023)$

而在现实条件下，高技术虚拟企业自营物流模式的综合云重心向量为

$\boldsymbol{G}^1 = (0.114，0.035，0.018，0.036，0.004，0.046，0.012，0.007，0.079，$
$\qquad\qquad 0.030，0.036，0.001，0.003，0.001，0.003，0.013)$

在现实条件下高技术虚拟企业混合联营物流模式的综合云重心向量为

$\boldsymbol{G}^2 = (0.151，0.030，0.021，0.064，0.005，0.049，0.014，0.011，0.086，$
$\qquad\qquad 0.042，0.040，0.001，0.005，0.001，0.003，0.013)$

同理可得，高技术虚拟企业第三方物流模式的综合云重心向量为

$\boldsymbol{G}^3 = (0.175，0.032，0.026，0.088，0.006，0.060，0.016，0.013，0.120，$
$\qquad\qquad 0.051，0.029，0.001，0.006，0.001，0.003，0.013)$

根据式(5-10)和式(5-11)将所得到的三种综合云的重心向量进行归一化。这样，就可以用加权偏离度 θ 来衡量理想状态与现实状态下云重心的差异情况。则自营物流模式的加权偏离度 $\theta_1 = 0.4802$，混合联营物流模式的加权偏离度 $\theta_2 = 0.3997$，第三方物流模式的加权偏离度 $\theta_3 = 0.2952$ [121]。

4. 分析评估结果

采用由 11 个评语所组成的评语集：

$$V = (v_1, v_2, \cdots, v_{11}) = (\text{无，非常差，很差，较差，差，一般，好，较好，很好，}$$
$$\text{非常好，极好)}$$

　　将高技术虚拟企业物流模式的理想状态视为好，则加权偏离度 θ 的值越小表示当前态势与理想态势越接近，反之则表示与理想状态的差异越显著。将之前所给出的评语集 V 放在连续的语言值标尺上，并且将每个评语值都用云模型来实现，从而构成一个定性评测的云发生器。其中横轴表示的是去量纲后的加权偏离度 θ 值，即高技术虚拟企业专家评语的量化范围，纵轴是云重心位置，波形最高值表示评语隶属程度最高，之后隶属度会逐渐递减为零到相邻的评语，如图 5-9 所示。

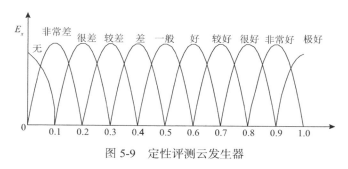

图 5-9　定性评测云发生器

　　由加权偏离度 θ_1、θ_2、θ_3 可知最终评估结果即物流因子 k 的值分别为 0.5198、0.6003、0.7048。将结果输入定性评测的云发生器，根据定性评测云发生器的评估，三种物流模式的具体情况如表 5-14 所示。

表 5-14　三种物流模式的评价结果

参数	自营物流模式	混合联营物流模式	第三方物流模式
评估值	0.5198	0.6003	0.7048
等级	介于一般和好之间，趋向于好	介于好和较好之间，趋向于较好	介于较好和很好之间，趋向于很好

　　由此可知，根据该例中高技术虚拟企业现有情况，应选择第三方物流模式。而所得结果与实际情况也是符合的。

5.4　物流中心流程优化

　　国外物流发展迅速，各项高技术在物流中应用得淋漓尽致，以此提高物流自动化水平。这些发达国家的物流注重基础设施建设，其在物流设备与技术等硬件设施的研发上投入大量人力和资金，追求物流技术应用多样化。最具代表性的主要是美国、欧洲和日本，利用高技术手段辅助提高物流配送效率，如建立自动化仓库、物流信息系统等。物流服务商选择方面采用最新的第四方物流战略，注重择优选择供应商，充分发挥供应链管理系统效用，与合作伙伴建立良好的战略联盟关系以获得共赢[122]。在物流模式上，欧美企业大都采用国际市场本土化的经营策略，在不同地域选择不同的物流模式，有些地方建立自有物流网络，有些地方承包给当地大型物流服务商，并雇佣当地管理者及员工，在扩展销售网络覆盖面积的同时保证合理的物流模式，而日本物流主要呈现高度集中化的网络覆盖形式，以便及时准确地掌握物资情况[123]。

自从 2003 年沃尔玛公司开始在整个供应链的运行过程中应用无线射频识别（radio frequency identification，RFID）技术进行优化以来，RFID 在物流及供应链管理领域的应用便开始得到全世界的广泛关注[124]。由于 RFID 技术具有无须接触货物本身便可进行信息读取及更改的优势，还可以对货物进行实时跟踪，近年的应用范围不断扩大。因为看到了 RFID 技术的应用前景，各国对其设备及技术的研发力度逐步加大。美国对 RFID 技术的研发投入很多，在政府及各大企业的大力支持下，他们不仅开发 RFID 芯片、标签机阅读器，还将大量资金用于研发其配套设施及技术。欧洲主要研究开发电子标签和多频段读写器，使其在不同领域支持更多系统的运作。日本在 RFID 技术研发领域已取得国际先进地位，近年日本将注意力转向 RFID 技术咨询，为引入 RFID 技术的企业提供整套的产品及技术解决方案。此外，国外学者对于 RFID 技术在物流及供应链中的应用也有颇多研究，例如，Vijayaraman 和 Osyk[125]利用 RFID 技术对物流仓储过程进行优化，以期达到仓库的合理利用及信息的快速采集；Yahia[126]研究了基于 RFID 技术的供应链仿真系统，并对物流配送业务进行了优化。

与国外一些发达国家相比，我国物流发展起步较晚，且管理方式比较落后。已建成独立物流中心的企业大都采用传统的物流管理方法，即半自动化物流模式，导致物流作业效率较低，甚至有些企业以手工录入和扫码的方式记录烟草物资的出入库信息及库存信息。但是，条形码极易破损和污染，导致货物信息准确率低、操作随意性大、货品丢失及破损严重、劳动力成本高等现象发生。随着RFID 技术在国外各个领域的广泛应用，我国对于 RFID 技术的研究也在不断深入，对于 RFID 相关设备与技术的研发取得了较大突破。不仅自主研发电子标签、芯片、天线等RFID 产品，还研究设计出多种集成管理技术和信息平台[127]。近年 RFID 技术在国内外的研究趋于成熟，其应用成本也随之降低。RFID 技术利用其快速读取、实时跟踪的优势将实现整个供应链上商流、物流、信息流、资金流的有效掌控。由此可见，RFID 技术在物流领域的应用已得到广泛认可。

高技术虚拟企业物流中心与第三方物流企业物流中心流程类似，现以生产某种高技术产品项目而组建的高技术虚拟企业物流中心为例来说明物流中心流程优化问题。

5.4.1　物流中心作业流程与存在的问题

经过几年的发展，我国的物流配送体系经历了多次改进，已经逐步向科学、有效、合理等方面发展和完善。随着我国市场化改革的深入以及现代化信息技术的迅速蔓延，高技术虚拟企业的物流中心应在现有的物流体系基础上不断得到研究，以随时适应国内外环境的变化。

1. 物流中心布局

注重精益生产的该高技术虚拟企业物流中心是集仓储、分拣、配送于一体的物流配送中心，以"分拣到件，配送到户"为运营模式，以"当日订单当日处理"为管理方式，以"最短响应时间，最大客户满意度"为服务宗旨，为客户提供最完整的高技术产品存储与配送服务。其具体物流中心的布局如图 5-10 所示。

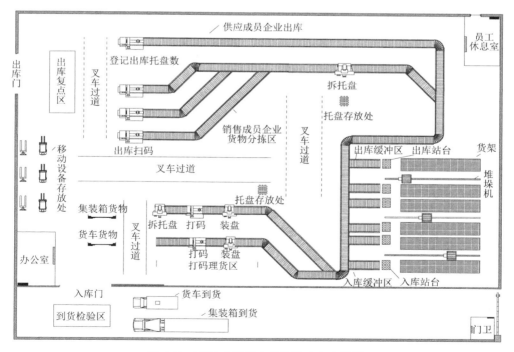

图 5-10　高技术虚拟企业物流中心布局图

根据该高技术虚拟企业物流中心布局图可知，物流中心将作业区域分为六部分，即到货检验区、入库理货区、货物存储区、出库分拣区、出库复点区和移动设备存放处。

(1)到货检验区。负责对集装箱与货车所到货物进行检查，合格后组织叉车卸货。

(2)入库理货区。由打码理货区和入库缓冲区组成，负责对等待入库的货物进行拆、装托盘，扫描条码，分类上架等操作。

(3)货物存储区。负责存储高技术产品货物并定期盘点。

(4)出库分拣区。由供应成员企业出库区和销售成员企业货物分拣区组成，主要根据订货单对所出库高技术产品进行分类、拣选，并扫码、登记出库信息。

(5)出库复点区。对准备出库的高技术产品进行再审核，信息审核无误后允许出库。

(6)移动设备存放处。停放叉车及手推车等设备。

2. 物流中心作业流程

高技术虚拟企业物流中心的作用是按照客户需求，实现货物从供应成员企业到生产成员企业再到销售成员企业的流动，其中包括高技术产品的入库、搬运、存储、盘点、分拣、出库、配送等作业环节。该实例的物流中心整体作业流程如图 5-11 所示。按照高技术产品在物流中心的流动顺序，本书将整个作业流程分为入库流程和出库流程两部分。

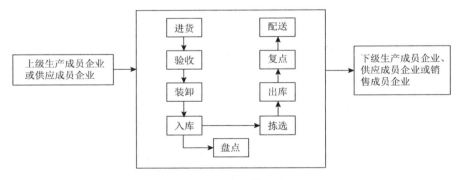

图 5-11　物流中心作业流程图

(1)入库流程。高技术产品货物以两种方式到达物流中心，分别为以托盘为单位的集装箱式到货和以箱为单位的货车式到货。两种到货方式在高技术产品装载量与扫码步骤两点有所不同，入库流程方面基本一致。入库流程如图 5-12所示。

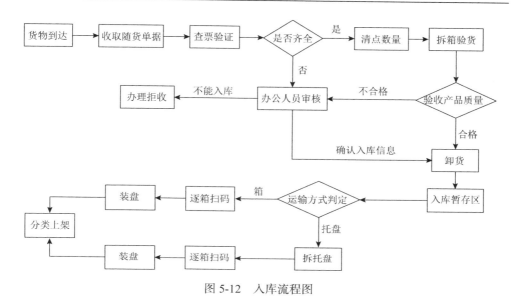

图 5-12　入库流程图

①货物入库检验。高技术产品货物到达到库检验区，验收人员对货物进行验收，包括收取随货单据，检查票证是否齐全，货物数量与种类是否正确，并进行随机抽查，抽取一定数量的产品进行开箱检验，查看是否有损坏及真伪信息等，若不合格，则提交办公人员审核，办理拒收。②卸货。质量验收合格后组织人员与叉车进行卸货。集装箱货物卸货后由叉车运送至仓库入库暂存区，货车货物卸货后由手推车推至仓库入库缓冲区。③运输方式判定。对等待入库的货物进行运输方式判定，由于集装箱装载的货物以托盘为单位，入库扫码时需要进行拆装托盘的动作，扫码后重新装盘；货车以整箱运输，因此无须拆装托盘，可直接扫码，然后装盘。④分类上架。根据库位分配表将入库货物分类上架。

（2）出库流程。物流中心作为高技术虚拟企业的产品物资集散中心，除了承担销售成员企业的物资储备与配送，还负责下级生产成员企业或二级供应成员企业的物资储备与配送。因此，本书描述的出库流程包括销售成员企业出库和二级供应成员企业出库。高技术虚拟企业物流中心对销售成员企业实行"分拣到件，配送到户"的运营模式，以件为单位，进行打包整箱运输。二级供应成员企业因订货量大，可进行整托盘运输。两种出库方式在货物分拣环节有差别，总体出库流程基本相同。出库流程如图 5-13 所示。

①缺货检验。根据订单的时间顺序制定出库领货单，并调验库存信息，若出现缺货现象，则交由办公人员审核，选择修改订单并重新生成领货单，或退回订单。②拣选单生成。确认出库领货单后，打印储位明细表，进行货物拣选。③成

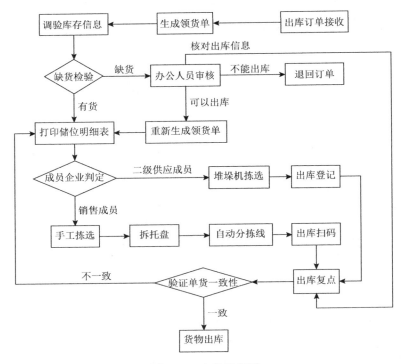

图 5-13　出库流程图

员企业判定。准备出库的货物分为两类，一类是二级供应成员企业货物，另一类是销售成员企业货物。二级供应成员企业货物由堆垛机进行拣选，销售成员企业货物由工作人员根据领货单进行手工拣选，拣选出的货物放在出库站台。④按户分拣。二级供应成员企业货物扫码登记后进入出库复点区等待。销售成员企业货物进行拆托盘操作后进入分拣流水线上进行分拣，打码登记出库信息，之后从不同格口处自动进入装箱，由工作人员粘贴销售成员企业信息标签，贴好标签的货物根据送货员的送货线路集中存放在出库复点区等待。⑤出库复点。根据出库信息及标签信息，复点员进行核对，复点审核无误后货物出库。

3. 物流中心存在的问题

根据以上该高技术虚拟企业物流中心作业流程图可以看出，物流中心的运作过程为顺序型作业，一个环节发生拥堵将导致整体作业时间增加。通过调研发现物流中心在实际运作过程中有以下现象存在：

（1）车辆在入库检验区出现排队等待现象。装有箱体的货车及装载托盘的集装箱车辆每日随机到达物流中心，车辆到达后需对货物进行检验。但检验区经常出现车辆排队等待现象，检验效率较低。

（2）工作人员及移动设备利用率过高。物流中心工作人员除每日固定工作 8 小时以外，还经常出现加班现象。叉车、手推车等设备由于使用率过高，经常需要维修。

（3）存货统计准确率低。在进行出入库作业、分拣及盘点作业时，均需扫描物品条形码。但由于条形码易污染、易破损，读取数据不充分。且条形码的读取多为人工操作，还存在操作失误导致统计不准确等现象，从而影响存货统计准确性。

（4）盘点数量存在较大误差。当货物进行盘点操作时，经常出现实际货物种类、数量与库存系统的不一致，并且原因很难查明。可能是盘点人员出现错误，可能是库位摆放错误，也可能是入库操作录入信息错误。对这类问题寻求原因耗时严重。

（5）出库订单缺乏时效性。在接到二级供应成员企业或销售成员企业订货电话后，物流中心根据订货种类及数量组织人员进行拣选，拣选后的货物进入不同的分拣传送带传输，之后复点并配送。由于从接到订单到货物出库花费的时间长，容易导致销售成员企业出现断货现象，造成经济损失。

（6）劳动力成本过高。物流中心工作强度大，除了需要支付员工工资外，还需额外补偿加班费，如此高额的劳动成本成为高技术虚拟企业物流中心存在的严重问题。

5.4.2　物流中心模拟仿真

1. 物流中心仿真方法选择

按模型的不同，物流中心仿真方法可以分为连续事件系统仿真和离散事件系统仿真。连续事件系统仿真是指输入的模型变量随时间变化连续发生变化；离散事件系统仿真是指输入的模型变量在一些离散的时间点上瞬时变化。按仿真实现的方法与手段划分，物流中心仿真方法可以分为物理仿真和数值仿真。物理仿真以模型的物理性质和几何形状为依据，多用于描述系统内部特性；数值仿真用数学的方法再现原型的功能或结构的特征。

通过上面对所举实例的物流中心运行现状的分析可知该物流中心主要负责高技术产品的存储与配送，是实现高技术产品从生产成员企业向销售成员企业转移的过程。其中入库、搬运、存储、盘点、分拣、出库、配送等作业流程均属于离散作业，因此对高技术虚拟企业物流中心作业流程的仿真属于离散事件系统仿真。对于离散事件系统仿真，可选择的仿真方法及其优势如表5-15所示。

表 5-15　仿真方法比较

仿真方法	维度	应用领域	仿真效果
Arena	二维	分别控制对象的动态、静态过程	仿真模拟效果较差
MATLAB	三维	拥有丰富的数据类型和结构，庞大的数学数据分析资源	无法对作业环节各实体进行仿真，只能将仿真模拟效果以图、线、表形式呈现
Automod	三维	工业企业物料搬运系统	只能以线框模型形式呈现
eM-Plant	三维	企业生产物流的仿真	只能以线框模型形式呈现
Witness	三维	多用于流程系统仿真过程	具有较为简易的操作系统，即使在计算机配置不高的情况下也能灵活使用
Flexsim	三维	物流管理、城市交通规划等	涵盖了企业实际物流运作中所有设备、工具和人员

上述仿真方法均有各自优势，但也存在各自的不足之处。本书对高技术虚拟企业物流中心作业流程的仿真选择Flexsim系统仿真方法，该方法是一种面向对象的可视化仿真方法。Flexsim具有强大的三维显示功能，因此决策者可从任何角度直观地观测仿真效果，并可以在仿真过程中随时终止仿真，以调整观看角度。Flexsim还具有建模、调试操作简便的优势，在建立仿真模型过程中，只要用鼠标将所需实体拖拽进入建模界面中，并根据想要达到的仿真效果对各模型实体进行参数设置即可，摒弃了传统仿真耗费大量人力、时间对模型进行后台编译的方法。Flexsim仿真方法的强大功能不仅如此，它还提供数据拟合、仿真运行控制、仿真模型优化等功能，并且具有良好的扩展性和第三方软件融合性，Flexsim对特定行业或功能进行仿真时可以利用C++或函数进行编译，还可以与Word、Excel、Visio、3DMAX等软件融合，以此提高仿真便利性[128]。

2. 物流中心仿真建模步骤

对于高技术虚拟企业物流中心的仿真属于离散事件系统仿真，应用Flexsim系统仿真方法对其进行仿真建模的基本步骤为：确定仿真目标与假设、定义对象流程、模型界面布局、逻辑关系建立、模型编译与参数设置、仿真模型运行、仿真结果输出。

(1)确定仿真目标与假设。通过对高技术虚拟企业物流中心的实地调研，了解物流中心运行现状，根据物流中心存在的不同问题制定相应的仿真目标。仿真目标的确立是仿真模型构建的基础与方向。仿真假设是对模型中复杂问题的抽象，将模型实体操作理想化，从而简化仿真建模过程，使仿真方法能够顺利进行。

(2)定义对象流程。Flexsim是一种面向对象的仿真方法，在对高技术虚拟企业物流中心整体作业流程进行仿真时，根据人员、设备、动作等不同对象所代表的含义，在仿真模型中选用合适的实体和方法进行定义。

（3）模型界面布局。在仿真目标与对象流程确立的基础上，建立仿真模型。从实体库中拖拽所需实体进入模型界面，根据高技术虚拟企业物流中心布局及流程摆放相应实体，既要简化模型构造的烦琐程度，也要保证仿真的效果。

（4）逻辑关系建立。建立仿真模型后，根据高技术虚拟企业物流中心作业流程确立各实体间的逻辑关系，并通过"A"及"S"连接方式对端口进行有序连接。

（5）模型编译与参数设置。进行连接后的仿真模型基本仿真流程已确立，之后需根据各模型实体所需实现的特定功能对其进行编译，并根据调研实时数据的收集与统计，分析拟合得到所需数据分布函数。

（6）仿真模型运行。仿真模型建立完成后，重置模型设置，使模型回到初始状态，即"0"时刻。运行模型，观测仿真效果。

（7）仿真结果输出。仿真模型运行完毕后，可单独查看各模型实体利用率、空闲率、运行时间等情况，也可以输出模型整体仿真结果统计报表，包括汇总报表和状态报表。

3. 基于 Flexsim 的物流中心仿真模型建立

基于 Flexsim 的物流中心仿真模型建立步骤如下。

（1）仿真目标确定。以高技术虚拟企业物流中心现有作业流程为原型进行建模，通过对订单处理时间，货物平均等待时间，等待队列长度，人员、设备工作时间及利用率等数据的统计，找出高技术虚拟企业物流中心作业流程中的拥堵环节。

（2）仿真假设。建立仿真模型时，需要对复杂的问题简单化处理，对具体的问题抽象化。本书在对高技术虚拟企业物流中心进行建模时，设定如下假设条件：①物流中心的到货方式为集装箱到货和货车到货两种，本模型只模拟货物的到货动作及数量，不对货物出处及种类进行区分。②货物到达时所有货物均无破损，且不存在缺货现象。③所有设备均不考虑故障与维修，处于连续工作状态。④工作人员素质无差异，并处于连续工作状态，且行走路线均为直线。⑤作业时间为 8：00 到 17：00，其中有 1 小时午休时间，即每天工作 8 小时。设置仿真模型终止工作时间为 28 800s，多次运行模型并记录结果。

（3）模型对象定义。①入库模块对象的定义。高技术虚拟企业物流中心入库模块包括车辆到达、货物验收、卸货、货物条码扫描及分类上架。②出库模块对象的定义。高技术虚拟企业物流中心出库模块包括出库订单接收、出库领货单生成与拣选、出库货物分拣、出库货物复点。

（4）仿真模型构建。根据高技术虚拟企业物流中心布局与出入库流程构建基于 Flexsim 的仿真模型，如图 5-14 所示。

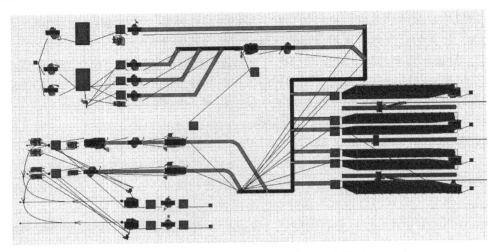

图 5-14　高技术虚拟企业物流中心仿真模型

（5）仿真参数设置。由于本书所涉及作业环节较多，每个作业环节所涉及的数据多为随机数据。在建立模型过程中，将物流中心作业流程作为排队模型进行仿真，通过对物流中心实时数据收集及分析，并拟合得到分布形式。令货车到货时间间隔与销售成员企业订单间隔 x 在区间 $[a,b]$ 内服从均匀分布：

$$F(x) = \frac{x-a}{b-a}, \quad a \leqslant x \leqslant b \tag{5-12}$$

即 x 服从 $[a,b]$ 上的均匀分布，记为 $x \sim \text{Uniform}(a,b)$。

令集装箱到货时间间隔与二级供应成员企业订单间隔 x 在区间 $[a,b]$ 内服从指数分布：

$$f(x \mid \lambda) = \begin{cases} \lambda \mathrm{e}^{-\lambda x}, & x \geqslant 0 \\ 0, & x < 0 \end{cases} \tag{5-13}$$

其中，$\lambda > 0$ 是一个分布参数，即 x 服从 $[a,b]$ 上的指数分布，记为 $x \sim \text{Exponential}(\lambda)$。

令送货车装载量、验收时间、叉车装卸时间等随机变量 x 在区间 $[a,b]$ 内服从三角分布：

$$f(x \mid a,b,c) = \begin{cases} \dfrac{2(x-a)}{(b-a)(c-a)}, & a \leqslant x \leqslant c \\[2mm] \dfrac{2(b-x)}{(b-a)(b-c)}, & c < x \leqslant b \end{cases} \tag{5-14}$$

即 x 服从 $[a,b]$ 上以 a 为下限、c 为众数、b 为上限的三角分布，记为 $x \sim \text{Triangular}(a,c,b)$。

通过以上分析，在仿真模型中对每个环节所对应的模型实体及参数进行设置，结果如表 5-16～表 5-18 所示。

表 5-16　入库作业相关数据

实际操作	Flexsim模型实体	参数设置
集装箱到货时间间隔	Source	Exponential(48)min
货车到货时间间隔	Source	Uniform(26,28)min
集装箱装载量	Separator	Triangular(15,20,25)盘
货车装载量	Separator	Triangular(240,280,400)箱
集装箱货物验收时间	Processor	Triangular(15,24,32)min
货车货物验收时间	Processor	Triangular(12,19,27)min
卸货叉车装载货物时间	Transporter	Triangular(60,100,140)s
卸货叉车卸载货物时间	Transporter	Triangular(5,10,15)s
入库叉车装卸时间	Transporter	Triangular(5,10,15)s
手推车装卸货物时间	Transporter	Triangular(1.5,2.5,3.5)s

表 5-17　出库作业相关数据

实际操作	Flexsim模型实体	参数设置
销售成员企业订单间隔	Source	Uniform(25,29)min
二级供应成员企业订单间隔	Source	Exponential(36)min
销售成员企业订单数量	Separator	Triangular(140,180,230)箱
二级供应成员企业订单数量	Separator	Triangular(6,7,8)盘
货物拣选时间	Combiner	Triangular(4,5,7)min
销售成员企业出库登记托盘数	Processor	5 盘
二级供应成员企业出库扫码登记数量	Processor	Triangular(80,120,200)盘
销售成员企业出库扫码数量	Processor	2 盘
出库叉车装卸时间	Transporter	Triangular(5,10,15)s
出库推车装卸时间	Transporter	Triangular(5,10,15)s
销售成员企业货物出库复点时间	Processor	Triangular(15,20,27)s
二级供应成员企业出库复点时间	Processor	Triangular(60,80,100)s

表 5-18　其他相关数据

实际操作	Flexsim模型实体	参数设置
机械手移动速度	Robot	1.5m/s
扫码时间	Processor	2s
操作员行走速度	Operator	1m/s
叉车运行速度	Transporter	2m/s
堆垛机运行速度	ASRS Vehicle	1m/s
传送带传输速度	Conveyor	1m/s
分拣传送带传送速度	Merge Sort	1m/s
货架储位分配	Rack	1 盘/货位

4. 仿真结果分析

根据以上数据对模型进行参数设定，并对各实体进行编译，模型运行情况如图 5-15 所示。

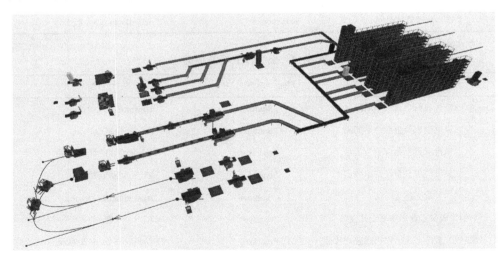

图 5-15　高技术虚拟企业物流中心模型运行情况

通过实际运行环境中发现的高技术虚拟企业物流中心存在的问题，在模型经过多次仿真之后，输出仿真结果统计表，从货物处理情况、等待队列长度、等待时间、各人员及设备利用率几个角度进行数据分析，找出拥堵环节。仿真结果统计数据如表 5-19 所示。

表 5-19　模型实体运行结果

实体	动作	输入	输出	等待时间/s	等待队列长度	利用率
货车	等待验收	21	21	8.53	0.89	—
	验收时间	21	20	1117.07	—	—
	等待入库	5753	5571	366.91	182	—
	扫码	5753	5753	3.42	5	—
	装盘	5900	5900	4.82	1	—
集装箱	等待验收	9	9	0	0.46	—
	验收时间	9	9	1333.11	—	—
	等待入库	168	161	894.15	7	—
	拆盘	161	6412	61.09	28	—
	扫码	6412	6409	2.84	3	—
	装盘	6570	6569	4.38	1	—
销售成员企业	订单数量	17	16	713.90	69.16	—
	拣选时间	3039	3039	9.19	1	—
	复点等待	2920	2540	1784.85	97.77	—
二级供应成员企业	订单数量	12	82	1031.99	123.85	—
	拣选时间	82	82	8.49	1	—
	复点等待	80	80	0	0	—
工作人员	验收员 1	—	—	—	—	80.75%
	验收员 2	—	—	—	—	80.36%
	复点员 1	—	—	—	—	91.11%
	复点员 2	—	—	—	—	91.00%
	复点员 3	—	—	—	—	83.88%
运输工具	叉车 1	—	—	—	—	97.41%
	叉车 2	—	—	—	—	97.28%
	叉车 3	—	—	—	—	96.98%
	手推车 1	—	—	—	—	94.52%
	手推车 2	—	—	—	—	94.37%
	手推车 3	—	—	—	—	94.15%

通过对仿真输出结果的分析发现，入库作业流程中，货车在工作时间内到货

21次，而通过验收的只有20次，有1辆货车没有完成检验，工作人员需要通过加班才能完成该辆货车的验收工作。这是由于货车验收时间过长，平均每辆车的验收时间为1117.07s。货车货物在入库等待区的平均等待时间为366.91s，等待队列长度为182箱，平均每箱货物扫码与装盘需耗费3.42s和4.82s；而集装箱货物在入库等待区的平均等待时间为894.15s，等待队列长度为7盘，且拆装托盘及扫码动作均有排队等待现象存在，各设备需要继续加班工作完成这些货物的入库，表明货物拥堵的主要原因为拆装托盘动作烦琐，扫码时间过长。

出库作业流程中，销售成员企业发出订单数为17张，而订单拣选完成数为16张，每张订单平均等待时间为713.90s，二级供应成员企业发出订单12张，共订货82盘，而到达出库复点区的货物为80盘，有两托盘货物没有完成，可见由于拣选时间过长导致订单处理效率较低。在销售成员企业出库复点区，货物平均等待时间1784.85s，平均等待队列长度为97.77箱，在人员利用率达91.00%的情况下，仍有货物等待现象，因此应寻求方法降低复点时间，提高复点效率。

5.4.3　物流中心模型优化

1. 优化目标

由上述对物流中心的模拟仿真分析可知，高技术虚拟企业物流中心作业流程中的瓶颈环节为入库验收时间长、货物拆/装托盘耗时较多、货物出库拣选时间较长和出库复点流程阻塞。因此，对高技术虚拟企业物流中心进行优化所要达到的主要目标如下：

(1)降低货物判断与登记时间。通过对仿真结果的分析可以看出，整个作业流程中，除人员与设备的固定动作时间外，主要耗时环节是对货物信息的判断和登记。在优化过程中，应利用先进的技术降低货物出入库、盘点时扫码时间，以达到快速响应。

(2)提升物流中心整体运作效率。高技术产品的货物在整个作业流程中需要多次进行拆、装托盘动作。此项环节耗时较多，因此需引用新的技术与方法减少货物拆、装托盘动作，规范作业流程，提高物流中心整体运作效率。

(3)提升物流中心信息化水平。在对出库订单进行拣选时，根据拣选单的不同，有堆垛机拣选与手工拣选两种方式。在进行手工拣选过程中，拣选人员根据领料单中货架及货物的信息进行查找，所需时间过长。因此，应提高物流中心信息化水平，应用数据库中货物存储信息快速定位货品位置，提高拣选速率。

(4)达到物流中心总成本最低。人力成本占据物流中心总成本比重较大，员工在工作时间内经常超负荷工作，并且在额定工作时间以外还出现加班现象。物流中心各设备也因利用率过高而经常出现损坏。因此，应寻求科学合理的方法降低物流中心人力与物力成本，以达到总成本最低。

2. 优化方法

引入RFID技术，以改善物流中心作业流程中存在的不足，达到降低货物判断与登记时间，提升物流中心信息化水平，节省人力、物力成本，优化物流中心作业流程的目的。RFID技术的完整实施包括电子标签、RFID读写器及信息系统等设备与技术的应用。

（1）电子标签的使用。除了在货物上粘贴电子标签，一些物流中心内部设施及移动设备上也需要粘贴电子标签，这样既有利于物流中心对货物信息进行快速读写与跟踪，又便于货物盘点与拣选时快速定位货物信息。

（2）RFID读写器的应用。①在物流中心入库口与出库口以及各重要节点分别安装固定式读写器，以便快速准确读取货物出入库数量、种类等信息，实现货物的随时跟踪定位及信息的更改。②物流中心验收员、分拣专员等工作人员佩戴手持式读写器，以便仓储货架的快速定位以及货物信息的快速读取。③物流中心各移动设备均安装车载式读写器，在搬运货物的同时，可对货物信息进行读取或更改，并可实现对移动设备的跟踪定位和设备移动路径的设定。

3. 优化模型构建

（1）基于RFID技术的高技术虚拟企业物流中心作业流程。应用RFID技术对高技术虚拟企业物流中心进行优化后，由于RFID技术具有数据获取速度快、读取信息方便并可对货物信息进行反复更改等优势，简化了物流中心货物入库、出库、拣选及盘点等流程。

应用RFID技术对高技术虚拟企业物流中心进行优化主要影响的物流中心作业流程如下：①货物验收环节。送货车辆到达后，门口的固定读写器将自动读取货物种类、数量等信息，验收人员只要检验随货单证是否齐全，有无缺货、损坏等现象即可。②集装箱货物拆装托盘环节。当集装箱货物进入入库等待区后，由带有车载式读写器的叉车将货物放上传送带入库，叉车可读取每箱货物信息并进行登记，因此省去拆/装托盘进行逐箱扫码的环节。③出入库扫码登记环节。在货物进行出入库操作时，需对货物条形码进行逐箱扫描，使用电子标签后，可一次性读取标签信息。④出库单拣选环节。进行出库拣选作业时，拣选人员可通过手持阅读器快速定位订单货物的位置，并选择最优路径进行拣选。在发生缺货时，可直接将信息反馈给仓库信息系统，并快速接收指示，降低拣选作业难度。⑤货物复点环节。复点环节主要是对货物品种、数量等信息的核对，电子标签具有反复利用的特点，当货物分拣完成并重新包装后，更改电子标签上的货物信息，出库复点时可利用仓库内的固定读写器对货物进行一次性读取，省略人工复点环节。整体业务流程如图 5-16 所示。

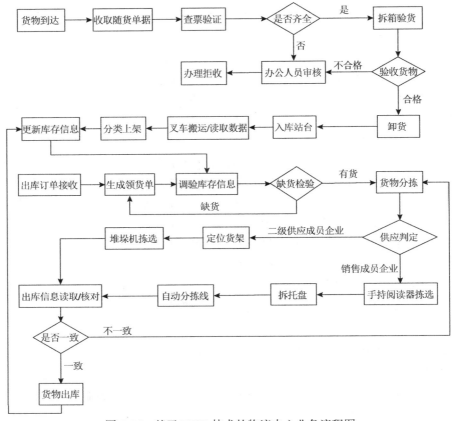

图 5-16　基于 RFID 技术的物流中心业务流程图

　　(2)基于 RFID 技术的仿真模型建立。在高技术虚拟企业物流中心应用 RFID 技术进行优化后，为判断物流中心存在的排队等待、订单反应速度慢、人员及设备利用率高等问题是否解决，建立基于 RFID 技术的仿真优化模型，通过对模型运行结果进行分析可知物流中心拥堵环节是否得到改善，整体运作效率是否提高。物流中心应用 RFID 技术进行优化后的仿真模型如图 5-17 所示。

　　根据 RFID 技术所影响的物流中心作业流程以及 RFID 技术应用后改变的物流中心作业时间对模型参数进行重新设定，所得结果如下：①货物验收时间减少。由于承载货物的车辆进入入库检验区后，门口的固定读写器将自动读取货物电子标签信息，省略人工清点数量环节，大幅度减少货物验收时间。②集装箱货物拆装托盘时间为零。集装箱货物在叉车搬运过程中，由叉车上安装的车载式读写器对货物标签信息进行读取。③出入库扫描条码登记时间减少。条形码扫描速度平均为 2s/箱，RFID 读写器读取电子标签时间为 0.1s，且为一次性读取，因此每箱货物的货物信息读取时间可设置为零。④拣选时间减少。拣选人员可以通过手持阅读器辅助完成拣选作业，节省了货架定位及信息反馈时间。⑤货物复点时间减少。出库复点时可利用物流中心内固定式读写器对货物进行一次性读取，读取时间为 0.1s。优化后模型中需要更改的数据如表 5-20 所示。

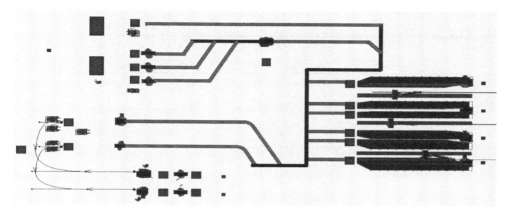

图 5-17　物流中心应用 RFID 技术进行优化后的仿真模型

表 5-20　优化模型相关输入数据

实际操作	Flexsim 模型实体	参数设置
集装箱货物验收时间	Processor	Triangular(10,16,21)min
货物拣选时间	Processor	Triangular(2.5,3.5,4.5)min
货物拣选速度	Combiner	Triangular(2.5,3.5,4.5)min/盘
扫码时间	Processor	0
复点时间	Conveyor	0.1s

（3）基于 RFID 技术的仿真运行结果分析。对模型进行重新编译后，设置仿真模型终止时间为 28 800s，多次运行模型并记录结果，基于 RFID 技术的仿真结果统计数据如表 5-21 所示。

表 5-21　基于 RFID 技术的仿真模型实体运行结果报表

实体	动作	输入	输出	等待时间/s	等待队列长度	利用率
货车	等待验收	21	21	0	0.47	—
	验收时间	21	21	516.49	—	—
	装盘	6200	6200	4.53	0	—
	等待入库	153	153	18.37	0.09	—

续表

实体	动作	输入	输出	等待时间/s	等待队列长度	利用率
集装箱	等待验收	9	9	0	0	—
	验收时间	9	9	651.23	—	—
	等待入库	171	171	22.01	0.13	—
销售成员企业	订单数量	18	18	463.45	51.46	—
	拣选时间	3120	3120	8.99	1	—
二级供应成员企业	订单数量	14	14	0	0	—
	拣选时间	89	89	7.64	1	—
工作人员	验收员1	—	—	—	—	61.13%
	验收员2	—	—	—	—	57.88%
运输工具	叉车1	—	—	—	—	77.78%
	叉车2	—	—	—	—	77.59%
	叉车3	—	—	—	—	76.92%
	手推车1	—	—	—	—	84.52%
	手推车2	—	—	—	—	84.37%
	手推车3	—	—	—	—	84.01%

通过仿真运行结果可知，在入库流程中，车辆平均等待时间减少，等待队列长度缩小，在每天8小时工作时间内可以完成全部货物入库操作。出库流程中，每箱货物拣选时间缩短，每张订单等待拣选的时间大幅度减少，复点区排队等待现象消失，且无须人工参与复点作业，工作人员及运输工具得到合理利用。

5.4.4　物流中心优化效果评价

在仿真模型运行时间及次数相同的情况下，比较应用RFID技术前后高技术虚拟企业物流中心仿真运行结果，从订单完成率、货物平均等待时间、员工工作时间及运输工具利用率四方面对比结果如图5-18～图5-20所示。

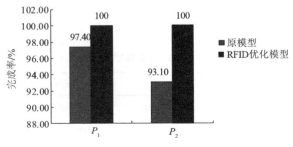

图5-18　订单完成率对比图

P_1代表订单入库完成率；P_2代表订单出库完成率

由图 5-18 可知，在 8 小时工作时间内，原模型出入库订单没有及时完成，在应用 RFID 技术进行优化后，物流中心仿真模型可以完成全部出入库操作，说明应用 RFID 技术可以增强货物响应及处理速度，使高技术虚拟企业物流中心对订单掌控能力增强。

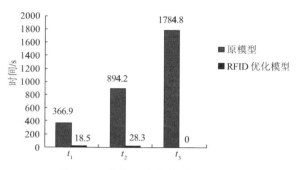

图 5-19　货物平均等待时间对比图

t_1 代表集装箱货物等待入库时间；t_2 代表货车货物等待入库时间；t_3 代表销售成员企业货物复点等待时间

货物在物流中心作业流程中经常会出现排队等待现象，根据货物等待时间的长短可以判断物流中心对货物的处理能力及水平。原模型中货物在入库及出库过程中均存在排队等待现象，且等待时间较长。RFID 优化模型货物等待时间大幅度减少，出库过程中货物在复点区等待时间为零。可见 RFID 技术可以减少货物排队等待时间，提高高技术虚拟企业物流中心货物周转速度。

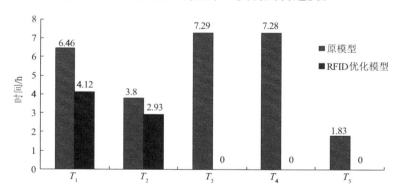

图 5-20　员工工作时间对比图

T_1 代表货车验收员工作时间；T_2 代表集装箱验收员工作时间；T_3 代表销售成员企业订单复点员 1 工作时间；T_4 代表销售成员企业订单复点员 2 工作时间；T_5 代表二级供应成员企业订单复点员工作时间

根据以上员工工作时间对比可以看出，原模型中员工均处于超负荷工作状态，连续工作时间平均超过 6.8 小时。应用 RFID 技术优化后各员工工作时间有所减少，由于复点区无需人工操作，还为物流中心节省了一部分人力成本。

通过上述对模型结果的比较分析，发现原模型中存在的瓶颈问题全部得到解决。在 8 小时工作时间内，可以完成全部出入库操作，对订单的掌控能力增强，整个流程中货物等待时间大幅度减少，货物周转速度加快，各节点工作人员工作量有所减少，运输设备使用率降低，可以达到人员与设备的合理利用。因此，应用 RFID 技术对高技术虚拟企业物流中心进行优化可以提升物流中心整体运作水平，节省物流中心运行成本[129]。

5.5　出入库系统升级改造

高技术虚拟企业运行物流效率的提升，不仅涉及物流模式的选择和物流中心流程的优化，还涉及仓库设施布置和出入库搬运路径等问题，这对出入库系统提出了更高要求。

5.5.1　出入库系统存在的问题

通过对多个高技术虚拟企业的实际调研分析，可得出高技术虚拟企业仓库管理目前存在以下几个问题：

(1)物流基础设施建设现代化程度不高。大部分高技术虚拟企业仓库内部作业采用叉车与人工相结合的方式，货物的存取采用叉车作业方式，而货物的出入库扫描以及标签的粘贴等均由人工完成，由于作业量大，人工作业效率低下，遇到大批量货物时，工作人员需要加班或者需要雇用临时工才能完成作业，甚至有时由于入库作业未完成而直接拖延下一个工作环节，影响仓库的正常运营。

(2)仓库内部区域划分不合理。实地调研发现，大部分高技术虚拟企业的入库作业区和出库作业区位于仓库外侧，直接暴露于外部空间，这对于货物的清洁度和磨损度会造成一定的影响，而对于出入库时叉车作业的工作难度也会相应增加，降低叉车作业效率。叉车作业距离较长，完成任务后要到其他远距离地方作业，浪费时间，降低设备利用率。

(3)仓储作业方面误差较大。对于不同的作业，不按照规范的操作步骤和规章制度进行，长时间积累会导致人工操作部分存在较大差异。作业人员不能按照仓储管理系统发出的指令及时、准确地完成任务，人工操作错误率明显高于设备错误率，使高技术虚拟企业仓库的作业水平整体下降。

(4)出入库作业存在拥堵现象。由于出入库缓存区的容量有限，工人和设备的作业效率较低，在面对较大的出入库任务量时，很容易出现拥堵现象，而有时长时间没有任务量，人工和设备又处于空闲状态，这是仓储管理系统调配不合理导致的。

(5)装卸作业效率低下。仓库没有标准化的作业流程操作机制，仓库内部作业流程不规范，叉车利用率不当，人员与设备不能紧密协调，作业效率低下，任务量不能及时完成，浪费了作业时间。有时出现操作错误而发错货物的情况，致使货物重新返库，工作人员需要重新安排发货，不仅浪费资源，还降低了仓库的整体作业效率。

(6)现代化信息办公平台有待完善。高技术虚拟企业仓库虽然采用现代较先进的机械设备，但没有引进现代化的信息管理平台，没有实现企业内部所有部门的信息共享机制。先进的信息技术应用不完善，仓库信息更新不及时，与其他部门协调工作时出现数据错误、延迟等现象。由于信息平台不完善，工作流程烦琐冗余，浪费时间和资源，不利于提高仓库的整体工作效率。

5.5.2　出入库系统升级改造方案设计

1. 仓库设施布置升级改造设计

为了加快货物周转速度，确保作业过程安全，仓库的硬件建设要考虑运营成本及经济性，如何在目前状况下最大限度地使用仓库的有效面积，使得物流作业最优化、仓库利用率最大化，是现在仓储企业面临的巨大难题。目前大多数仓储的主要问题是实用面积小、设施建设不标准、仓库布局不合理以及功能不完善等，这些问题直接导致仓库不能满足正常的出入库任务需要。高技术虚拟企业的仓库管理工作应该从整个供应链的管理角度来考虑，仓储作为整条供应链中的重要环节，在规划物流仓库时要全面考虑出入库的货物量及作业频次，一切以提高作业效率、降低运营成本为目的。为了保证高技术虚拟企业仓库物流线路通畅、货物运输路径最短和经济效益最高，需要对仓库内部的工作人员、设施设备等需要的空间进行适当的分配和有效的组合。仓库总体设施布置设计应解决仓库内部各组成部分，包括出入库缓存区、出入库工作台、货架以及堆垛机和叉车等运输设备的相互位置、运输轨道和线路，与此同时，也要解决物流流向和运输方式等问题。

(1)仓库设施布置升级改造设计原则。①面向通道原则。为了便于货物出入库的移动，一般会将货物面向库内通道存储。②高点原则。为了合理使用仓库存储面积，货物应尽可能地存放在高处，这样做不仅可以保证货物的安全，也可以防止货物损坏，应尽可能使用高位货架等设备，以提高货物的保管效率。③按形状安排存储原则。依据货物的形状保存也是非常重要的，货品应放在标准托盘或货架上存储。④先进先出原则。对于容易变质、破损、腐败的货物，存储时要以先入先出原则为标准，以加快货物的周转速度。

（2）仓库设施布置升级改造设计方法选择。仓库设施布置升级改造的目的是将高技术虚拟企业内的各种设施进行合理化安排，使其组成合理的空间排列方式，从而为高技术虚拟企业的顺利运行提供快速有效的服务，以获得更好的经济效果。仓库设施布置升级改造要考虑到经济活动单元、空间大小、空间形状及设施位置等因素，高技术虚拟企业是否能在最短时间内按照订单需求提供产品，是验证仓库设施布置合理化的重要标准。正确合理的设施布置升级改造不仅能提高生产效率和工作效率，也是节约物流费用、降低成本的重要措施。设备合理化布置升级改造要考虑的原则有移动路径最短原则、关联原则、安全原则、空间利用原则、协调原则和专业化原则等。

目前常用的设施布置升级改造方法有：①摆样法。通过二维平面模拟系统布局，在平面上根据固定的比例表示系统的设施分布，并根据它们之间的相互关系调整样片位置，从而得到较好的设施布置方案。②数学模型法。为了提高系统的工作效率，运用运筹学和系统工程理论等数学方法建立仓库车间布局最优化方案。③图解法。将摆样法和数学模型法相结合设计设施布局。④系统布置设计（systematic layout planning，SLP）法。理查德·缪瑟提出的SLP法是条理非常清晰的布局法，它分析物流作业方式与作业单位之间关系的密切程度，以得到较合理的设施布置方案。这种方法的优点是针对仓库设施布置中的复杂任务，提供设施新建和重新布置的新方案，不仅为企业节省了人力和财力，同时可提高系统的工作效率。本书综合考虑高技术虚拟企业特点和物流作业方式，采用SLP法对仓库内部的设施布局进行升级改造。先分析高技术虚拟企业仓库中各作业单位物流与非物流间的关联关系，经过分析绘制仓库作业单位相互关系表，再根据作业单位相互关系表中各作业单位之间关系的重要程度，计算各作业单位间隔的距离，为各作业单位安排好位置，继而得到作业单位位置相关图。

（3）仓库设施布置升级改造。高技术虚拟企业仓库的空间升级改造主要考虑仓库内部的设施布局升级改造，包括货架存储区、运输工具、工作台和缓存区四大部分，根据高技术虚拟企业仓库的作业流程以及各环节的作业特点确定仓库内部空间的布置。运用SLP原理对高技术虚拟企业仓库的物流强度进行分析得到仓库物流相关图，如图5-21所示。

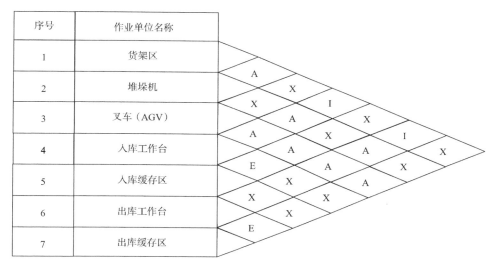

序号	作业单位名称
1	货架区
2	堆垛机
3	叉车（AGV）
4	入库工作台
5	入库缓存区
6	出库工作台
7	出库缓存区

图 5-21　高技术虚拟企业仓库物流相关图

A 代表超高物流强度；E 代表特高物流强度；I 代表较大物流强度；X 代表不要靠近

　　综合分析高技术虚拟企业仓库的作业特点、工作环境和作业流程等因素，确定其物流仓库的非物流影响因素，如表 5-22 所示。

表 5-22　非物流影响因素

代号	非物流影响因素
1	工作流程连续性
2	货物搬运
3	管理方便
4	文件联系

　　依据上述影响因素，运用SLP原理的非物流关系强度划分方法得到高技术虚拟企业仓库非物相关图如图 5-22 所示。高技术虚拟企业仓库作业位置相关图如图 5-23 所示。根据图 5-23，结合高技术虚拟企业仓库内设施和各区域的面积情况，得到升级改造后的高技术虚拟企业仓库布局图，如图 5-24 所示。

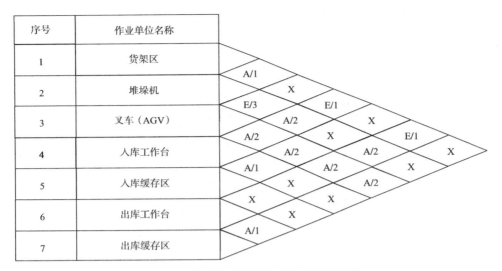

图 5-22　高技术虚拟企业仓库非物相关图

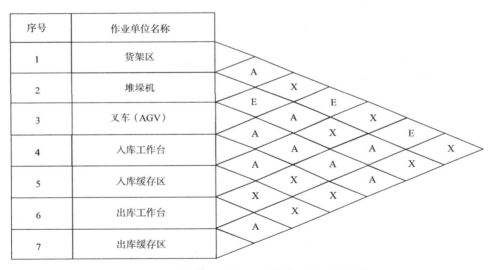

图 5-23　高技术虚拟企业仓库作业位置相关图

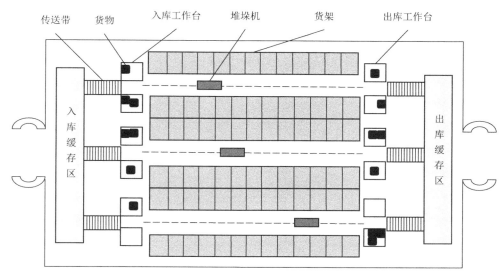

图 5-24　高技术虚拟企业仓库布局优化图

2. 出入库搬运路径升级改造设计

在路径升级改造仿真算法不断发展更新的今天，已有很多算法适合于物流领域的路径升级改造研究，很多新模型、新方法、新应用已经基本可以解决现在所存在的问题。在物流路径升级改造过程中主要用到的仿真算法有禁忌搜索算法、蚁群算法、遗传算法和模拟退火算法等。

仓库中堆垛机拣选作业调度可以简单地描述成以下问题：仓库管理系统按作业任务给堆垛机下达任务指令，堆垛机从入库口出发，存在 n 个待拣选的货位，堆垛机只能到达这些货位一次，在此过程中，可以将自身装载的货物放入货位中或者取出到达货位点的货物，把获取的货物放入下一个货位中，直到所有的任务变为已完成状态，堆垛机则归位到入库口。在以上条件下，堆垛机遵循的运行基本路线模型如图 5-25 所示。

本书要解决的问题就是遵循以上原则，调度堆垛机拣选顺序，从而使其运行路径最短。

在图 5-25 中，仓库采用立体货架结构，图中的每一点代表一格货位，由 (x,y) 表示，其中 x 表示货位的列序号，y 表示货位所在层数。图中标出的点是仓库管理系统对堆垛机下达拣选任务指令的货位点。为了方便建立适合堆垛机调度作业的数学模型，现做如下假设。

假设 1：堆垛机在各货位点的拣选时间固定。

假设 2：堆垛机的开启时间忽略不计，同时堆垛机行走和货叉移动过程中的速度一定。

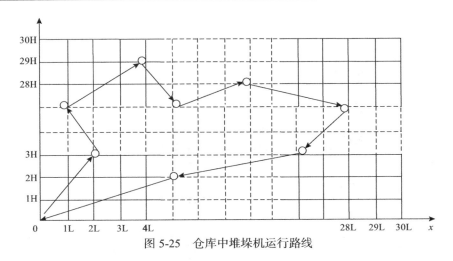

图 5-25　仓库中堆垛机运行路线

假设 3：堆垛机的水平方向运行速度为 v_x，垂直方向运行速度为 v_y，且 $v_x : v_y = 3 : 1$，堆垛机水平方向和垂直方向可以同时运行。

堆垛机的路径规划问题可以看成一个有约束的求解最优化问题，堆垛机以行走总路径最短或时间最少为指标，搜索一条从起点到目标点的最短路径。由于堆垛机货物拣选路径调度问题与旅行商问题类似，如果用数学模型来表达，即寻找一条巡回路径 $\boldsymbol{T} = (t_1, t_2, \cdots, t_n)$，使得目标函数值最小，即

$$f(\boldsymbol{T}) = \sum_{i=1}^{n} d(t_i + t_{i+1}) + d(t_n + t_1) \tag{5-15}$$

其中，t_i 为货位号，是 $1 \sim n$ 中的自然数；d 为货位间的距离。

根据上述设定，假设堆垛机由货位点 $i(x_i, y_i)$ 运行到货位点 $j(x_j, y_j)$，水平运行时间为 t_x，垂直运行时间为 t_y。堆垛机运行距离为

$$d_{ij} = \begin{cases} \sqrt{(x_j - x_i)^2 + (y_j - y_i)^2}, & t_x = t_y \\ |x_j - x_i| + |y_j - y_i|, & t_x \neq t_y \end{cases} \tag{5-16}$$

堆垛机拣选货物所需时间为

$$t_{ij} = \max \left\{ \frac{|x_j - x_i|}{v_x}, \frac{|y_j - y_i|}{v_y} \right\} \tag{5-17}$$

决策变量 $x_{ij} \in \{0,1\}$，其中 $i, j = 1, 2, \cdots, n, i \neq j$。$x_{ij} = 1$ 表示堆垛机到达指定货位点后接着达到下一个货位；$x_{ij} = 0$ 代表堆垛机不走这条线路。将 n 个待选货位格按次序编号，并根据上述假设条件，建立堆垛机拣选货物时的路径问题的数学

模型为

$$\min \sum_{k=1}^{m}\sum_{i=1}^{n}\sum_{j=1}^{n}T_{ij}x_{ij}^{k} \tag{5-18}$$

$$\min m \tag{5-19}$$

约束条件为

$$\text{s.t.}\begin{cases} \sum_{i=1}^{n}\sum_{k=1}^{m}x_{ij}^{k}=\begin{cases}1, & j=1,2,\cdots,n \\ m, & j=0\end{cases} & (a) \\[2mm] \sum_{i=1}^{n}x_{ip}^{k}-\sum_{j=1}^{n}x_{pj}^{k}=0, \quad k=1,2,\cdots,m & (b) \\[2mm] \sum_{i=1}^{n}\sum_{j=1}^{n}q_{i}x_{ij}^{k}\leqslant Q, \quad k=1,2,\cdots,m & (c) \\[2mm] \sum_{i,j\in s}^{n}x_{ij}^{k}=|s|, \quad 1\leqslant|s|\leqslant n-2, \quad s\subset\{1,2,\cdots,n\}, \quad k=1,2,\cdots,n & (d) \\[2mm] x_{ij}^{k}\in\{0,1\}, \quad i,j=1,2,\cdots,n; \quad k=1,2,\cdots,m & (e) \end{cases} \tag{5-20}$$

其中，m 为堆垛机的作业参数；n 为待拣选货位参数；T_{ij} 为从货位 i 到货位 j 消耗的时间。式(5-18)计算堆垛机拣选货物时运行的最短时间，式(5-19)计算堆垛机最少作业次数，约束(a)表示每个货位只允许访问一次，堆垛机回到入库口却需 m 次，约束(b)表示堆垛机进入一个货位和离开此货位时需在一次作业内完成，约束(c)要求堆垛机载重不能大于自己本身的重量，约束(d)用于消除子环，约束(e)是参数的取值范围。

5.5.3　出入库系统升级改造仿真

1. 出入库系统升级改造仿真方案

伴随着信息技术与计算机技术的飞速发展，仿真方法和理论不断得到完善。仿真是利用数学模型、图形、信息技术和计算机等工具建立具有科学性、逻辑性和客观性特点的模型，模拟实际操作的一种理论替代实验的方法。仿真模型是一种定量分析方法，具有运算速度快、易于实物连接、接近实际控制系统等优点，仿真计算精度较高，修改参数容易，使用起来方便快捷，运用程序控制使自动化程度提高。

高技术虚拟企业出入库系统升级改造仿真方案的设计包括出入库调度系统仿真优化模型、叉车作业调度仿真优化模型两个模块，本书分别从这两个角度阐述某仓库出入库系统的升级改造仿真研究，构建高技术虚拟企业出入库系统的面向对象赋时 Petri 网（object oriented timed Petri net，OOTPN）模型、叉车时间处理模型。

对高技术虚拟企业出入库系统进行升级改造仿真的目的是通过构建出入库作业仿真模型、叉车作业调度模型，分析高技术虚拟企业仓库作业过程中工作人员和设备的利用情况以及资源的使用状况。根据设立的标准，确定影响出入库系统整体效率的瓶颈，并依据实际情况尽可能地消除瓶颈，确保高技术虚拟企业出入库系统的工作效率。同时，协调各作业环节的工作时间和流程，提高人员和设备的利用率，从而能够更合理地配置企业现有资源，并最终提高企业的经济效益。

构建升级改造仿真模型的步骤一般包括以下几个环节：

（1）分析系统结构。研究系统各部分的关联程度以及系统各变量的相互关系，同时分析系统的结构特点。为了在建模初期能够掌握研究的发展方向，一开始就要理清系统整体与局部的关系，以及明确变量之间的关系。

（2）建立仿真模型。根据仿真研究目标和确定的变量以及它们之间的相互关系，建立系统的仿真模型。在建模过程中，需要不断调试每一阶段的模型，这样才能保证系统整体模型的正确性。整体模型构建完成后要进行校验和确认，确立模型的可信度和有效度。

（3）参数的设定与赋值。依据实际生活中仿真实体的数据情况，设定仿真模型的参数，确保仿真结果与实际结果基本吻合。根据运行结果，调整参数值，继续运行，直到符合期望结果。

2. 出入库系统升级改造仿真模型构建

出入库系统升级改造仿真模型构建过程如下。

（1）出入库调度系统分类。根据出入库对象的活动功能，出入库调度系统大致可以分为以下四类：

①设备类。这是实现系统功能的载体。设备类包括仓储设备类、搬运设备类、扫描设备类等，仓储设备类可以派生出货架类、出入库工作台类等，搬运设备类可以派生出堆垛机类、叉车类等。所有的设备对象类都有名称、忙闲状态等属性，设备对象可以根据需要进行修改设备状态的操作。

②货物类。这是出入库系统中叉车、堆垛机等运输装载的对象。货物类具有体积、重量等数据属性，且处于入库、出库、运输、等待或存储等状态。

③出入库运行对象类。各个出入库对象类的共同活动就是货物申请出库任务或者入库任务，如果设备处于空闲状态，则执行出库或入库任务，否则货物留在缓存区等待。

④规则类。规则类由一组系统的调度规则组成，前提条件是各对象类具有共同的属性，对应操作是对调度规则的选取。经过分类的仓库出入库系统的结构类图如图 5-26 所示。

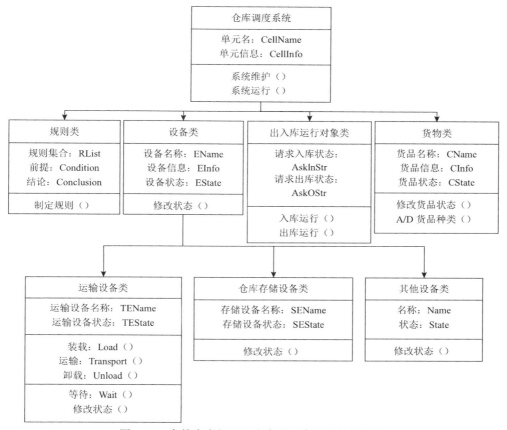

图 5-26　高技术虚拟企业仓库出入库系统结构类图

（2）出入库系统OOTPN模型建立。OOTPN是根据面向对象研究方法将所研究的系统中客观存在的实体分成不同的对象类，各种对象类之间的关系通过Petri网的库所、变迁和流关系描述。每一种对象类表示具有类似行为的实体，它封装了这类实体的所有状态和行为，这个对象类与其余的类是相互独立的。OOTPN建模方法的核心思想是引入模块化的Petri子网模块，为了形成一个完整的系统模型，必须将这些模块按照固定的规则联系起来，这样做的优势在于可以使所建模型拥有易于理解的图形描述方式，还能保持Petri网的分析和验证能力。OOTPN的定义为

$$OOTPN = (P_M, T_t, K) \tag{5-21}$$

其中，P_M 为系统中各对象子网模块 $P_{Mi}(i=1,2,\cdots,m)$ 的集合；T_t 是描述 P_M 多个子网模块之间表示过渡变迁 $T_{ij}(i,j=1,2,\cdots,m,i \neq j)$ 的集合；K 是表示过渡变迁如

何产生的判别规则集 $K_{ij}(i=1,2,\cdots,m)$ 的集合。

结合该仓库出入库系统的作业特点，建立其 6 元组的 OOTPN 模型为

$$P_{Mi}=(P,T,F,W,M_0,\text{Time})_i \tag{5-22}$$

其中，P 表示出入库系统中货物的输入输出位发生变化的集合；T 为出入库系统中链接库所 P 的过渡变迁集合；F 为流动关系的有向弧的集合；W 为有向弧的权；M_0 为输入库所和输出库所的有限集合；Time 为延时变迁的时间延迟。

根据上述对该仓库出入库系统的分析，建立其出入库调度系统的 OOTPN 模型，如图 5-27 所示[130]。

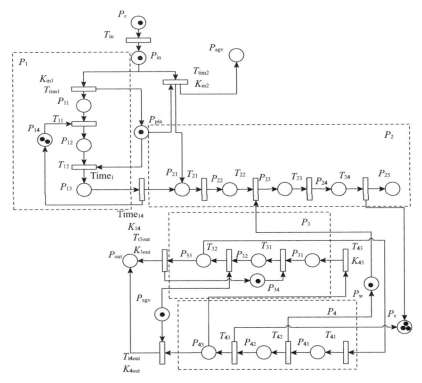

图 5-27　某仓库出入库系统的 OOTPN 模型

该模型分为入库缓存区、入库、出库缓存区和出库四个对象模块。每个模块之间互相独立，它们可以通过过渡变迁联系起来。模型中各库所和变迁等的含义如表 5-23 所示。

表 5-23　OOTPN 模型库所和变迁的含义

名称	含义	名称	含义
P_{11}	货品到达入库缓存区模块	T_{timi}	判断货品能否进入第 i 模块
P_{12}	货品在缓存区内排队等待	K_{ini}	表示过渡变迁发生的规则
P_{13}	货品即将离开入库缓存区	T_{in}	货品到达仓库门口，等待入库
P_{14}	入库缓存区空闲	T_{11}	入库工作台忙，货品被送入缓存区
P_{21}	货品运往入库工作台	T_{12}	货品进入空闲的入库工作台
P_{22}	货品在入库工作台等待装载	$Time_1$	货品等待进入工作台的时间延迟
P_{23}	货品装载中	T_{21}	货品到达入库工作台
P_{24}	货品在巷道中被AGV运输	T_{22}	AGV开始装载货品
P_{25}	货品卸载完毕，被存放于货架	T_{23}	AGV装载货品完毕，准备运输
P_{31}	货品进入出库缓存区	T_{24}	AGV卸载货品
P_{32}	货品在缓存区内排队等待出库	T_{31}	货品被送至出库缓存区
P_{33}	货品离开缓存区	T_{32}	货品出库
P_{34}	出库缓存区空闲	$Time_3$	货品等待AGV的时间延迟
P_{41}	货品从货架装载到AGV上	T_{41}	AGV在货位处等待装载
P_{42}	AGV运送货品出库中	T_{42}	AGV送出货品，货位空闲
P_{43}	货品到达出库工作台等待出库	T_{43}	AGV将货品放至出库工作台
P_{pin}	入库工作台空闲	P_{agv}	AGV空闲
P_{w}	有空闲货位可以使用	P_{in}	货品达到仓库门口
P_{out}	货品出库完毕	P_{c}	货品被AGV送到仓库中
P_{e}	有空闲AGV可用		

（3）出入库系统 OOTPN 模型死锁检测。在并发系统的运行过程中，死锁是不可规避的系统特性，如果不加以消除，有时会导致整个系统瘫痪。为了保证系统的运行安全可靠，必须及时发现系统中的问题，并排除死锁。对于高技术虚拟企业仓库出入库系统，能否回避其 OOTPN 模型中出现的死锁问题是评价所建模型的一个重要指标。

定义系统的设备符号：M_b 表示缓存区的所有设备，M_w 表示货位货架，M_{agv} 表示堆垛机和 AGV 等运输设备，M_{op} 表示出库工作组，M_{ip} 表示入库工作组。高技术虚拟企业仓库出入库系统的 OOTPN 模型设备间的所有依赖关系如

表 5-24 所示。

表 5-24　设备间依赖关系

依赖关系	说明
$M_b(T_{12}) \to M_{ip}$	表示缓存区 M_b 在变迁 T_{12} 处依赖于入库工作组 M_{ip}
$M_{ip}(T_{23}) \to M_{agv}$	表示入库工作组 M_{ip} 在变迁 T_{23} 处依赖于运输设备 M_{agv}
$M_{ip}(T_{23}) \to M_w$	表示入库工作组 M_{ip} 在变迁 T_{23} 处依赖货位货架 M_w
$M_{agv}(T_{42}) \to M_{op}$	表示运输设备 M_{agv} 在变迁 T_{42} 处依赖出库工作组 M_{op}
$M_{op}(T_{31}) \to M_b$	表示出库工作组 M_{op} 在变迁 T_{31} 处依赖缓存区 M_b

由以上对该仓库出入库调度系统的分析可知，存在一个循环机构：

$$CDS = [M_b(t_{12})M_{ip}(t_{23})M_{agv}(t_{42})M_{op}(t_{31})M_b]$$

根据循环等待的定义可知，循环等待出现代表所有参与循环的资源都会在等待位置上消耗殆尽。对于前文中所建立的 OOTPN 模型，如果所有的缓存区 M_b 在 P_{11} 上消耗殆尽，所有入库工作组 M_{ip} 在 P_{21} 和 P_{22} 上消耗殆尽，所有运输设备 M_{agv} 在 P_{41} 上消耗殆尽，所有出库工作组 M_{op} 在 P_{43} 上消耗殆尽，这样高技术虚拟企业仓库的出入库调度系统所有设备都处在循环等待状态。假使本书所建的 OOTPN 模型出现前文描述的循环等待状况，根据 Petri 网的基本定义可知，一定会有

$$n_b - n_{ip} - n_{agv} - n_{op} \geqslant 0$$

其中，n 代表设备数目。据此推断，如果不满足条件 $n_b - n_{ip} - n_{agv} - n_{op} \geqslant 0$，那么本书的出入库调度系统将不会出现死锁现象。

因此，保证高技术虚拟企业仓库出入库调度系统为活性的充分必要条件是

$$n_b - n_{ip} - n_{agv} - n_{op} < 0$$

或者写为

$$n_{ip} + n_{agv} + n_{op} \geqslant n_b$$

即运输设备、入库工作组和出库工作组的令牌数总和只有大于缓存区的等待货物的总令牌数，也就是说高技术虚拟企业仓库出入库系统处理货品的速度快于在缓

存区内货物排队等待的速度，才能保证高技术虚拟企业仓库出入库调度系统不会出现循环等待的状况。

（4）基于Flexsim的出入库调度系统升级改造仿真结果分析。在高技术虚拟企业仓库实际工作氛围下，每个出入库作业流程都比较复杂。为了方便建立仿真模型，需要将复杂的问题变得简单，使具体的问题抽象化。本书对高技术虚拟企业仓库出入库调度系统建立模型时，做以下假设。

①高技术虚拟企业仓库的到货方式为集装箱到货，本书所建模型不考虑仓库外部动作，所以不对货物出处进行区分。

②货物不存在破损，也没有缺货现象。

③所有参与工作的设备均处于连续工作，不考虑设备故障状态。

④工人处于连续工作状态且工作效率相当，行走路线均为最短。

根据上述所建立的高技术虚拟企业仓库出入库系统的 OOTPN 模型，将其转化为 Flexsim 仿真软件的仿真模型，如图 5-28 和图 5-29 所示。

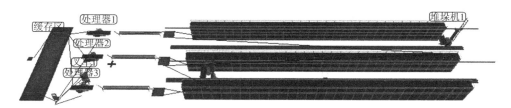

图 5-28　高技术虚拟企业仓库入库仿真模型

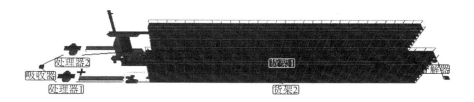

图 5-29　高技术虚拟企业仓库出库仿真模型

本书仿真参数设定为：货架长60m、高18m，单元货位宽2m、高0.6m，堆垛机的水平方向运行速度为20m/s，垂直方向运行速度为5m/s。堆垛机从仓库口出发进行复合作业，最后要返回仓库口，仿真时间设置为240h（8h/d），出入库数量随机生成。

通过对Flexsim仿真模型进行参数设定和编译，模型运行后的堆垛机和处理器的空闲率如表 5-25 和表 5-26 所示。

表 5-25   入库堆垛机和处理器空闲率(单位：%)

对象 \ 入库工作组个数	1	2	3	4
堆垛机 1	95.77	78.02	78.03	66.59
堆垛机 2	91.43	54.38	54.38	22.46
处理器 1	99.20	98.36	98.36	97.58
处理器 2	99.16	98.41	98.41	97.57
处理器 3	99.21	98.35	98.35	97.52

表 5-26   出库堆垛机和处理器空闲率(单位：%)

对象 \ 出库工作组个数	1	2	3
堆垛机	46.54	0.1	0.04
处理器 1	68.56	46.63	46.29
处理器 2	69.17	46.40	47.49

由表 5-25 数据可知，出入库系统采用 2 个入库工作组和采用 3 个入库工作组时对系统的运行效率影响不大，增加到 4 个入库工作组时虽然能降低堆垛机和处理器的空闲率，但考虑到企业的综合成本，本书认为高技术虚拟企业仓库出入库系统采用 2 个入库工作组时系统的整体效率最高，成本最低。

由表 5-26 数据可知，出入库系统采用 1 个出库工作组时堆垛机空闲率为 46.54%，系统增加 1 个出库工作组时堆垛机空闲率降为 0.1%，增加 2 个出库工作组时堆垛机空闲率降为 0.04%，由于堆垛机不能处于完全工作状态，综合考虑系统的安全性和成本性后，本书认为高技术虚拟企业仓库出入库系统采用 2 个出库工作组时整体工作效率最佳。

3. 出入库系统升级改造叉车作业调度仿真模型构建

叉车通道是叉车将货物运进或运出仓库的通道，由于货物入库或出库具有随机性，在各时间段仓库的入库口或出库口开通数量难以确定。出入库系统升级改造后叉车作业调度就是合理分配每个时间段叉车工作通道的数量，这对于平均分配搬运设备的负荷、及时发现货物排队等待现象并能够有效解决具有非常重要的意义。

进行叉车作业调度决策时，从均衡作业负荷的角度出发，叉车调度策略应满足如下规则：

（1）入库口和出库口的利用率应该限定在某一个范围内；

（2）合理地选择货物的入库口或出库口，均衡各通道的作业量，从而使各工作通道的作业时间连续且利用率达到均衡；

（3）为了防止某一入库口或出库口瞬时作业强度过大，应限定各通道排队等待的队列长度。

高技术虚拟企业对仓库进行升级改造过程中，需要对仓库入库口和出库口进行规划，确定合理的入口和出口通道数量，这不仅可以避免作业高峰时货物排队等待现象，提高作业效率，还可以节省建设仓库成本，防止不必要的浪费。叉车作业调度优化模型的建立，是根据对货物到达仓库和出库订单的预估计，及时确定各时段入库口和出库口通道开放数量，从而使高技术虚拟企业仓库出库口和入库口的通道资源得到合理分配，利用率达到最大化。由于叉车作业调度系统具有动态性和随机波动性，无法用传统的表述方式描述模型的输入输出关系，本书抽象地将货物流通过程表述为随机动态多级排队系统，根据排队论的理论方法，建立货物到达过程和叉车调度作业过程的离散事件仿真模型，如图 5-30 所示。

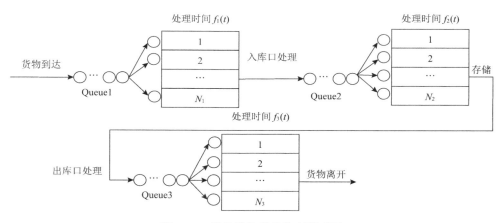

图 5-30　货物排队等待仿真模型图

（1）货物到达过程。货物的处理过程可以看成顾客被服务的过程，货物代表顾客，顾客数量是有限的，到达规律也是随机的。货物处理模型假设在一个工作日内总体作业时间为 T_d，货物达到数量预测值为 Q_a，每个工作日划分成 n 个等份，在 n 个间隔时间段内，货物到达数量的预测公式为

$$Q_a(t) = g(q_1, q_2, \cdots, q_k, \cdots, q_n) \tag{5-23}$$

其中，q_k 为在第 k 个时间间隔内货物的到达数。各参数满足条件 $Q_a = \sum_{j=1}^{n} q_j$。

（2）服务过程。入库口通道和出库口通道可以看成服务工作台，一个工作台每次只为一位顾客服务，叉车根据货物情况随机决定处理时间，采用先进先出原则。由于本书只针对仓库内部进行研究，不考虑仓库外部活动，对货物到达后卸货过程不进行研究，即不考虑队列 Queue1 及其处理时间 $f_1(t)$。设入库口通道设施数量为 N_1，货物到达时如果入库工作台空闲则接受处理，否则进行排队等待。设入库口通道和出库口通道货物的处理时间长度服从正态分布，函数为

$$f_i(t) = \text{Normal}(\mu_i, \rho_i) \tag{5-24}$$

其中，$i=1,2$，$i=1$ 表示入库口通道处理时间，$i=2$ 表示出库口通道处理时间。μ_i 为叉车处理时间的均值，ρ_i 为叉车处理时间的方差。

高技术虚拟企业仓库出入库口通道规划的目标是在满足仓库管理系统作业要求的前提下，优化仓库入库口通道和出库口通道数量，使仓库出入库建设总费用最小化，高技术虚拟企业仓库决策变量组成的向量 $\boldsymbol{X}$ 为

$$\boldsymbol{X} = (x_1, x_2, x_3, x_4) \tag{5-25}$$

其中，x_1 为入库口通道数量；x_2 为出库口通道数量；x_3 为入库口通道处理时间的期望值；x_4 为出库口通道处理时间的期望值。变量 x_3、x_4 反映了货物在仓库作业处理过程中接受服务时通道的服务效率，本书考虑影响出入库口通道服务效率的主要因素为入库口和出库口通道的处理时间。高技术虚拟企业仓库出入库口通道规划设计模型的目标函数为

$$\min f(\boldsymbol{X}) = C_1 x_1 + C_2 x_2 \tag{5-26}$$

其中，$f(\boldsymbol{X})$ 为高技术虚拟企业仓库出入库口通道规划建设的总费用；C_1 为单个入库口通道建设总费用；C_2 为单个出库口通道建设总费用。高技术虚拟企业仓库出入库口通道规划设计模型的约束条件为

$$\text{s.t.} \begin{cases} Q = Q_n \\ \rho_{\min} \leqslant \rho_1 \leqslant \rho_{\max} \\ \rho_{\min} \leqslant \rho_2 \leqslant \rho_{\max} \\ 2 \leqslant x_1 + x_2 \\ 1 \leqslant x_1 \leqslant N_m, \ 1 \leqslant x_2 \leqslant N_m \\ C_1 = g(x_3) \\ C_2 = h(x_4) \end{cases} \tag{5-27}$$

其中，Q 为仓库年作业量；Q_n 为一年内货物入库和出库的总作业量；ρ_1 为入库通道利用率；ρ_2 为出库通道利用率；N_m 为最多可以建设的通道数量；函数 g 用来计算单个入库口通道建设费用，以规划设计模型中的 x_3 为自变量函数；函数 h 用来计算单个出库口通道的建设费用，x_4 作为其自变量。

本书根据高技术虚拟企业仓库实际运营情况，设定仓库出入口每个工作日作业时间长度为 T_d；出入库口每年工作天数为 T_y；所有车辆在出入库口接受服务的时间相同；本书所建立的模型不考虑出入库后的作业细节。仓库叉车调度系统参数设置如表 5-27 所示。

表 5-27　仓库叉车调度系统参数设置

参数	值	参数	值
Q_n	95	N_m	20
ρ_{min}	20	L_{max1}	10
ρ_{max}	80	L_{max2}	10
C_1	3503	T_d	24
C_2	4530	T_y	300

本书运用遗传算法对仓库叉车作业调度进行仿真优化研究，运用 MATLAB 仿真计算得到结果 $x_1=7$，$x_2=5$。即高技术虚拟企业仓库应设置 7 个入库口，5 个出库口，能够保证作业人员与叉车紧密协调，有效解决来货、出库时出现的货物拥堵现象，人员和设备都能及时完成接收的任务量，提高叉车利用率，从而提高高技术虚拟企业仓库的整体作业效率。

5.6　物流模式实施保障

基于以上对高技术虚拟企业物流场体系的构建，为了便于高技术虚拟企业理清物流中心与其他各成员企业以及周围环境等相关要素之间的相互联系、相互作用，按照高技术虚拟企业物流场力的分析，可以按照力的作用方向不同将其分解为两种方向相反的力：物流运行动力和物流运行阻力。物流运行动力表现为推动高技术虚拟企业物资从物流中心向需求地流动的力量，物流运行阻力则是阻碍物资从物流中心向需求地流动的力量。高技术虚拟企业物流运行是由物流运行动力和物流运行阻力两者相互作用、相互影响的结果，因此在选择适合高技术虚拟企业物流模式时，首先应从高技术虚拟企业物流场的动力、阻力及协同等角度实施保障。

5.6.1　增强物流场动力

从高技术虚拟企业物流发展的动力源头考虑，高技术虚拟企业物流运行的动力主要取决于外部市场环境的需求动力以及高技术虚拟企业自身不断追求完善的发展动力。而外部市场环境的需求动力会随着市场经济体制的逐步完善趋于稳态，所以可以将自身不断追求完善的发展动力视为高技术虚拟企业最主要的原动力。

因此，高技术虚拟企业应当对物流中心的物流组织机构、业务流程等方面进行进一步的优化和精简，从而减少高技术虚拟企业物流运行过程中所涉及的环节，降低物流运行过程中的信息缺失和失真。这样才能更好地保障高技术虚拟企业物流模式的有效实施。由此，高技术虚拟企业物流中心整合现有物流资源，将各成员企业的采购业务合并，实施高技术虚拟企业全部物资的准时化采购，可以最大限度地发挥高技术虚拟企业规模优势，降低采购物流成本。

与此同时，高技术虚拟企业还应进行内部成员企业的各个物流运行业务整合，合理配置和重组高技术虚拟企业的所有物流资源。实施零库存管理消除资源浪费，将分散采购的物流模式转变为将物流与生产线零库存相结合的物流模式，生产物料按订单配送到生产车间，提高物流效率，减少成本与资金，实现资源的最优利用和满意的物流服务水平。在进行统一采购的同时，高技术虚拟企业对全部物流运行过程进行统一设计，按照生产和销售的计划，由物流中心对物流运行的各个环节实行准时化配送，实现高技术虚拟企业内部物资的集中配送与管理，即高技术虚拟企业物流中心按要求统一配送和保管成员企业生产车间的各条生产线进行零部件加工或产品装配所需的材料。在保证高技术虚拟企业进行正常生产运行活动的条件下，尽可能地减少生产流水线上的损耗。在产品库存资金和采购资金等方面做到有效节约，降低产品的物流成本。当高技术虚拟企业采用非自营物流模式时，要充分利用与第三方物流企业合作的机会，提高高技术虚拟企业物流中心的物流运行管理水平。虚心学习第三方物流企业物流管理的流程，提高物流运行管理的意识。意识决定行为，行为改变结果，因此要加强高技术虚拟企业全体成员的物流成本意识。

5.6.2　减小物流场阻力

由于物流规模不当，内外部普遍存在的信息不对称、内部管理的滞后性以及缺少物流专业管理人才是目前高技术虚拟企业物流发展的主要阻力，因此克服或者削弱物流运行阻力主要采取以下策略和建议。

1. 确定和实现最适合的物流模式

合理的物流模式是高技术虚拟企业各种生产要素在生产经营过程都能得到充分的发挥，并使高技术虚拟企业获得更大经济效益最适合的模式。

2. 降低物流运行成本

虽然在高技术产品生产及运输配送等过程中物流运行成本的损耗不可避免，但可以通过提高物流作业水平、加强作业能力等方法尽量减小成本损耗，减少高技术虚拟企业的物流运行阻力。

3. 减少信息流通阻碍

众所周知，当下物流发展的重要因素是提高现代信息技术水平。高技术虚拟企业应在原有设备的基础上，构建一个能够覆盖所有成员企业的信息系统平台，进一步完善成员企业的内部信息网络，将各成员企业的信息整合到平台上，使信息传递得更为方便和快捷，提高工作效率。同时，成员企业物流中心还应加大对云计算、物联网等新技术的应用，提高物流服务水平和质量，降低物流运行成本。

4. 加强物流人才的教育和培养

由于物流操作人员的水平直接影响高技术虚拟企业物流模式的效率，高技术虚拟企业在教育和培养物流运作专业人才上，应多注重制定规范化操作流程，增加相关物流方面的培训课程，提高物流操作人员的专业水平，创造学习型的文化环境，加强高技术虚拟企业管理层对物流运行的重视程度，改善物流运行管理层面的业务水平，提高客户的满意度。

5.6.3　加强物流协同化管理

目前如何在市场瞬息万变的情况下快速反应并生存下来，如何降低物流运行成本，增强物流的竞争力决定了高技术虚拟企业今后的发展。优化高技术虚拟企业的物流模式、提高物流模式整体竞争力的保障措施之一就是对高技术虚拟企业的物流进行协同化管理，作为高技术虚拟企业物流发展的一种正确选择，要提高物流的竞争力，使高技术虚拟企业能够在市场竞争环境中取得胜利，物流协同化管理势在必行。

1. 内部成员企业协同化物流管理

高技术虚拟企业的物流核心在于物流中心，物流中心承担着整个高技术虚拟企业物流运行的信息收集、信息研究，并引导物流的整体运作方向。由高技术虚拟企业所采用的物流模式制定出的物流整体规划，可以帮助高技术虚拟企业物流中心将精力放在整体宏观的运行物流战略规划。

高技术虚拟企业物流中心与成员企业各部门协同化管理，包括物资生产与需求的协同策略、采购协同策略、库存协同策略、配送协同策略等，通过利用高技术虚拟企业信息系统平台迅速传递运行物流信息，降低高技术虚拟企业的牛鞭效应，快速响应市场变化。

2. 与第三方物流企业的协同化管理

当高技术虚拟企业采用第三方物流模式时，其依据制定的物流合约与第三方物流企业组成联盟，在物流运行的过程中，互相配合与协调，按照运行物流业务流程进行产品价值创造与增值，这也是高技术虚拟企业与第三方物流企业一起实现的战略构想。协同化物流管理建立在双方信任的基础之上，将双方的物流进行协同化管理可以有效避免高技术虚拟企业高库存的现象，从而降低管理成本和物流运作成本。

高技术虚拟企业已经认识到提高物流中心的整体物流运行效果是协同化管理的最终目标，因此高技术虚拟企业与第三方物流企业的协同包括物流信息协同化管理、需求协同策略、仓储协同策略、配送协同策略等运作规划。高技术虚拟企业的运行物流管理不单是为了降低生产成本，更重要的是提高品牌形象，完善客户满意度。而运行物流的有效协同化管理能够快速提高高技术虚拟企业运行物流能力，加快对客户特殊需求的反应，改善高技术虚拟企业运行物流效率和运行物流的长期竞争能力。高技术虚拟企业通过协同化管理成员企业内部物流资源、信息等方面实现与第三方物流企业利益的共赢。

5.6.4　柔性化物流保障

高技术虚拟企业柔性化运行物流保障的目标是以合理的物流成本，在合适的时间和地点采用合适的运输配送方式以及服务来满足客户或合作伙伴需求，它强调以客户的偏好为导向并有快速响应的能力。

高技术虚拟企业的物流模式必须表现出灵活性和敏捷性，以此来应对外界市场环境的变化。当前高技术虚拟企业物流运行效率较低的主要原因是物流运行流程不合理，规划不到位。高技术虚拟企业制定的柔性化物流保障措施首先要解决的就是这一问题。通过增强高技术虚拟企业运行物流动力和减少高技术虚拟企业运行物流阻力来优化其运作机制，建立可协同化的运作程序，实现运行物流柔性化，减少流程中重复和多余的工作，简化物流流程，降低物流运行成本，提高物流模式的灵活性和敏捷性。

1. 柔性选择第三方合作伙伴

当高技术虚拟企业采用第三方物流模式时，由于其与第三方物流企业之间都是各自独立的利益实体，以合作伙伴的形式应对瞬息万变的市场环境，制定出详细明确的物流合作合同有助于明确双方的权利和义务，最大限度地避免在合作过程中产生纠纷，同时对双方起到约束作用。

物流合同的设计中要协调高技术虚拟企业与第三方物流企业双方的关系，在不损害个体利益的条件下实现物流运行整体利益的最大化。通过签署明确的物流合同可以规范双方的行为，保障企业的利益不受侵害，为双方的长期合作奠定基础。同时，一旦第三方物流企业违约，高技术虚拟企业可以灵活解约，选择更换其他优秀的第三方物流企业，为高技术虚拟企业物流顺利运行保驾护航。

2. 物流激励约束措施

要实现高技术虚拟企业运行物流的最优反应，就需要保持物流长期顺利运行的稳定性，即用一种制度来制约高技术虚拟企业与第三方物流企业相互之间的行为关系，从而保证最小的合作内部损耗。虽然物流合同具有一定的稳定效果，但物流合同也停留在一个法律层面的制约，一旦出现失误，高技术虚拟企业将承担不可挽回的损失，所以在风险漏洞出现之前就发现并解决它，是消除不确定性的最优方法。因此，高技术虚拟企业必须从战略层次来构建一种自我调整和不断自我完善的柔性物流激励约束机制。

为保证高技术虚拟企业的利益，而且能使其在市场环境变化情况下快速反应，应鼓励高技术虚拟企业物流从业人员对采用的物流模式进行改进，当出现高技术虚拟企业运行物流的障碍时能够迅速解决，保护物流模式的顺利运行，加大对自身物流场的体系研究。同时，要对高技术虚拟企业内外物流运行过程进行约束，出现破坏物流运行的行为要坚决予以惩罚。

5.7 本 章 小 结

本章首先基于系统优化思想设计了一个高技术虚拟企业物流模式评价指标体系，利用物流场理论，得出物流因子的范围；根据云理论，综合运用云重心评价方法和层次分析法，构建了物流模式选择评估云模型。通过计算加权偏离度，利用定性评测云发生器，实现对物流模式的选择。其次利用Flexsim系统仿真方法，对高技术虚拟企业物流中心整体作业流程进行可视化仿真。根据仿真输出结果，判断仿真模型运行拥堵环节，找出物流中心存在问题的根本原因。通过设计基于RFID技术的物流中心仿真模型，提升物流运作效率。接着结合OOTPN建立物流出入库系统作业仿真优化模型，解决系统出现的货物排队等待现象，并优化出入库工作组数量，确定最合理的出入库方式，节省拆装托盘的时间，提高作业效率。构建基于遗传算法的叉车作业调度系统仿真模型，以解决叉车作业时出现货物拥堵、排队等待或者叉车闲置等现象，通过对MATLAB仿真结果分析，确定出库口和入库口的数量，设定最合理的工作方式。最后给出相应的实施保障措施，为高技术虚拟企业物流模式的顺利实施提供了一个具有实际可操作性的方案。

第 6 章　高技术虚拟企业信誉机制

高技术虚拟企业的出现，为研发、生产和销售高技术产品的企业提供了一种可利用或可共享其他企业资源的组织架构，以弥补自身资源的不足。这种组织模式跨越了高技术实体企业的边界，将属于其他企业的相关资源纳入自我发展的轨道，让其成员企业通过使用从各个方面获得其他企业的相关资源并从中获益。高技术虚拟企业在资源共享与利用上的灵活性，使之成为许多高技术企业实施竞争与合作战略的一种手段。

高技术虚拟企业的组建需要具有迅速捕捉、准确识别和创造新市场需求信息的能力，同时能够快速联合最优经济效率的资源和核心竞争力的伙伴，形成动态的具有结构高度柔性、市场敏锐、响应快速和创新卓越的价值网络，结成由共同目标驱动的整体高效的虚拟合作联盟，在实时的信息共享和互动中实现敏捷同步共赢。随着网络技术和高技术虚拟企业的快速发展，经济呈现出的虚拟化使得企业信誉问题成为越来越受关注的研究热点。

6.1　高技术虚拟企业信誉来源

信誉(reputation)在《现代汉语词典》中解释为信用和赞誉两部分：信用是个人或团体能够履行与人约定的事情而取得的信任，它描述的主要是行为主体单方面的行为，是履行诺言的一个表现指标；赞誉是与行为主体相关的其他行为表现。信用是信誉的基础，信誉是信任的集中化，是广泛的信任，信任实际上是人们为了规避风险、减少交易成本的一种理性选择，由于契约的不完备性，契约各方履行职责必须要相互信任，长期信任就形成了信誉[131]。目前，信誉已成为企业的一种无形资产，代表企业在公众中的形象，体现了公众对企业的好感与信任程度，任何企业或消费者都愿意与信誉好的企业交往，良好的信誉不仅能够减少不确定性，而且能够降低合作成本，在市场竞争中取得事半功倍的效果。

针对由信誉产生的一系列问题，各国学者根据不同领域展开了相关的研究。王维盛和陶彦玲[132]为了解决网格环境动态性和不确定性带来的安全问题，对用户在网格环境下的行为进行了评价，反映出该用户网络行为的可信程度；探讨了网格环境下的安全需求，提出了一种新的网格信任模型，用来处理网格环境中用户之间的信任关系。Sarah 等[133]根据信息技术理论，设计了针对经济和公共领域的信任信息系统，解决了如何使其与现有工程设计方法相结合的难题。罗雅丽和石红春[134]给出了机制信任关系的数学描述，根据其数学描述给出了相关信誉计算的算法，并在此基础上提出了一个描述信任关系的整体框架。大多数学者研究的信誉问题主要集中在网格环境下信任计算方面，很少涉及高技术虚拟企业等具体联盟形式的合作关系领域。虽然高技术虚拟企业中各成员企业可能是同行的竞争对手，但是为了共同的目标结成临时联合体，本质是竞争中的合作。信誉是合作成功一个至关重要的因素，只有在合作双方都具有良好信誉的基础上，合作才有可能成功。人类认知能力的局限性，使其对他人的动机、内在变化和外在变化都不能完全掌握，信誉就是弥补人们认知和预见能力有限性的一种评判标准，是解决信息不对称性的一种有限理性方法。

影响高技术虚拟企业合作关系的诸多因素中，成员企业之间的相互信任至关重要，它既是相互合作的前提，又是促进合作成功的动力。高技术虚拟企业中各成员企业的信任关系可由陌生、不信任、了解、信任四部分构成，其动态演变过程具体如图 6-1 所示。

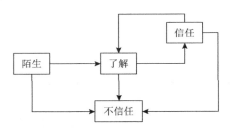

图 6-1　高技术虚拟企业信任关系动态演变示意图

相互信任是高技术虚拟企业协同运行的基础和保证，各成员企业只有紧密协作，充分发挥各自的优势才能降低成本、提高效率、减少风险、增加收益，实现互惠互利、优势互补的联盟初衷。因此，高技术虚拟企业在进行信任决定时，不可能仅仅依靠某成员企业个体的经验，还可以通过成员企业组织群体的信用判断以及第三方的信任推荐，从而形成一种多元化的动态信任关系结构。由此可知，高技术虚拟企业的信誉来源为成员企业个体、成员企业群体以及第三方推荐。其详细内容如图 6-2 所示。

由于高技术虚拟企业组织的临时性和建立信誉所需的长期性存在很大的冲突，高技术虚拟企业即使已具有多种信誉来源，做了正确的决策，也很难确保其顺利运行，因此构建信誉机制就显得尤为重要。

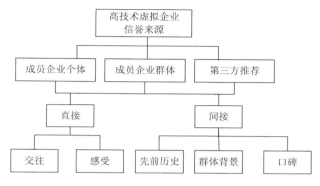

图 6-2　高技术虚拟企业信誉来源

"机制"（mechanism）原指机械的构造和工作原理，现已广泛用于医学、生物和经济等领域，描述系统内部各部分相互联系、相互作用所产生的促进、维持、制约系统运行的内在工作方式。美国明尼苏达大学的 Leonid 首次提出了机制设计理论，并在 *American Economic Review* 上发表论文 "The design of mechanism for resource allocation"，奠定了机制设计理论的基本框架[135]。新泽西州普林斯顿高等研究院的 Myerson 和芝加哥大学的 Maskin 对机制设计理论进行了完善，于 2007 年获得了诺贝尔经济学奖。社会选择理论、显示原理（revelation principle）和实施理论（implementation theory）的引入，极大地丰富和完善了机制设计理论。机制设计理论研究的主要是对任意给定的社会或经济目标，在自由选择、自由交换、信息不完全及决策分散化等条件下，寻找实现该目标的经济机制，即通过制定相关的法律、法规、政策条令、资源配置等规则，在满足参与者各自约束条件下，使参与者的个人利益与预期目标达到一致。

目前，机制设计理论已成为现代经济学研究的热点，被广泛应用于装备采办、最优定价、信息服务创新、道德风险防范、法律法规制定、最优税制设计、行政管理、民主选举、社会制度设计、管理系统设计论、扶贫机制改革等现实问题。高技术虚拟企业构建信誉机制，目的是保障和提高信誉，研究各成员企业之间的相互作用，使高技术虚拟企业在信誉机制的作用下，相互协调、相互促进，协同良好地运行。

6.2　高技术虚拟企业信誉机制产生动因

为了适应日趋激烈的竞争环境，弥补知识的缺口，改善资源的不足，保持核心竞争的优势，具有不同资源及能力的、相互独立的高技术企业为了共同的利益或目标组成动态联盟，将独立竞争的企业关系转为以跨企业合作为主的新型组织模式。合作目的达到，高技术虚拟企业随即解体。由于高技术虚拟企业不是法律意义上完整的经济实体，不具备独立的法人资格，相互持股、投票分配和设立董事会等合作、监控方法在高技术虚拟企业中已不再适用。虽然在高技术虚拟企业组建期，成员企业的选择都是经过严格评审进行的，发生失信行为的可能性很小，然而信任本身也具有很大的风险性，必须建立一种约束机制来对信任本身的不足进行保障。同时，由于信誉的易碎性，本身具有高风险的成员企业不会为了眼前的局部利益而去破坏已经获得的良好信誉，这就使成员企业不得不考虑由信誉产生的一系列后续问题。促使高技术虚拟企业构建信誉机制的动因可归结为以下几点。

1. 高技术虚拟企业运行过程的内在需求

仅仅建立在相互信任基础上的合作关系毕竟是脆弱的，稳定、可靠的信誉机制会进一步强化相互间的信任和依赖，提升各成员企业的信誉。在高技术虚拟企业运行过程中，良好的信誉有利于各成员企业通过各种正式和非正式的沟通提高行为的透明度，实时了解各项任务执行的时间进度，明确各自在高技术虚拟企业中的地位和作用，降低对其他成员企业行为的不理解程度，保证快速而友好地处理由行为的不一致导致的不确定性和脆弱性等问题。因此，在高技术虚拟企业运行过程中需要对信誉进行保障。

2. 各成员企业不同文化背景的合作需求

高技术虚拟企业中的各成员企业可能来自不同地区和国家，其特有的企业文化以及周边环境会导致其拥有不同的背景特征。不同文化背景和管理理念会对成员企业之间的合作产生障碍。承认文化差异的存在，消除彼此的隔阂和陌生，使各种文化在高技术虚拟企业运行过程中相互渗透与融合，互相学习，取长补短，形成各成员企业都能接受的、突出思维意识和行为方式共性的、体现高技术虚拟企业鲜明特征的文化氛围，才能减少成员企业间的矛盾和冲突，避免成员企业间的信誉损害。

3. 高技术虚拟企业行为规范的基本需求

组建高技术虚拟企业既可为各成员企业带来高额利润，也会产生新的合作风险。将各成员企业的处事原则和行为规范建立在契约合同的基础上，受社会道德和法律的制约，可在一定程度上降低风险。每个成员企业只有相信其他成员会信守诺言，相信社会道德和法律本身的制约能力，自身的行为才会趋于理性，才能抵御外部各种诱惑，表现出很强的可信度。因此，需要在高技术虚拟企业中建立一套阻止相互欺骗和防止机会主义行为的信誉机制。

建立高技术虚拟企业信誉机制的前提是提高欺骗成本和增加合作收益。要提高欺骗成本，首先必须提高退出壁垒，即如果成员企业放弃合作关系，那么它的某些资产将受到巨大的损失。一旦成员企业发生机会主义行为，它将无法逃脱高技术虚拟企业其他成员对它的惩罚。其次是提高欺骗成本，高技术虚拟企业可以通过成员企业相互间的不可撤回性投资来"锁住"对方，各成员企业必须像关心自身利益一样来关心其他成员和整个联盟的运行，从根本上消除通过欺骗而获得利益的可能性。此外，还可通过保护性合同或合法的契约来阻止机会主义行为，即对于不合作的行为或违约行为进行惩治，这样的合约条款可使成员企业清楚行为预期，根除投机心理，同时可提高对其他成员的行为信任度。总之，因合作而产生的信任风险，应建立相应的信誉机制，对信任风险进行控制和管理，避免误信或信任过度带来的损失。

6.3　高技术虚拟企业信誉机制构建

由高技术虚拟企业信誉机制产生的动因可知，构建高技术虚拟企业信誉机制的目的是以保障和提高高技术虚拟企业的信誉为目标，采用系统的思想和方法，依靠其柔性的组织结构，把高技术虚拟企业运行过程中各成员企业的任务活动有机地协同起来，形成一个任务明确，职责、权限协调，相互促进，信誉良好的有机整体。因此，高技术虚拟企业信誉机制的构建应根据其运行过程，结合道德、经济和法律三个层面的规范，形成一个完整的信誉保障体系。首先应对各成员企业进行社会道德层的约束，当发生成员企业不受道德层面的限制失信时，再从经济层面对失信者施以经济制裁，严重者提高惩戒力度，加以法律层面的制裁，详见图 6-3。

高技术虚拟企业信誉机制主要包括信息共享机制与激励约束机制。二者共同作用于信誉信息平台，通过高技术虚拟企业自身信誉管理组织以及第三方信誉权威组织机构，收集信誉信息，公开、透明地将采集、评审的结果反馈至信誉信息平台，为高技术虚拟企业的管理者及各成员企业主管建立一个通用的信誉信息查询及应用环境，这是信誉机制得以实现的重要基础。由于有主动数据库的支持，信誉信息平台既能从高技术虚拟企业内的各系统中提取信誉信息数据，也能从高技术虚拟企业外部的各种信息渠道获得相关数据，平台能够对这些有关信誉的数据进行组合、筛选和聚合操作，结合信誉预警、激励、失信惩戒以及信誉修复机制，并运用模型化、结构化方法将信誉信息数据处理结果快速而准确地展示给高技术虚拟企业的相关人员，从而有效地减小成员企业的合作风险，保障整个高技术虚拟企业的顺利运行。

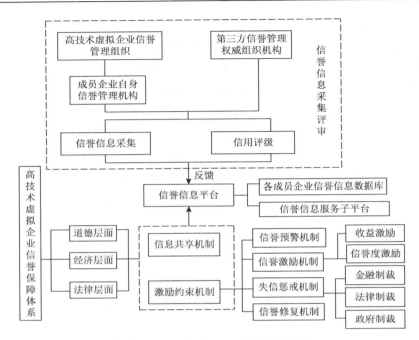

图 6-3　高技术虚拟企业信誉保障体系

6.3.1　信息共享机制

　　高技术虚拟企业由不同地域、不同系统应用环境、不同组织结构和运营模式的高技术企业组成，需要建立一个合作需求的信息共享机制，保证各成员企业在任务执行过程中及时相互沟通，协同运行。因此，信息共享机制的实质是保障各成员企业信誉信息沟通的桥梁，各个成员企业不仅能够处理内部信息，而且可以通过信息共享机制共享其他成员企业的信誉信息。这就决定了高技术虚拟企业信息共享机制需要满足如下要求。

1. 安全性

　　组建高技术虚拟企业的各成员企业背景相同，各成员企业之间的合作只限于某一个方面或领域，在其他没有参与合作的业务上还保持着高度独立性。因此，高技术虚拟企业的信息共享机制一定要保证各成员企业的信息安全，避免业务上的冲突或防止重要数据外溢，必须对各成员企业之间可共享的信誉信息和数据进行安全处理，以防止遭到恶意破坏。

2. 可扩充性

　　高技术虚拟企业运行过程中，不仅要有把握市场机会的能力，还应具备创造新机遇的能力，可随时接纳新的合作伙伴，信息共享机制在满足原来成员企业之间合作的同时，实现高技术虚拟企业合作与发展过程中信誉信息的实时更新。

3. 远程可访问性

高技术虚拟企业中的各成员企业可能是来自不同国家、不同地区、不同行业的高技术企业，这就要求高技术虚拟企业在分布异构的环境下，必须通过一个信誉信息平台，实现远程信息共享。

4. 无缝集成性

各成员企业信息系统的组成构架、硬件环境、操作系统和数据库管理系统都有很大的差异，高技术虚拟企业要实现信誉信息数据的及时交换和共享，需要对数据进行标准化处理，以实现对各成员企业信誉信息资源的无缝集成。

对于高技术虚拟企业，其信息共享机制中信息交互可以分为高技术虚拟企业内部信息交互、外部信息交互及信息集成共享三个层面，具体如图 6-4 所示。

由于高技术虚拟企业的特征，各成员企业之间的内部信息交互是建立在互联网基础上的，内部信息共享大部分来源于成员企业内部的业务信息和资源信息，并对共享信息进行数据处理，以便从中提炼出新知识。对外高技术虚拟企业作为一个整体与其他企业或部门进行信息交互，实现对重要客户的实时访问、沟通与信誉信息的收集，同时发布自身的信誉信息，树立高技术虚拟企业整体形象。通过信息共享机制，使高技术虚拟企业内外信息交互实现无缝集成，有助于发挥高技术虚拟企业的整体优势。

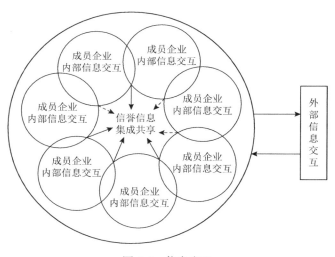

图 6-4　信息交互

6.3.2　激励约束机制

高技术虚拟企业的激励约束机制以组建时各成员企业所分配的任务为前提，通过各成员企业对所分配任务完成的质量、时间和数量与联盟时的契约规定对比，作为信誉考核的依据，以激发成员企业的积极性、主动性和创造性。因此，高技术虚拟企业激励约束机制的构建包括以下几个方面。

1. 信誉预警机制

信誉预警机制是指根据高技术虚拟企业信誉库实时向各个成员企业发布自身的信誉值，以提示信誉值在警戒范围内的成员企业。高技术虚拟企业组建时根据所分配的任务已规定了信誉值的衡量标准。在高技术虚拟企业协同运行过程中，成员企业信誉值高于衡量标准时，主动数据库会为守信企业记录良好的信誉记录，提高信誉价值，帮助其树立良好的企业形象，增大其无形资产，并由此获得更多的商业机会。当信誉值远远小于此衡量标准时，说明该成员企业在一段时间内存在失信记录。此失信记录将在一定时期内保留在信誉数据库中，并将其失信信息在高技术虚拟企业内发布，使失信的成员企业接受失信惩戒。而在信誉值衡量标准附近一定范围内徘徊的成员企业，信誉预警机制通过主动信誉数据库及时向其公布信誉警戒范围，提醒其改进。这时信誉预警机制就发挥了重要作用，它是失信企业与守信企业的中间状态，可以促进成员企业将更多的注意力放到改善自身企业信誉上，也是失信企业信誉修复的过渡期。

2. 失信惩戒机制

失信惩戒机制即加大失信成员企业不守信用的成本，让失信的成员企业充分认识到，一旦违约失信，必将付出巨大的代价，明智的选择只能是守信。为了防止失信事故的发生，失信惩戒机制以提高失信成本为基本出发点，对不守信的成员企业，采取一定的制裁手段，主要包括市场金融制裁、政府制裁以及法律制裁三个方面。

（1）市场金融制裁。市场金融制裁是指通过市场本身自有的惩罚机制对失信行为进行抑制。运用联合抵制的方式将失信企业排斥在交易市场之外。成员企业的失信行为一旦被发现，立即会被监控。如果发现为恶意行为，则立即勒令其退出高技术虚拟企业，赔偿损失，并可通过信息共享机制发布公告，使失信企业得不偿失。

（2）政府制裁。通过政府工商、税务、法院等部门可以将有失信事故的成员企业的失信记录通过互联网向全社会公布，对失信企业相关部门及个人进行严厉的处罚。

（3）法律制裁。因恶意失信行为引发严重失信事故的成员企业理应受到法律的制裁。利用法律制裁的强制性和威慑力使失信企业明确失信所要付出的严重后果，形成失信者"一处失信、处处被动"的失信联防意识。

3. 信誉激励机制

在高技术虚拟企业协同运行过程中，除了要给予保证其顺利运行的失信惩罚措施，还应制定相应的守信激励措施。

(1)收益激励。这是对各成员企业最直接、最有效的激励方式。获取更大的经济收益是各成员企业参与高技术虚拟企业合作最原始和最直接的目标。收益激励的首要目标是高技术虚拟企业整体利益的最大化，成员企业最关心的是可以分配到的利益的多少，因此利益分配是收益激励甚至是高技术虚拟企业激励机制的核心。对信誉良好的企业，可以获得相应的收益奖励或提升自身在高技术虚拟企业中的地位，同时，可能获得政府有关部门的政策性鼓励和扶植，从而激励各个成员企业保持信誉的良好度。

(2)信誉度激励。是指在信誉机制计算模型中，对自身信誉给予相应的提高。作用是使其在高技术虚拟企业协同运行过程中信誉度稳步增加，不知不觉中增加其无形资产，促进该成员企业与其他企业的下一次合作。其中信誉值的具体计算方式将在后面展开详细论述。

4. 信誉修复机制

对于高技术虚拟企业合作中发生失信的成员企业，惩罚不是目的，只是一种手段。其目的是使其面对高额的"失信成本"，唯一理智的选择只能是"守信"。在合作过程中只有正确运用合作策略，注重长远利益，加强信誉管理，保持良好的信用记录，才能增大今后合作的可能性。完整的信誉机制也应提供失信企业信誉修复后重返高技术虚拟企业的机制，通过实施主动纠正违法失信行为等措施，恢复企业信誉，审核合格后的企业可以重新加入高技术虚拟企业。

6.4　高技术虚拟企业信誉机制作用机理

信誉机制的作用机理是将信誉信息共享机制和激励约束机制相结合，利用信息的透明性和易扩散性，将各成员企业的信誉信息实时公布到其他成员企业中，有不良信誉记录的成员企业将会被其他处于竞争地位的同类企业所替代，从而有效地规避成员企业合作过程中的风险，促进高技术虚拟企业持续、稳定的运行。因此，本书构建的信誉评估模型是对高技术虚拟企业的信誉值进行定量研究，为成员企业信誉评估提供可靠数据来源。

当对高技术虚拟企业各成员企业信誉进行评估时，主要根据主动信誉库所提供的数据进行分析。而信誉库的原始数据主要来源于各个成员企业之间合作产生的直接信誉值和第三方推荐的间接信誉值，根据信誉评估模型，通过信任计算后将计算的结果反馈到成员企业，由成员企业考虑相关风险因素后进行信任决策，并将决策结果反馈到信誉库中，以便下次各成员企业查询其信誉值。高技术虚拟企业成员的信誉评估过程如图 6-5 所示。

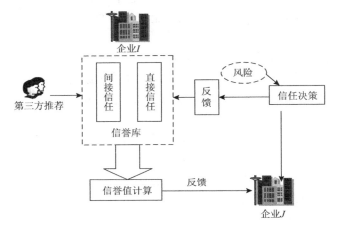

图 6-5　信誉评估过程示意图

在确定信誉值计算方法过程中，应对大量实验进行模拟分析，对比生成较为可靠的实验数据，从而获得最优模型的信誉值，但这一过程又需要耗费大量的人力、物力及时间。贝叶斯方法[136]充分利用先验信息弥补了现场实验信息的不足，可以在确保模型准确的前提下，有效地减少现场实验量。合理利用历史信息确定成员企业信誉度是否可靠是贝叶斯方法的关键。为了尽量减少历史样本信息与个别差异样本对可靠性鉴定实验样本量的影响，又能合理利用历史信息，采用贝叶斯方法制定产品的鉴定实验方案，首先对参加实验的产品，给出其可靠度的先验分布。本书引入了混合先验，以使得到的鉴定实验方案更符合高技术虚拟企业信誉保障模型的实际要求。实际工程中一般考虑选取共轭分布 $\text{Beta}(\alpha,\beta)$ 作为成败型产品的先验分布，因为 $\text{Beta}(\alpha,\beta)$ 可以根据所取参数的不同而具有多种不同的分布形式，如正态分布、均匀分布、三角分布等。因此，在数据处理中采用 $\text{Beta}(\alpha,\beta)$ 分布，就可以通过实际情况拟合参数，利用 $\text{Beta}(\alpha,\beta)$ 分布的特征量来计算测量结果和相应的测量不确定度。

6.4.1　信誉评估模型

设 H_k 为成员企业 I 与企业 J 直接交易的历史记录集，在交易历史记录集 H_k

中，总交易次数为 n，成功交易次数为 s，则不成功交易次数为 $n-s$。$H_1, H_2, \cdots, H_k, \cdots, H_n$ 为一完备事件组，且 $H_k = \left\{ H_1, H_2, \cdots, H_n \middle| H_k \in \{0,1\} \right\}$ 即 H_k 取 1 为交易成功，H_k 取 0 为交易失败。θ 为基于历史记录交易成功的可能性，且 $P(\theta) > 0$。根据对信誉评估过程的分析，可将信誉评估模型中的信誉值分为直接信誉值和间接信誉值。

1. 直接信誉值

如果高技术虚拟企业中成员企业 I 对成员企业 J 以前有过交易记录，存储了相关的交易经验信息，考虑到成员企业之间交易的系统利好和系统风险因素，成员企业 I 会剔除因为系统利好和系统风险导致交易成功与失败的情况，对成员企业 J 的信誉值进行评估，这种根据直接交易记录评估产生的信任称为直接信誉值，记为 T，即 $T = P(\theta | H_k)$。

如果在 n 次交易过程中，有 s 次成功的概率服从二项分布，即 $P = (H_k | \theta)$ 可用二项分布的似然函数来拟合：

$$P(H_k | \theta) = C_n^s \theta^s (1-\theta)^{n-s} \tag{6-1}$$

根据贝叶斯公式：

$$P(\theta | H_k) = \frac{P(H_k | \theta) P(\theta)}{\displaystyle\sum_{k=1}^{n} P(H_k)} \tag{6-2}$$

其中，$P(\theta)$ 为标准 Beta(α, β) 分布，其密度函数为

$$f(\theta, \alpha, \beta) = \frac{\theta^{\alpha-1}(1-\theta)^{\beta}}{B(\alpha, \beta)} \tag{6-3}$$

$$B(\alpha, \beta) = \int_0^1 \theta^{\alpha-1}(1-\theta)^{\beta-1} \mathrm{d}\theta, \quad \alpha > 0, \ \beta > 0 \tag{6-4}$$

由式(6-2)和式(6-3)可得

$$P(\theta | H_k) = \text{Beta}(\alpha + s, \beta + n - s) \tag{6-5}$$

即

$$T = \frac{\alpha + s}{\alpha + \beta + n} \tag{6-6}$$

　　因为要在模型中考虑信誉激励机制和惩戒机制，所以在模型中加入奖惩因子，从而使模型更为灵活有效。设 T' 为考虑奖惩因子的直接信誉值，有

$$T'=\begin{cases} T, & n < 50, H_k = 1 \\ T + u_1\varphi(s), & n \geqslant 50, H_k = 1 \\ \dfrac{\alpha}{\alpha + \beta + n} - u_2\varphi(n-s), & H_k = 0 \\ \varphi(s) = \mathrm{e}^{-1/s} \end{cases} \tag{6-7}$$

其中，u_1、u_2 为奖惩因子，$u_1 = 0.05$，$u_2 = 0.1$；$\varphi(s)$ 随 s 的增大而增大，且 $0 < \varphi(s) < 1$。当交易次数少于 50 时，$T' = T$，而对于交易次数超过 50，合作良好没有失信行为的，就应加以奖励，使 T' 的值小幅增加，从而信誉值上升，成员企业的无形资产得以增加。而当出现失信行为时，T' 的值会大幅减少，这表示该成员企业的信誉水平较低，应采取抵押、担保等信任投资形式强化相互信任的基础，甚至更换其合作成员，这样便可以起到激励和惩罚的作用。

　　各个成员企业的信誉度是一个动态变化的数值，即信誉度会随着企业的发展状况、企业重视程度、当时市场环境等诸多因素的改变而改变。因此，信誉值应该有一定的灵活性和敏捷性，由此可将继承因子纳入先验 Beta 分布中。设 $\mathrm{DT}(I, J)$ 是更新之后的信任值，则

$$\mathrm{DT}(I, J)_k = \lambda[T'_k + (1-\lambda)T'_{k-1} + (1-\lambda)^2 T'_{k-2} + (1-\lambda)^3 T'_{k-3}], \quad 0 \leqslant T'_k \leqslant 1 \tag{6-8}$$

其中，λ 为继承因子，即各次交易对信誉值的影响，λ 越大，根据过去交易记录评估的信誉值消失得越快，继承因子 λ 的确定需要结合具体的信誉度评估[137]。

2. 间接信誉值

　　如果高技术虚拟企业中的成员企业 I 与成员企业 J 没有交易记录或者交易次数较少，那么直接信任并不能完全表现成员企业 I 对成员企业 J 的信任关系，还需要向其他相关第三方企业 A 咨询成员企业 J 的信誉值。如图 6-6 所示，这种根据第三方推荐评估得到的信任值称为第三方推荐的间接信誉值，记为 RT 。

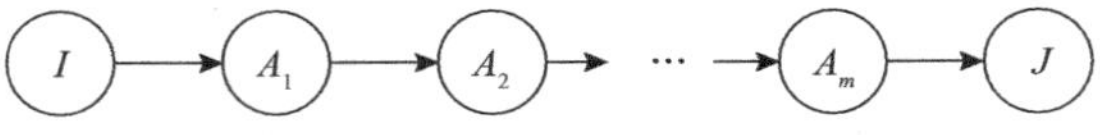

图 6-6　推荐信任

　　令成员企业 I 对企业 A_1 推荐的采纳系数为 $W_1 = \mathrm{DT}(I, A_1)$，$A_1$ 对 A_2 的采纳系数为 $W_2 = \mathrm{DT}(A_1, A_2)$，依此类推，$A_{m-1}$ 对 A_m 的采纳系数为 $W_m = \mathrm{DT}(A_{m-1}, A_m)$，即得成员企业 I 从该条推荐信任路径获得的推荐信任采纳系数 W，其计算公

式为

$$W = \prod_{i=1}^{m} W_i \qquad (6\text{-}9)$$

则间接信誉值为

$$RT(I,J) = W \cdot DT(A_m, J) \qquad (6\text{-}10)$$

3. 综合信誉值

设 ρ_{DT} 和 ρ_{RT} 为成员企业 I 对成员企业 J 的直接信誉值和间接信誉值的信誉权重。根据式(6-8)和式(6-10)，可以推测出高技术虚拟企业中各成员企业的综合信誉值 Z 为

$$Z = \rho_{DT}DT(I,J) + \rho_{RT}RT(I,J) \qquad (6\text{-}11)$$

其中，$\rho_{DT} + \rho_{RT} = 1$。高技术虚拟企业的管理者可根据历史交易情况，对 ρ_{DT} 和 ρ_{RT} 进行综合赋值。

6.4.2　模型仿真及结果分析

对综合信誉模型进行数据仿真。

设 $\alpha=\beta=1$，$\lambda=0.6$，$W = 0.75$，$\rho_{DT} = 0.65$，$\rho_{RT} = 0.35$。

根据高技术虚拟企业实际合作历史经验，可设定当信誉值在 0～30%时为不信任区域，30%～50%为不完全信任区域，50%～70%为信任区域，70%以上为完全信任区域。图 6-7 为成员企业 I 与成员企业 J 合作过程中连续成功交易时信誉值的变化情况。

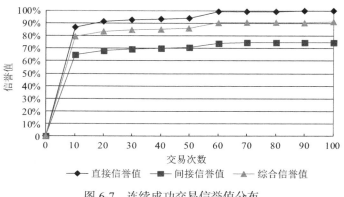

图 6-7　连续成功交易信誉值分布

由图 6-7 可知，当成功交易 10 次以上时，直接信誉值达到 86.9%，间接信誉值可达到 65.2%，综合信誉值达到 79.3%，随着交易成功次数的增加，综合信誉值在 90%左右趋于稳定。

图 6-8 为对于一个信誉记录良好的企业（其综合信誉值达到 84%左右），当出现交易失败后，经过几次交易，信誉值迅速从 84%下降到 50%以下不信任区域。在信誉恢复阶段，信誉值从 23%恢复到 60%以上需要成功交易 30 次。

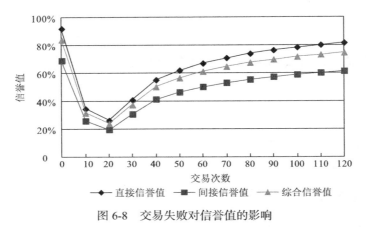

图 6-8　交易失败对信誉值的影响

从数据仿真结果看，高技术虚拟企业成员企业信誉值的建立和维护需要经过连续的成功交易，如果经过几次失败交易，信誉值就会下降到一个很低的水平，要重新建立信任需要经过长期成功交易过程，这说明信誉具有积累性和易碎性的特点。

6.4.3　信誉评估模型效用

首先，对于模型而言，无论是直接信任还是间接信任，高技术虚拟企业的信誉度是依靠大量历史交易记录得来的。因此，需要对存储信誉度的数据库进行实时更新，从而为其他成员企业提供真实可靠的参考依据。

其次，本模型中对失信事故的惩罚措施是大量降低其信誉度。但是，在实际运行过程中，还可以从利益分配或相关法律法规的方面对其进行惩罚，从根本上避免风险的发生，促进高技术虚拟企业的稳定发展。

再次，信誉库的建立应由专业信誉评估组织承担，由客观的第三方信誉评估组织进行信誉信息的收集、整理、评估、更新等一系列活动，这样可以避免一些相应的人为因素，有效降低道德风险。

最后，对模型结果应进行严肃认真的分析，不能将信誉度的下降单纯认为是成员企业投机倒把的行为，也不能将信誉度的上升只归结于友好合作。要分析其信誉度提高或下降的原因，客观地评价其信誉度。

6.4.4　信誉机制运作过程

高技术虚拟企业中各成员企业之间的合作可以通过信誉机制进行保障，其具体运作过程如图 6-9 所示。

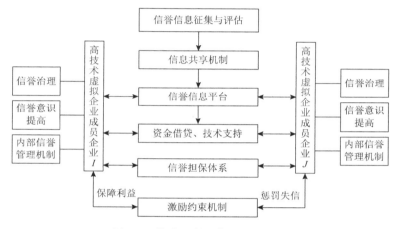

图 6-9　信誉机制运作过程示意图

通过对信誉信息的征集与评估，应用信息共享机制将其发布到信誉信息平台。各成员企业可以通过信誉信息平台公布的信息采取相应的措施，如果成员企业 J 出现失信事故，那么成员企业 I 可以根据约束激励机制的相关规定来保障自身的利益，同时各成员企业可以通过信誉治理、增强意识以及加强企业内部信誉管理体制等措施增加自身的信誉度。成员企业 I 收到成员企业 J 进行任务交接申请时，核对成员企业 J 任务完成的质量、时间和数量等情况，同时通过信誉信息平台查询其信誉度。其具体过程如图 6-10 所示。

如果成员企业 J 任务完成的情况与组建高技术虚拟企业的契约规定一致，则进行任务的交接，并对成员企业 J 的信誉进行评价，将评价结果提交给信誉信息平台，提升成员企业 J 的信誉度；如果成员企业 J 任务完成的情况与组建高技术虚拟企业的契约规定不一致，那么查询成员企业 J 的信誉值在什么范围内，若信誉值大于信誉的安全阈值，则通知成员企业 J 及时改进，否则直接拒绝任务交接，启动失信惩戒机制，并降低成员企业 J 的信誉度。

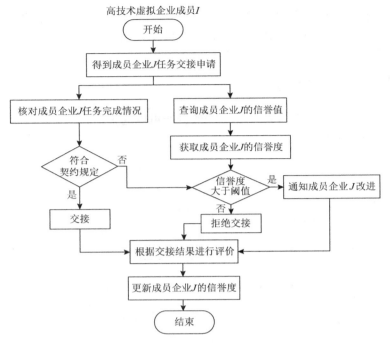

图 6-10　成员企业任务交接过程

6.4.5　信誉升级路径

高技术虚拟企业的信誉与通常的"面对面"信任关系的建立存在很大的不同，其具有明显的阶段性特征，结合前文高技术虚拟企业信誉机制的内容，表 6-1 给出了不同阶段高技术虚拟企业信誉的特征。

表 6-1　高技术虚拟企业信誉阶段特征

建立过程	高技术虚拟企业环境下的挑战	采取的措施	信誉的形式
信誉形成初级阶段	伙伴本身不具备解决冲突的高层协调能力	候选伙伴的信用等级	基于认知的信誉
信誉形成中级阶段	暂时的组织 成员来自不同的组织 缺乏对网络边界的认识 信用共享存在一定的阻碍	明确总体目标 和伙伴任务分工	基于威慑的信誉 基于认知的信誉
信誉预警保障阶段	短期关系伙伴之间跨组织	建立公平、规范的制度	基于威慑的信誉
信誉提升发展阶段	难以清楚定义角色分工 较多强调知识与技能 信誉市场的形成	在伙伴间建立多样化的、有效的沟通渠道	基于共识的信誉 敏捷信誉

高技术虚拟企业的信誉可以分为以下几个阶段。

1. 信誉形成初级阶段

在这一阶段，高技术虚拟企业将任务分解后，针对每一项任务对行业内的企业进行核心能力识别，进行需求/能力的初步匹配。考察候选企业的核心能力，使得其他伙伴相信其有能力完成项目所要求的工作，同时也要确定其他成员企业（被信任者）是否具有实现诺言的真实能力。

这一阶段也是信誉机制建立的准备阶段，是信誉产生的初始阶段。核心能力是信誉产生的前提条件，这一阶段能够产生基于认知的信誉，即伙伴间相互了解，双方都可以理解和预测对方的行为。

2. 信誉形成中级阶段

在这一阶段，对具备了核心能力的候选企业进行基于信誉的综合评审，对其合作信誉度进行评价与测算，并选择最优的企业为合作企业。通过信誉系统对企业在未来的预期行为进行约束。

在这一阶段，成员企业相互之间对可能的机会主义行为（不信任行为、败德行为）的机会成本和可能回报进行测算和衡量。如果测量结果表明成员企业采取不信誉行为被其他成员企业发现而导致的机会成本高于其回报，那么成员企业将趋向于遵守一些共同的准则，这时成员企业之间可以实现相互信任。在此不难看出，这一阶段与基于威慑的信誉关系具有紧密的联系，因为基于威慑的信誉关系假设成员企业因为害怕遭到惩罚从而会按照各自所承诺的去完成自己的任务。

另外，在这一阶段，成员企业会利用其他成员企业过去的行为信息来预测其将来的行为，通过不断重复预测、相互验证和经验共享，成员企业可以拥有准确预测对方行为的能力。成员企业需要不断学习、总结和调整自己与其他成员企业之间的交互行为，因此这一阶段也会产生基于认知的信誉关系。

3. 信誉预警保障阶段

在这一阶段，成员企业不断进行意见的交换，表明自己的意图和渴望，并在充分考虑各成员实际需要的基础上确定共同目标和基本准则。通过谈判和协商确定合理的利益分配机制，达成合作共赢的格局。此时成员企业彼此共享高技术虚拟企业的目标、标准、规范和价值，甚至允许其他成员企业充当自己的代理。对于前一阶段被认定信誉度不高的对象须做出承诺保证，建立预警保障措施以利于合作进一步进行下去。

在这一阶段，对共同目标和价值的认识将大大增进成员企业间的信誉，因此会产生基于共识的信誉，即成员企业间有共同的目标和共同的价值取向，相互间就像是一个统一实体。

4. 信誉提升发展阶段

在这一阶段，成员企业通过以"共同治理"为核心、以项目领导人信誉构建为关键、以可信誉的第三方进行推荐为模式，快速推进高技术虚拟企业文化，促进信誉从两个成员企业的信誉向多个成员企业的信誉迅速提升和扩散，并达成心理契约。

信誉提升发展阶段包括信誉关系从一些已得到信誉的第三方向其他成员企业的扩散。这时，假如第三方认为某成员企业信誉值足够，则其他成员企业也将认可这种信誉关系，因此信誉开始从一个信誉的成员企业向其他成员企业转移、扩散，并形成自己的信誉市场。信誉提升发展阶段属于信誉关系的较高阶段，在这一阶段，即使成员企业之间彼此从未接触过，但依靠可以信誉的第三方及历史经验信息，成员企业之间也可以迅速达成某种程度的信誉，这种信誉既非基于知识、也非基于威慑和共识的信誉，称为"敏捷信誉"，即在建立上述三种信誉关系的基础上，为迎合某一市场机遇而较短时间内建立起的信誉关系。对于为了一个商业机会而组成，并随着机会的消失而迅速解体的高技术虚拟企业而言，敏捷信誉关系的建立尤为重要。

高技术虚拟企业中成员企业间信誉关系的建立和维持方面存在很多困难，为此，需要采用一些有效方法，来帮助高技术虚拟企业迅速建立和维持成员企业间的信誉关系。可以采取的措施包括：选择成员企业时需要考虑候选成员企业的信用等级；明确总体目标和成员企业分工任务，建立成员企业间的敏捷信誉关系；在成员企业间建立多样化的、有效的沟通渠道；建立公平、规范的制度。

一般地，高技术虚拟企业成员企业间的信誉，将随着合作进程呈现出不断上升的过程。结合上面对信任体系的建立过程以及高技术虚拟企业成员企业间的合作特点，设计高技术虚拟企业信誉升级路径，如图 6-11 所示。

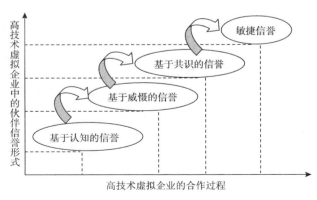

图 6-11　高技术虚拟企业信誉升级路径

　　在高技术虚拟企业的酝酿期，潜在的合作成员企业之间是一种基于认知的信誉。当高技术虚拟企业刚刚建立时，成员企业间首次进行合作，彼此间并不熟悉，即成员企业间属于一种基于威慑的信誉关系。随着合作的进一步加深，当成员企业间的合作关系已经相当稳定时，信誉关系可以上升到较高层次，即基于共识的信誉。进一步，随着成员企业间合作的深入，高技术虚拟企业成员企业之间可以建立起一种敏捷信誉关系，即为了一个商业机会，高技术虚拟企业成员企业可以实现迅速集结，并通过紧密协作，在有限的时间内建立起良好的信誉关系，以迎合和把握快速变化的市场需求。因此，从以上一般过程和基本信誉形式出发，可以有意识地在高技术虚拟企业伙伴选择、高技术虚拟企业管理和整个高技术虚拟企业发展生命周期内积极营建并不断巩固成员企业间的信誉关系。

6.5　高技术虚拟企业信誉机制的安全防范

　　当各成员企业之间进行合作时，信誉机制通过信誉信息平台作用于各个成员企业。但是，任何机制都不可能是百分之百的完美。虽然各成员企业都很诚实守信，也会有高技术虚拟企业组建时形成规则、协议或契约的局限性，人为导致的信誉机制漏洞，而造成的失信事故。如果有的成员企业发现信誉机制的漏洞并认为是可乘之机，会给整个高技术虚拟企业带来毁灭性的打击。因此，有必要为信誉机制做好防范措施，时刻保证高技术虚拟企业信誉机制的稳定运行。本书主要通过人为因素分析，构造失信链，建立高技术虚拟企业的信誉机制安全防范 R-S-ECA（reason SHEL event condition action）模型，利用模型化方法为信誉机制保驾护航。

6.5.1　信誉机制人为因素分析

　　创新驱动日益明显的今天，高技术产业成为国际产业竞争的焦点，协同合作和联合开发成为强化竞争的重要手段，以新产品、新应用为背景的高技术虚拟企业更为普遍，其所面临的运行过程中信誉机制日益严峻，除不断完善联盟协议，加强高技术虚拟企业的信誉机制安全防范尤为重要，特别是对人的因素管理，据统计在高技术领域中高达 50%～60% 的动态联盟会以失败而告终，多与人为因素有关。目前，人为因素理论和方法，在航空航天、医疗卫生、交通运输等领域的安全方面发展迅速，但在高技术虚拟企业领域还没有进行深入研究。因此，深入研究高技术虚拟企业的人为因素，对降低高技术虚拟企业失信事故，保障其顺利运行具有重要意义。

1. 相关因素分析

　　高技术虚拟企业运行过程中对外表现为一个整体，各因素间的相互关系可由1972 年爱德华(Edwards)提出、1987 年霍金斯(Frank Hawkins)修正的 SHEL(软件工具、实体部分、环境因素、成员企业)模型描述，如图 6-12 所示[138]。

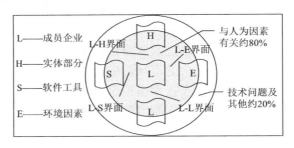

图 6-12　相关因素 SHEL 模型

　　生命件(live ware)是指高技术虚拟企业的成员企业。每个成员企业既有自身的核心优势，也有其相应的局限性。成员企业的行为要受其能力、文化及资源等因素的影响。

　　硬件(hard ware)是指高技术虚拟企业实体部分，主要是与高技术虚拟企业运行有关的物理组件，包括各成员企业承担任务所涉及的企业内部加工、生产、设计和运输等设备，也包括成员企业间相互通信等信息技术设施。

　　软件(software)是指高技术虚拟企业非实体部分。高技术虚拟企业运行过程中所有规则、协议、设计方案、操作程序、生产规划、计算机软件，以及各成员企业的运行机制统称为软件工具。

　　环境(environment)是指高技术虚拟企业成员企业、实体部分、软件工具相互作用所处的环境因素，包括高技术虚拟企业所处的社会环境、运输环境以及各成员企业的内部环境等。

　　高技术虚拟企业的失信主要来源于成员企业与其他四个界面的匹配程度。L-L界面表示高技术虚拟企业中各成员企业之间的活动，如各成员企业之间的合作、竞争、领导、沟通与管理等。L-S界面表示成员企业与软件工具之间的相互关系，如所签订的协议规则是否合理、完善，方案设计是否可操作等。L-H界面表示成员企业与实体部分之间的作用，如公共信息平台的设置、操作是否符合成员企业的特征，设计、生产和开发的资源配备是否安全、高效等。L-E界面表示成员企业与环境因素之间的关系，如工作条件是否制约成员企业的竞争合作行为、外界环境是否影响成员企业的行为判断等。因此，减少失信应主要从提高成员企业与其他四个界面的匹配入手。通过SHEL模型可对高技术虚拟企业的失信原因进行各方面的归纳，挖掘潜在的被遗漏或忽视的失信因素。

2. 失信链分析

1990 年，英国曼彻斯特大学教授詹姆斯·里森(James Reason)提出了著名的"瑞士奶酪"模型，也称为 Reason 模型。Reason 模型能深刻地剖析影响事故发生的潜在因素，从一体化相互作用的分系统、组织权力层级的直接作用到管理者、利益相关者、企业文化的间接影响等角度全方位拓展事故分析的视野，并以一个逻辑统一的事故反应链将所有相关因素进行理论串联。根据 Reason 模型，高技术虚拟企业失信事故的发生，不仅由某个孤立的失信因素激发，同时由一条穿透组织各层次信誉漏洞的失信链导致，如图 6-13 所示。

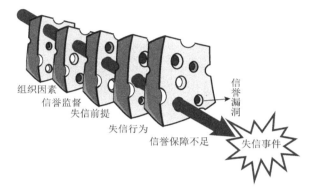

组织因素
信誉监督
失信前提
失信行为
信誉保障不足
信誉漏洞
失信事件

图 6-13　失信链 Reason 模型

高技术虚拟企业无论采用何种组织形式(盟主式、联邦式或民主式)，都会有缺陷，如各成员企业之间文化差异较大、守信意识欠缺、应急系统不完善、相互合作不当、资源缺乏等引发失信事故。

在高技术虚拟企业运行过程中，通过组建时形成的规则或协议来规范各成员企业的行为，监督其信誉发展情况，有很大的可操作性，但也有其局限性，会有当时规则或协议没有考虑到的失信因素，致使信誉监督失效。

由于各成员企业内部资源管理不当，又对合作规则或协议理解偏差，没有及时进行调度，都会成为失信的前提。同样，高技术虚拟企业管理者(盟主或协调委员会)的判断因受其自身和环境的影响也会出现差错，加上各成员企业之间有效沟通不足，产生对事物观察的失误和错误的决策，导致失信行为的发生。而且高技术虚拟企业的信誉机制不健全，奖惩力度不足，最终也会导致失信事故的发生。

通过高技术虚拟企业失信链，不仅可以对失信事故中成员企业的行为进行分析，而且可以更深层次地剖析导致成员企业失信行为的潜在组织因素、信誉监督、失信前提、失信行为和信誉保障不足等直接或间接影响，从系统的角度全方位拓展失信事故分析的视界。根据 Reason 模型，只要切断失信链中任意一个层次的信誉漏洞，就可以防止失信事故的发生，从而大大降低成本，提高效益。但在分析失信事故人为因素时，常常因主客观因素，使失信分析的结论不够全面。

6.5.2　信誉机制安全防范 R-S-ECA 模型

对于Reason模型，切断任意一个环节就能避免事故的发生，大大地节省了人力、物力和财力的投入。但在分析事故人为因素时，往往由于主客观因素导致分析不够全面。而SHEL模型则从各个方面对不安全事件进行人为因素分析，其所获得的人为因素繁多，不利于提出具体和有针对性的预防措施。而且高技术虚拟企业运行过程中对实时性、风险性要求较高，主动发现失信因素的需求越来越明显，即高技术虚拟企业应及时监测、分析各成员企业执行各自任务所引起的相关数据变化，通过主动数据库自主反应，得到引发失信的信息。产生于主动数据库技术的时间-条件-活动（event-condition-action，ECA）规则[139]，将事件与环境条件相结合，非常适合于描述系统的主动行为，已被广泛用于描述工作流模型。

1. R-S-ECA 模型建立

本书以 ECA 规则模型为原型，综合 Reason 模型和 SHEL 模型的优点，提出高技术虚拟企业信誉机制防范 R-S-ECA 模型，如图 6-14 所示。

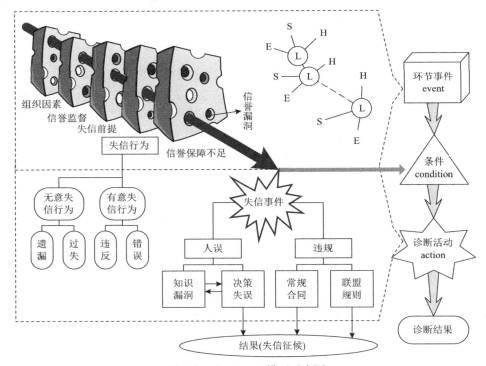

图 6-14　R-S-ECA 模型示意图

R-S-ECA模型运用"失信链"模式为分析失信人为因素以及信誉机制安全防范方面提供了很好的思路，首先将Reason模型视为各层次总环节事件，即可把失信事件的多种失信因素简化，只要控制其中的任意一环，就能有效地预防失信事故的发生；然后将SHEL模型视为各层次环节事件的致因因素事件，以便挖掘潜在的失信因素。融合了Reason模型和SHEL模型的R-S-ECA模型在对高技术虚拟企业失信人为因素描述以及由此导致的信誉机制安全防范描述更加全面和准确。

2. R-S-ECA 模型组成

（1）环节事件。高技术虚拟企业失信链上的环节事件是失信事故的诱因。环节事件主体采用Reason模型，即"组织因素→信誉监督→失信前提→失信行为→信誉保障不足"的路线，而对每个环节事件的人为因素分析则采用SHEL模型，即从各成员企业之间、成员企业与软件工具之间、成员企业与实体部分之间以及成员企业与环境因素之间四个方面来分析。

本书假设失信因素都以数据为特征，则可用原子事件和复合事件分别描述失信致因因素事件和环节事件，即 ECA 规则可以定义成一个三元组：

$$Rule = (Event, Condition, Action)$$

$$Event = (PrimitiveEvent, CompositeEvent)$$

其中，事件分为因素事件 PrimitiveEvent 和环节事件 CompositeEvent，定义为

$$PrimitiveEvent = (PEID, Name, Category, Source, Timestamp, Timeout, SetValue)$$

$$CompositeEvent = (CEID, Name, Category, Source, Timestamp, Timeout, SetValue, Correlation)$$

PEID 和 CEID 分别表示因素事件和环节事件的唯一标识，每个因素事件和环节事件均可表示为一个唯一的标识和事件属性集合，属性可细化为失信名字、失信类别、失信来源、失信发生时间、失信期限和设定值，环节事件与因素事件的属性相比多一个失信原子事件之间的运算关系。

（2）条件。条件实质上是在辨别是否存在一条穿透组织各层次信誉漏洞的失信链。每一个失信链可由环节事件集 CompositeEventSet 和失信所涉及的事件间的关系 EventRelations 来描述，即

$$DishonestyChain=(CompositeEventSet, EventRelations)$$

$$CompositeEventSet=\{CompositeEvent\}$$

$$EventRelations = (RelationsBetweenEvents, RelationsBetweenAttributes)$$

EventRelations 包括环节事件本身的关系和环节事件属性之间的关系，RelationsBetweenEvents 用于描述环节事件发生的顺序、时间关系等。根据环节事件的特征，当规则被激活时从致因因素事件接收到一个设定事件 SetEvent 和一组活动事件 ActualEvent，对其属性及设定值进行匹配，形成一个布尔表达式：

$$(SetEvent.Attributes = ActualEvent.Attributes)$$
$$\wedge |SetEvent.SetValue - ActualEvent.ActualValue| > \varepsilon$$

若上述条件成立，即产生失信链，则进入 ECA 规则的诊断活动部分。

(3) 诊断活动。诊断活动是对失信事件进行判断。失信事件可分为两类：一类是由成员企业的无意行为导致偏离联盟协议或合同规定的人误，即成员企业在各种因素的影响下由于知识漏洞无意中引发的失误；另一类是成员企业有意违反联盟规则或一些常规合同的违规。失信事件与失信行为相对应，有意的失信行为等同于违规，无意的失信行为等同于人误。本书的失信行为是成员企业在某一时空的执行能力低于高技术虚拟企业组建时对合作伙伴要求的行为特征。失信行为的出现预示着失信事件将发生，因此运用 R-S-ECA 模型进行信誉保障安全防范时，应格外注意失信行为层。

(4) 诊断结果。诊断结果是运用 R-S-ECA 模型的结果事件，也是高技术虚拟企业失信事件导致的失信症候。失信症候是失信事故的征兆，本身不是事故，是危及高技术虚拟企业正常运行的反常情况，其反映的是失信事故发生和发展的趋势。因此，在研究高技术虚拟企业信誉机制安全防范时，可从失信症候出发，沿失信链，分析引起失信事件的触发因素，通过动态谈判、协调资源，制定预防失信触发因素的措施，以防止由此导致的失信事故的发生。因此，防止失信事故的发生，就要有效减少失信症候的出现，减少失信症候就要减少失信事件的发生，即减少失信行为的出现。诊断结果可描述如下：

$$Dishonesty = (DishonestyInfor, DishonestyChain)$$

其中，DishonestyInfor 为失信信息，包括失信名称、失信描述等；DishonestyChain 为该失信事故所涉及的失信链。

3. R-S-ECA 模型特点

高技术虚拟企业运行过程中，为追求自身利益最大化，希望用最小的管理代价避免失信事故的发生。高技术虚拟企业失信事故既涉及高技术虚拟企业管理者、成员企业负责人及其他相关人员的个体因素，又涉及高技术虚拟企业整体系统各要素。因此，本书构建的 R-S-ECA 模型具有以下特点：

（1）充分体现了 SHEL 模型和 Reason 模型的优点。SHEL 模型突出了人为因素的重要性，涵盖了高技术虚拟企业失信事故的全部内容，但很难对这些因素进行准确的定量分析。Reason 模型是一个抽象的理论，揭示出事故的发生不仅与其直接相关的因素有关，还与远离事故的其他因素有关，却没有说明不同层次的缺陷是什么，也没有指出如何寻找这些致因因素。两者结合才能更全面地对失信致因因素及其层级关系进行深入的研究。

（2）模型中 ECA 规则的引入，不仅能够判断高技术虚拟企业失信链的形成与否，而且可以充分利用主动数据库的优势，对可能引发失信事故的失信因素自动产生预警信息，以便成员企业之间及时进行相互协调。

（3）在应用 R-S-ECA 模型进行信誉机制安全防范时，通过对失信致因因素分析，可将其分析结果转化为一个失信赋权有向图，通过找出最有可能发生的失信链，确定关键节点集合，有利于高技术虚拟企业制定预防失信事故的最优策略。

6.5.3　信誉机制安全防范措施

高技术虚拟企业在运行过程中，根据信誉机制安全防范模型可以准确判断失信事件发生的条件，迅速找出失信漏洞并及时构造失信链。高技术虚拟企业失信诊断处理流程如图 6-15 所示。

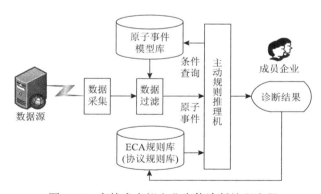

图 6-15　高技术虚拟企业失信诊断处理流程

数据采集是指通过高技术虚拟企业信息系统平台等服务环境直接获取各成员企业实际执行任务情况的数据，被采集的数据包括实际执行任务的属性信息以及相应的控制信息。这是高技术虚拟企业失信诊断的基础，采集的数据越完整，高技术虚拟企业失信诊断越精确。原子事件模型库中存储的是根据高技术领域专家或高技术虚拟企业各成员企业的知识所定义的原子事件特征，其形式化描述了高技术虚拟企业需要关注的、能够引起失信事故的关键运行参数。数据过滤将采集到的数据与原子事件模型库中的关键运行参数进行匹配，若匹配成功，则将该数据封装成原子事件。原子事件应携带包括发生时间、执行企业、事件类型、重要程度、成本价值等信息。之后，将这些过滤出来的包含潜在失信致因因素信息的原子事件传递给主动规则推理机。ECA规则库是在高技术虚拟企业组建时构建、在运行时不断完善的协议规则库，实质上它是为主动推理提供支持的知识库，将失信和与失信有关的数据进行结构化描述，并以规则图(失信赋权有向图)的形式进行表示，其最短路径就是失信事件最可能发生的失信链，其求解可采用典型的单源最短路径算法Dijkstra算法[140]进行。主动规则推理机的作用是当原子事件输入时，激活ECA规则库中的相应叶节点，以及包含该叶节点的父节点(复合事件)，同时提取其属性信息，以便根据信息约束条件来诊断是否会形成失信链，并将判定的将会发生的失信事故信息及引起失信事故发生的关键事件显示给成员企业，以便高技术虚拟企业管理者做好相应的失信预防工作。

既然高技术虚拟企业的运行状态可以通过各成员企业的若干运行参数来描述，可抽取有意义的部分注册到原子事件模型库，那么在运行过程中，若检测到与之匹配的某个数据，则提取该数据的相关信息，并将其封装成原子事件，进入主动规则推理机。根据ECA规则库，激活原子事件所对应的事件节点，并逐层激活包含它的复合事件[141]。解析其子事件的属性信息，若这些属性信息满足规则，则提取原子事件的信息，如失信发生的时间、引发失信的成员企业等。同时进入诊断结果阶段，输出与协议规则相对应的失信信息。进而根据失信链反应将防止失信事故发生的关键事件显示给高技术虚拟企业的管理者及各成员企业。也就是说，高技术虚拟企业的信誉机制安全防范措施主要是根据ECA规则，将事件与环境条件相结合，描述出高技术虚拟企业信誉机制安全防范的主动行为，从而有效地防范失信事件的发生。

例如，良好的信誉机制是高技术产品QD16B型车载式燃气轮机移动电站项目顺利运行的重要基础，其不仅可以降低成本，还可以通过信誉机制中的人为因素失信症候分析引起失信的原因，从而防止有损高技术虚拟企业信誉的事故发生。

哈尔滨东安发动机(集团)有限公司发起的QD16B型车载式燃气轮机移动电站项目在运行过程中曾发生过连轴系统人为因素失信症候事件。由于QD16B型车载式燃气轮机移动电站属于资金密集、科技含量高的高技术产品，对其开发、研究及生产的资金投入都比较大，组建QD16B高技术虚拟企业的各成员分别负责总体设计、动力系统设计加工、消声设备设计生产、车底改装、连轴系统安装、燃滑油系统优化等业务活动。造成此次失信症候的直接原因是QD16B型车载式燃气轮机移动电站中有些数据来源于与法国公司合作的QD10B-2 型产品，翻译将图纸齿轮大小看错，拆图员也没有注意到，加工企业人员又看不懂法语无法核对，导致连轴系统出现尺寸偏差。如果按此组件安装，那么不仅负责连轴系统的成员企业面临巨额赔偿，而且整个高技术虚拟企业和其他成员企业也将遭遇严重的信誉危机,幸好负责整车装配调试的成员企业发现该连轴系统无法组装,经协调修改了后续连接齿轮的尺寸及相应消声设备的大小,在规定的时间内,保质保量将合格产品交付使用,为高技术虚拟企业赢得信誉。

1. 致因因素分析

通过 R-S-ECA 模型分析,各环节事件的失信人为致因因素可归纳如表 6-2 所示。

表 6-2　R-S-ECA 模型人为因素分析

环节事件	编号	致因因素	环节事件	编号	致因因素
组织因素	A1	组织结构缺陷(L-E)	失信前提	C1	资源供给不足(L-E)
	A2	守信意识欠缺(L-S)		C2	熟练程度/技能不足(L-H)
	A3	应急系统不完善(L-S)		C3	规则理解不足(L-S)
	A4	企业培训不足(L-L)		C4	沟通不及时(L-L)
	A5	成员企业选择不当(L-L)		C5	信息平台操作不便(L-H)
信誉监督	B1	规则不完善(L-S)	失信行为	D1	未及时供货(L-L)
	B2	外语考核不严(L-S)		D2	违规/偏离合同(L-S)
	B3	失信行为未及时纠正(L-E)		D3	操作不当/加工尺寸偏差(L-H)
	B4	监督不当(L-S)		D4	判断/决策失误(L)
	B5	违反联盟规则(L-S)	信誉保障不足	E1	奖惩机制不健全(L-S)
	B6	潜在失信问题(L-S)		E2	资金保障力度不足(L-S)

根据失信致因因素分析,可绘制 ECA 规则图(失信赋权有向图),以反映各失信致因因素之间的关系,如图 6-16 所示。

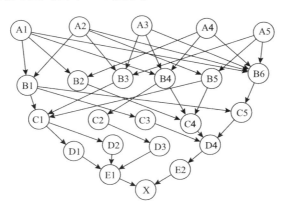

图 6-16　失信致因因素之间的关系

2. 失信链分析

为便于确定失信赋权有向图中每条弧的权重，可将每个失信致因因素发生的概率分为 5 个等级，如表 6-3 所示。

表 6-3　失信人为因素等级

发生概率	≥90%	60%～90%	40%～60%	10%～40%	≤10%
等级	1	2	3	4	5

各失信致因因素相邻下一环节事件中失信致因因素发生等级如表 6-4 所示，可依此形成失信赋权有向图。

表 6-4　QD16B 型移动电站各失信致因因素发生等级

因素关系	A1—B1	A1—B2	A1—B4	A1—B6	A2—B1	A2—B3	A2—B5
等级	1	3	2	3	3	1	1
因素关系	A2—B6	A3—B3	A3—B4	A3—B6	A4—B2	A4—B4	A4—B6
等级	2	4	2	3	1	4	5
因素关系	A5—B3	A5—B5	A5—B6	B1—C1	B1—C3	B1—C5	B2—C4
等级	1	1	1	1	1	1	1
因素关系	B3—C1	B4—C2	B4—C4	B5—C1	B5—C4	B6—C5	C1—D1
等级	2	1	1	1	4	5	1
因素关系	C1—D2	C2—D3	C3—D4	C4—D4	C5—D4	D1—E1	D2—E1
等级	1	1	1	2	4	1	2
因素关系	D3—E1	D4—E2	E1—X	E2—X			
等级	3	2	1	1			

注：表中权重等级对具体问题应根据实际情况进行调整或咨询相关领域专家确定

根据Dijkstra算法求得的最有可能发生的失信链有5条：A1—B1—C1—D2—E1—X、A2—B3—C1—D2—E1—X、A3—B4—C2—D3—E1—X、A4—B2—C4—D4—E2—X、A5—B3—C1—D2—E1—X。其相交致因因素集{B3，C1，E1}构成防止失信发生的关键，即最优预防失信事件发生的方案，更应引起足够的重视。QD16B型车载式燃气轮机移动电站的产品级高技术虚拟企业就是在最优预防方案中因素B3节点做好监测，制止了一次失信事故的发生。因此，只需对重点失信链及关键节点进行预防和控制，就能有效地预防失信事故发生，从而实现节省失信管理成本，达到事半功倍的效果。

与此同时，应提高成员企业利益依赖程度。各成员企业的利益依赖程度不同，对于信誉的要求也不同，各成员企业间的利益依赖度越低，彼此间的脆弱点也就越小，相互信任的重要性也就越微弱。将各个成员企业联系起来，形成高技术虚拟企业高度紧密的竞争合作关系，提高欺骗成本，提高退出代价，以有效减少成员企业的侥幸风险机会主义心理。

最后，高技术虚拟企业应实时更新运行状态，保证成员企业之间信息沟通的畅通性。一旦出现失信漏洞，高技术虚拟企业的管理者可以迅速准确地采取改进措施，使资源得到有效合理的配置，确保高技术虚拟企业信誉机制的顺利安全运行。

6.6　本 章 小 结

信誉对于任何企业的发展和整个社会的经济增长都具有重要意义。高技术虚拟企业中，在信息不对称的条件下加强成员企业协同合作，保障成员企业的切身利益，需要有一系列切实有效的衡量标准。本章首先在高技术虚拟企业成员合作过程中建立信任关系的基础上，构建了高技术虚拟企业信誉机制，详细阐述了高技术虚拟企业信誉机制构建过程。然后根据贝叶斯经典理论，建立了高技术虚拟企业信誉评估模型。最后从高技术虚拟企业信誉机制安全防范角度出发，综合 Reason 模型、SHEL 模型和 ECA 模型构建了信誉保障安全防范模型，进而提出信誉保障安全防范措施。本章研究有助于调查分析引发高技术虚拟企业失信事件的原因以及为高技术虚拟企业信誉机制的安全运行提供保障。

参 考 文 献

[1] 杨茸茸. 我国高技术产业可持续发展研究[J]. 中国高新技术企业, 2009, (18): 7-10.

[2] 国家发展改革委高技术产业司. 2008 年以来我国高技术产业发展分析[J]. 中国经贸导刊, 2009, (10): 11-14.

[3] 陈耀. 我国高技术产业发展战略研究——基于联盟的视角[J]. 江海学刊, 2007, (5): 60-64.

[4] 黄敏, 孙波, 奚建清. 基于多 Agent 和 XML 技术的虚拟企业知识管理系统的研究[J]. 科技管理研究, 2009, (8): 373-399.

[5] 江资斌. 虚拟企业合作伙伴选择的改进蚁群算法[J]. 统计与决策, 2009, (22): 32-34.

[6] 田世海, 高长元. 基于 Web Services 的高技术虚拟企业信息集成[J]. 中国软科学, 2006, (6): 150-155.

[7] Josie P. An evaluation framework to support development of virtual enterprises[J]. Electronic Journal of Information Systems Evaluation, 2003, 6(2): 117-128.

[8] 卢福强, 黄敏, 王兴伟. 虚拟企业风险管理的组织化分布式决策模型[J]. 系统工程学报, 2009, (6): 694-700.

[9] Büchel B. Managing partner relations in joint ventures[J]. MIT Sloan Management Review, 2003, (4): 91-95.

[10] Sivads E, Dwyer R. An examination of organizational factors influencing new product success in internal and alliance-based processes[J]. Journal of Marketing, 2000, 64(2): 31-49.

[11] 朱桂龙, 彭有福, 杨飞虹. 虚拟科研组织的管理模式研究[J]. 科学学与科学技术管理, 2001, (6): 18-20.

[12] 李琼, 张华. 虚拟企业网络治理模式构建研究[J]. 甘肃科技, 2006, 22(9): 87-89.

[13] 杨彩霞, 高长元. 高技术虚拟企业治理问题研究[J]. 科技进步与对策, 2009, 26(8): 66-69.

[14] 刘书庆, 杨帆. 虚拟企业设计合作伙伴利益分配方案及其应用[J]. 工业工程, 2009, 12(1): 92-100.

[15] 叶飞, 孙东川. 面向生命周期的虚拟企业风险管理研究[J]. 科学学与科学技术管理, 2004, 25(11): 130-133.

[16] 蒋杨永, 蒋建华. 基于 BP 神经网络的虚拟企业风险评价研究[J]. 计算机仿真, 2009, (12): 277-280.

[17] 韩赟, 高长元. 高技术企业知识缺口弥补流程研究[J]. 科学学研究, 2009, 27(9): 1370-1375.

[18] 黄清娟. 基于知识流程处理的虚拟企业知识共享模型及分析[J]. 市场周刊(理论研究), 2009, (12): 13-14.

[19] 陈秀梅, 高长元, 田世海. 高技术虚拟企业资金筹集模式研究[J]. 技术经济, 2005, (12): 40-42.

[20] 张淼. 关于高技术虚拟企业资金供应链筹集方式的研究[J]. 中国市场, 2008, (49): 118-119.

[21] Zhang Y F, Xiao R B. Research on simulation of information sharing in virtual enterprise based on multi-Agent[J]. Proceedings of 2009 Chinese Control and Decision Conference, 2009: 2244-2247.

[22] Bamford J, Ernst D. Managing an alliance portfolio[J]. The McKinsey Quarterly, 2002, (3): 29-39.

[23] ISO. Industrial automation systems and integration—Product data representation and exchange—Part 238: Application protocol: Application interpreted model for computerized numerical controllers. ISO 10303-238. Geneva: ISO, 2007.

[24] ISO. Industrial automation systems and integration—Parts library—Part 32: Implementation resources: OntoML: Product ontology markup language. ISO 13584-32. Geneva: ISO, 2010.

[25] ISO. Industrial automation systems and integration—Industrial manufacturing management data—Part 44: Information modelling for shop floor data acquisition. ISO 15531-44. Geneva: ISO, 2017.

[26] Richard O, Zarli A. WONDA: An architecture for business objects in the virtual enterprise[C]. Proceedings of OOPSLA, 1998: 201-207.

[27] Li S, Xu S H. Evaluation method of the industry's capacity based on cloud model[C]. International Conference on Management of e-Commerce and e-Government, 2010: 1-8.

[28] Koh J, Kim Y. Knowledge sharing in virtual communities: An e-business perspective[J]. Expert Systems with Applications, 2004, 26(2): 155-166.

[29] Xu W, Wei Y, Fan Y. Virtual enterprise and its intelligence management[J]. Computers and Industrial Engineering, 2002, (42): 199-205.

[30] Foster T, Kesselman C, Tuecke S. The anatomy of the grid: Enabling scalable virtual organizations[J]. International Journal of High Performance Computing Applications, 2001, 15(3): 200-222.

[31] Liugen S. Design and implementation of a virtual information system for agile manufacturing[J]. IIE Transactions, 1997, 29(10): 839-857.

[32] Park K H, Favrel J. Virtual enterprise-information system and networking solution[J]. Computers and Industrial Engineering, 1999, 37(1-2): 441-444.

[33] Hu J M, Grefen P. Conceptual framework and architecture for service mediating workflow management[J]. Information and Software Technology, 2003, 45(13): 929-939.

[34] Grefen P, Aberer K, Hoffner Y, et al. CrossFlow: Cross-organizational workflow management in dynamic virtual enterprises[J]. International Journal of Computer Systems Science and Engineering, 2000, 15(5): 277-290.

[35] 黄慧君, 丁克胜. 基于 Web Services 的多 Agent 虚拟企业信息系统的集成研究[J]. 中国制造业信息化, 2009, (5): 5-14.

[36] 余望枝, 邓武. 基于 Web 服务的面向服务架构虚拟企业信息集成研究[J]. 图书情报工作, 2009, (2): 141-149.

[37] 陈希, 查敦林, 王宁生. 基于 CORBA 的虚拟企业生产计划体系结构研究. 南京航空航天大学学报, 2002, 34(5): 437-441.

[38] 王非, 陈超, 莫再峰. 虚拟企业环境系统仿真及其组件技术实现[J]. 装备制造技术, 2008, (2): 33-35.

[39] 翟丽丽. 高技术虚拟企业管理模式研究[J]. 管理现代化, 2004, (2): 31-33.

[40] 黄彬, 高诚辉, 陈亮. 模糊环境下虚拟企业伙伴选择的多目标优化[J]. 中国机械工程, 2009, (23): 97-102.

[41] 邓朝华. 虚拟企业合作伙伴选择支持系统研究[D]. 哈尔滨: 哈尔滨理工大学硕士学位论文, 2005.

[42] 陈剑, 陈剑锋. 基于收益共享合同的虚拟企业控制权力分配[J]. 清华大学学报(自然科学版), 2009, (3): 451-455.

[43] 何伟强, 张金隆. 基于灰朦胧集的虚拟企业运行过程研究[J]. 华中科技大学学报(自然科学版), 2002, (3): 110-113.

[44] 刘松. 高技术虚拟企业动态利益分配机制及其支持系统[D]. 哈尔滨: 哈尔滨理工大学博士学位论文, 2008.

[45] 田世海. 高技术虚拟企业信息系统平台含义与特征[J]. 学术交流, 2009, 179(2): 103-106.

[46] 田世海, 高长元. 高技术虚拟企业信息平台的构建研究[J]. 情报科学, 2005, 23(5): 718-721.

[47] Haken H. Synergetics: An Introduction[M]. Berlin: Springer, 1983: 165-172.

[48] Alexander C. The Timeless Way of Building[M]. Oxford: Oxford University Press, 1977: 112-113.

[49] Zachman J A. A framework for information systems architecture[J]. IBM Systems Journal, 1987, 26(3): 277-293.

[50] Michael P. Microsoft Application Architecture Guide(Patterns & Practices)[M]. Redmond: Microsoft Press, 2009: 205-224.

[51] Schekkerman J. Enterprise Architecture Good Practices Guide: How to Manage the Enterprise Architecture Practice[M]. Victoria: Trafford Publishing, 2008: 52-63.

[52] Mahsa R, Kourosh S. Enterprise architecture analysis using AHP and fuzzy AHP[J]. Proceedings of 4th IEEE International Conference on Computer Science and Information Technology, 2011, 7: 202-207.

[53] Imran G, Choon Y, Sung H, et al. Semantics-oriented approach for information interoperability and governance: Towards user-centric enterprise architecture management[J]. Journal of Zhejiang University Science, 2010, 11(4): 227-240.

[54] 国家统计局, 国家发展和改革委员会, 科学技术部. 中国高技术产业统计年鉴(2010)[M]. 北京: 中国统计出版社, 2010: 34-37.

[55] 潘红, 秦娥. 流程协同技术在稿件流转系统中的应用[J]. 河南大学学报(自然科学版), 2010, 40(4): 423-425.

[56] 崔云飞, 李艺, 李昀, 等. 基于 SOA 的云计算体系结构研究[J]. 装备指挥技术学院学报, 2011, 22(4): 77-81.

[57] 田世海. 高技术虚拟企业运行体系结构研究[J]. 中国科技论坛, 2009, (6): 55-63.

[58] 李爱平, 蔡璐, 徐立云. 虚拟企业协同生产信息交互建模的研究及实现[J]. 中国工程机械学报, 2009, 67(2): 233-238.

[59] 武新立, 朱明, 苏厚勤. 基于 SOA 业务协同平台体系架构的设计与实现[J]. 计算机应用与软件, 2011, 28(2): 166-198.

[60] 王顺意. 高技术虚拟企业资金管理[J]. 决策与信息, 2007, (3): 56-57.

[61] Anklam P. Knowledge management: The collaboration thread[J]. Bulletin of the American Society for Information Science and Technology, 2002, 28(6): 8-11.

[62] 成全. 基于 SOA 的网络协同科研环境研究[J]. 情报杂志, 2011, 30(10): 194-200.

[63] 樊治平, 冯博, 俞竹超. 知识协同的发展及研究展望[J]. 科学学与科学技术管理, 2007, (11): 85-91.

[64] 丁铭华. 企业集团资源协同管理概念模型及信息系统体系研究[J]. 计算机应用与软件, 2008, 25(12): 204-206.

[65] 张新香. 虚拟企业合作伙伴选择三阶段模型及方法研究[J]. 管理评论, 2011, 23(3): 107-111.

[66] 张丹宁, 唐晓华. 产业网络组织及其分类研究[J]. 中国工业经济, 2008, (2): 57-65.

[67] 田世海. 基于 OOTPN 的高技术虚拟企业 ISP 建模[J]. 科技进步与对策, 2008, 25(9): 115-120.

[68] Nicolis G, Prigogine I. Self-Organization in Nonequilibrium Systems[M]. New York: Wiley, 1985: 149-154.

[69] Hyeon H. Speculation in the financial system as a dissipative structure[J]. Seoul Journal of Economics, 2001, 10(3): 172-183.

[70] 畅建霞, 黄强, 王义民, 等. 基于耗散结构理论和灰色关联熵的水资源系统演化方向判别模型研究[J]. 水利学报, 2002, (11): 107-112.

[71] Tian S H, Sun L. Study on the evolution of internet of things industry chain based on synergy theory[C]. International Conference on Computational Intelligence and Communication Networks, 2014: 628-632.

[72] 田世海, 高长元. 高技术虚拟企业资源调度模型研究[J]. 哈尔滨工业大学学报, 2009, 41(2): 224-226.

[73] 田世海. 高技术虚拟企业信息系统平台研究[D]. 哈尔滨: 哈尔滨理工大学博士学位论文, 2008.

[74] 张言彩. 熵理论在组织结构优化设计中的应用[J]. 系统工程, 2007, 23(5): 20-24.

[75] Tian S H. Research on negative entropy of high-tech virtual enterprise based on dissipative structure[C]. The 16th International Conference on Industrial Engineering and Engineering Management, 2009, 10: 233-237.

[76] 赵亚丽, 西广成, 易建强. 复杂系统中统计相关性测量的熵方法研究[J]. 系统工程学报, 2005, 20(4): 427-451.

[77] 田世海, 商战胜. 高技术虚拟企业组织演进研究[J]. 科技进步与对策, 2011, 28(10): 72-76.

[78] 田世海. 二级分布式高技术虚拟企业资源调度模式研究[J]. 科技与管理, 2009, 11(3): 19-21.

[79] Baker W, Lin E, Marn V. Getting prices right on the Web[J]. The McKinsey Quarterly, 2001, (2): 54-63.

[80] Bharara A, Lee C. Implementation of an activity based costing system in a small manufacturing company[J]. Journal of International Production Research, 1996, 34(4): 1109-1130 .

[81] Kaplan R, Anderson S. Time-driven activity based costing[J]. Harvard Business Review, 2004, 82(11): 131-138.

[82] 周凌云, 朱艳茹. 基于 ABC 的物流服务定价决策模型研究[J]. 交通运输工程与信息学报, 2011, 9(1): 35-41.

[83] Levin Y, Mcgill J, Nediak M. Price guarantees in dynamic pricing and revenue management[J]. Operations Research, 2007, 55(1): 75-97.

[84] Ray S, Jewkes E. Customer lead time management when both demand and price are lead time sensitive[J]. European Journal of Operational Research, 2004, 153(3): 769-781.

[85] Pekgun P, Griffin P, Keskinocak P. Coordination of marketing and production for price and lead time decisions[J]. IIE Transactions, 2008, 40(1): 12-30.

[86] Lee H, Rosenblatt M. A generalized quantity discount pricing model to increase supplier's profits[J]. Management Science, 1986, 32(9): 1177-1185.

[87] Cattani K, Gilland W, Heese S. Boiling frogs: Pricing strategies for a manufacturer adding an internet channel[J]. Production and Operations Management, 2006, 15(1): 40-56.

[88] So K. Price and time competition for service delivery[J]. Manufacturing and Service Operations Management, 2000, 2(4): 392-409.

[89] 周菲菲, 谢守祥. 短生命周期特征产品的二级供应链定价博弈分析[J]. 工业工程, 2010, 13(4): 37-39.

[90] Vorasayan J, Ryan S. Optimal price and quantity of refurbished products[J]. Production and Operations Management, 2006, 15(3): 369-383.

[91] Savaskan R C, Bhattacharya S, Wassenhove L. Closed-loop supply chain models with product remanufacturing[J]. Management Science, 2004, 50(2): 239-252.

[92] Ryu J H, Dua V, Pistikopoulos E N. A bilevel programming framework for enterprise-wide process networks under uncertainty[J]. Computers and Chemical Engineering, 2004, 28(6-7): 1121-1129.

[93] 周颖. 考虑服务水平约束的制造商定价和交货期联合决策[J]. 系统工程, 2011, 29(3): 9-14.

[94] Foggin J H, Mentzer J, Monroe C. A supply chain diagnostic tool[J]. International Journal of Physical Distribution Logistics Management, 2004, 34(10): 827-855.

[95] Marn M. When the price is not right[J]. The Wall Street Journal, 1990, 215(6): 14.

[96] 徐晖. 政府管制理论研究文献综述[J]. 甘肃理论学刊, 2010, (1): 117-120.

[97] Barney J, Hansen M. Trustworthiness as a source of competitive advantage[J]. Strategic Management Journal, 1994, (15): 175-190.

[98] 王正成. 网络化制造资源形式化建模及实现[J]. 浙江理工大学学报, 2009, 26(5): 705-710.

[99] Knemeyer A M, Murphy P R. Exploring the potential impact of relationship characteristics and customer attributes on the outcomes of third-party logistics arrangements[J]. Transportation Journal, 2005, 44(1): 5-19.

[100] Bracken J, Falk J M, McGill J T. Mathematical programs with optimization problems in the constraints[J]. Operation Research, 1973, 21: 37-44.

[101] Dempe S. Annotated bibliography on bilevel programming and mathematical programs with equilibrium constraints[J]. Optimization, 2003, (52): 333-359.

[102] 李伟平, 范玉顺. 基于工作流的资源受限项目调度研究[J]. 清华大学学报, 2004, 44(10): 1384-1388.

[103] Hartmann S, Kolisch R. Experimental evaluation of state-of-the-art heuristic for the resource constrained project scheduling problem[J]. European Journal of Operational Research, 2000, 127(2): 394-407.

[104] 陈歆, 罗四维. 基于蚁蚁算法的网格任务分配算法研究[J]. 计算机技术与发展, 2006, 16(3): 98-100.

[105] 乐晓波, 李京京, 唐贤瑛. 基于 Petri Net 建模的资源调度的蚁群算法[J]. 计算机技术与发展, 2006, 16(1): 44-46.

[106] Stützle T, Hoos H H. Max-min ant system[J]. Future Generation Computer Systems Journal, 2000, 16(8): 889-914.

[107] 段海滨. 蚁群算法原理及应用[M]. 北京: 科学出版社, 2005: 13-15.

[108] 张伟, 秦臻, 苑迎春. 网格环境下工作流的费用-时间调度算法[J]. 计算机工程, 2006, 32(16): 97-99.

[109] Lewin K. Field Theory in Social Science: Selected Theoretical Papers[M]. New York: Greenwood Press, 1975: 12-15.

[110] Nomura T. Design of "Ba" for successful knowledge management—How enterprises should design the places of interaction to gain competitive advantage[J]. Journal of Network and Computer Applications, 2012, (25): 263-278.

[111] 程红莉. 企业知识创造的场及其评价研究[J]. 科技管理研究, 2013, (2): 138-141.

[112] 张铁炳, 李斌. 试论网络信息的量子特性[J]. 情报科学, 2013, (1): 21-25.

[113] 王宗喜, 徐东. 军事物流学[M]. 北京: 清华大学出版社, 2007: 75-115.

[114] 赵冰, 王诺. 物流场理论及其在物资流动中的应用[J]. 商业研究, 2011, (4): 188-191.

[115] 陈锦耀, 宋荣利. 物流场理论在军事运输研究中的应用[J]. 物流科技, 2011, (9): 115-117.

[116] 张昕伟, 张梦稚, 谢新连. 基于物流场原理的北煤南运水运网络优化[J]. 水运工程, 2012, (2): 35-39.

[117] 李德毅, 杜鹢. 不确定性人工智能[M]. 北京: 国防工业出版社, 2005: 57-79.

[118] 张目, 周宗放. 云重心评判法在防空兵作战能力评估中的应用[J]. 计算机测量与控制, 2010, 18(8): 1928-1930.

[119] 曲文镪, 刘璘, 鲁建华. 基于云理论的机载雷达侦察设备侦察效能评估[J]. 舰船电子工程, 2012, (12): 29-31.

[120] 陈文静, 张志伟. 基于云理论的指挥系统效能评估[J]. 科技通报, 2012, (12): 98-100.

[121] Tian S H, Sun L, Gao C Y, et al. Research on logistics mode selection of high-tech enterprise based on cloud theory[J]. Journal of Applied Sciences, 2014, 14(21): 2831-2836.

[122] Yao J M. Decision optimization analysis on supply chain resource integration in fourth party logistics[J]. Journal of Manufacturing Systems, 2010, 29(4): 121-129.

[123] Young H L, Jung W J, Kyong M L. Vehicle routing scheduling for cross-docking in the supply chain[J]. Computers & Industrial Engineering, 2006, 51(2): 247-256.

[124] Song W, Li M L. Localization in supermarket based on RFID technology[J]. Procedia Engineering, 2012, (29): 3779-3782.

[125] Vijayaraman B S, Osyk B A. An empirical study of RFID implementation in the warehousing industry[J]. The International Journal of Logistics Management, 2006, 17(1): 6-20.

[126] Yahia Z M. RFID-enabled supply chain systems with computer simulation[J]. Assembly Automation, 2009, 29(2): 174-183.

[127] 张其荣. RFID 技术在仓储管理系统自动化中的应用探讨[J]. 物流工程与管理, 2013, 35(9): 102-103.

[128] 冉茂华, 张跃刚, 章万银, 等. 基于 Flexsim 的生产物流系统仿真研究[J]. 计算机应用技术, 2013, 40(6): 57-60.

[129] Tian S H, Wei Z Q. Research on simulation and optimization of tobacco logistics center based on Flexsim[J]. International Journal of u- and e- Service, Science and Technology, 2016, 9(6): 37-40.

[130] 田世海, 刘笑静. 智能仓库出入库系统优化研究[J]. 计算机应用研究, 2015, 32(5): 1437-1440.

[131] 吴向阳, 郭丽莉. 企业信任与信誉研究文献综述及启示[J]. 中国市场, 2011, (32): 8-11.

[132] 王维盛, 陶彦玲. 网格信任模型[J]. 计算机系统应用, 2011, 20(7): 106-112.

[133] Sarah N, Lim C, Nathan G. Designing for trust: A case of value-sensitive design[J]. Knowledge, Technology & Policy, 2010, (3): 491-505.

[134] 罗雅丽, 石红春. 一种支持网格的信誉管理机制[J]. 信息安全与技术, 2011, 2(3): 22-23.

[135] Leonid H. The design of mechanism for resource allocation[J]. American Economic Review, Papers and Proceedings of the 85th Annual Meeting of the American Economic Association, 1973, 63(2): 1-30.

[136] Jostova G, Philipov A. Bayesian analysis of stochas-tic betas[J]. The Journal of Financial and Quantitative Analysis, 2005, 40(4): 747-778.

[137] 卓翔芝, 王旭, 代应. 供应链联盟伙伴企业间的信任评估模型[J]. 计算机集成制造系统, 2009, 15(10): 1946-1950.

[138] 向维, 李明, 吴超, 等. 航空不安全事件人为因素分析 R-S-TER 模型的构建与应用研究[J]. 中国安全科学学报, 2009, 19(2): 152-159.

[139] Goh A, Koh Y K, Domazet D S. ECA rule-based support for workflow[J]. Artificial Intelligence in Engineering, 2001, 15: 37-46.

[140] 蔡俊, 李钦富, 王金泉. 一种 Dijkstra 优化算法的研究与实现[J]. 信息技术, 2011, (4): 104-107.

[141] 李欣, 乔颖, 李想, 等. 基于 ECA 规则推理的故障诊断技术[J]. 计算机工程与设计, 2011, 32(3): 1023-1028.